Werner

Investitionen, Unsicherheit und Realoptionen

GABLER EDITION WISSENSCHAFT

Thomas Werner

Investitionen, Unsicherheit und Realoptionen

Mit einem Geleitwort
von Prof. Dr. Volker Caspari

Springer Fachmedien Wiesbaden GmbH

Die Deutsche Bibliothek - CIP-Einheitsaufnahme

Werner, Thomas:
Investitionen, Unsicherheit und Realoptionen / Thomas Werner.
Mit einem Geleitw. von Volker Caspari

(Gabler Edition Wissenschaft)
Zugl.: Darmstadt, Techn. Univ., Diss., 1999
ISBN 978-3-8244-7212-3 ISBN 978-3-663-08065-7 (eBook)
DOI 10.1007/978-3-663-08065-7

D 17

Lektorat: Brigitte Siegel / Jutta Hinrichsen

http://www.gabler.de
http://www.duv.de

Höchste inhaltliche und technische Qualität unserer Produkte ist unser Ziel. Bei der Produktion und Verbreitung unserer Werke wollen wir die Umwelt schonen. Dieses Buch ist deshalb auf säurefreiem und chlorfrei gebleichtem Papier gedruckt. Die Einschweißfolie besteht aus Polyethylen und damit aus organischen Grundstoffen, die weder bei der Herstellung noch bei der Verbrennung Schadstoffe freisetzen.

ISBN 978-3-8244-7212-3

Geleitwort

Das Investitionsverhalten der Unternehmen bestimmt die Zusammensetzung und den Umfang der gesamtwirtschaftlichen Investitionen und diese wiederum sind sowohl für die kurzfristige Konjunkturbewegung als auch für das langfristige Wachstum des Sozialprodukts einer Volkswirtschaft maßgeblich. Investitionsentscheidungen sind immer Entscheidungen unter Unsicherheit und eine wichtige Frage ist, wie man diese Entscheidungssituation modelliert. Der Verfasser wendet die Optionstheorie auf Realinvestitionen an. Viele Investitionen sind irreversibel, und es entstehen sunk costs, wenn sie vorgenommen werden. Wenn man nämlich die Investition durchführt, verzichtet man darauf, mehr Informationen zu erhalten. Diese Option zu warten, hat einen Wert, der von der Unsicherheit abhängig ist.

Der Verfasser integriert diesen mikroökonomischen Ansatz in eine makroökonomische Investitionshypothese vom Tobin-Typ. Mittels eines Fehlerkorrekturmodells wird dann der Einfluss der (Wechselkurs-) Unsicherheit auf die gesamtwirtschaftlichen Anlageinvestitionen der BRD geschätzt.

Der Ansatz der Realoptionstheorie, von anglo-amerikanischen Ökonomen in den 80er Jahren entwickelt, hält nun auch Einzug in die deutschsprachige Wirtschaftswissenschaft.

Prof. Dr. rer. pol. Volker Caspari

Vorwort

Bei der vorliegenden Arbeit handelt es sich um eine Dissertation, die im Oktober 1999 am Fachbereich Rechts- und Wirtschaftswissenschaften der Technischen Universität Darmstadt eingereicht wurde. Die Disputation fand am 14. Dezember 1999 statt.
An erster Stelle gilt mein Dank meinem akademischen Lehrer Herrn Prof. Dr. Volker Caspari. Das sehr angenehme Arbeits- und Forschungsklima an seiner Professur und die vielen Diskussionen haben diese Arbeit erst ermöglicht. Herrn Prof. Dr. Ingo Barens danke ich für die Übernahme des Zweitgutachtens und für hilfreiche Hinweise und Kommentare.
Eine Dissertation ist das Ergebnis eines längeren akademischen Weges, sodass direkt und indirekt vielen zu danken ist. Ich kann im folgenden nur einige erwähnen. Meinen Studienfreunden Dr. Michael Holstein und Dr. Christoph Kind danke ich für das gemeinsame Erarbeiten vieler theoretischer und methodischer Zusammenhänge. Die Diskussionen mit meinem Kollegen Dr. Günther Rehme waren sehr hilfreich und haben mir Einblicke in die Wachstumstheorie gegeben. Bei der Fertigstellung dieser Arbeit hat mir mein Kollege Rafael Gerke mit zahlreichen Hinweisen sehr geholfen.
Meiner Lebensgefährtin Sandra Jung danke ich für ihre Unterstützung und aufmunternden Worte während der Arbeit an meiner Dissertation sowie für hilfreiche Anregungen bei der Fertigstellung des Manuskripts.

Ich widme dieses Buch meinem Vater.

Thomas Werner

Inhaltsverzeichnis

Abbildungsverzeichnis

Tabellenverzeichnis

Kapitel 1

Einleitung

Spätestens seit Keynes[1] wird in der ökonomischen Literatur die Frage nach der Wirkung von Unsicherheit auf das Investitionsverhalten diskutiert. Diese Diskussion hat vielfältige Perspektiven. Zunächst stellt sich die Frage, was unter Unsicherheit zu verstehen ist. In der Theorie des Erwartungsnutzens wird davon ausgegangen, dass die Wahrscheinlichkeitsverteilung über die zukünftigen Ereignisse bekannt ist. Man spricht in diesem Fall auch von Entscheidungen unter Risiko.[2]

Die Risikoneigung der Entscheidungsträger ist für ihr ökonomisches Verhalten von Relevanz. Ein risikoaverser Investor wird eine risikoreiche Investition nur tätigen, wenn er für das eingegangene Risiko kompensiert wird.[3] Er fordert eine Risikoprämie. Nimmt die Unsicherheit zu, so wird er (ceteris paribus) weniger investieren. In der Theorie des Erwartungsnutzens spielen die Präferenzen der Entscheidungsträger eine besondere Rolle. Diese Feststellung ist von Bedeutung, da in dieser Arbeit die Auswirkungen von Unsicherheit auf das Investitionsverhalten bei Risikoneutralität der Entscheidungsträger analysiert wird. Risikoneutralität bedeutet hierbei, dass bei der Investitionsentscheidung der Erwartungswert der zukünftigen Zahlungen maximiert wird. Da die Bildung eines Erwartungswerts nur mit Hilfe einer Wahrscheinlichkeitsverteilung möglich ist, wird angenommen, dass die Wahrscheinlichkeitsverteilungen dem Entscheidungsträger bekannt sind. Es steht also die präferenzunabhängige Wirkung von Unsicherheit im Vordergrund der Betrachtung. Als Maß für die Unsicherheit wird die Varianz des untersuchten Einflussfaktors verwendet.

Wenn es das Ziel ist den Erwartungswert zu maximieren, stellt sich die Frage, ob die

---

[1] Vgl. Keynes (1936) Kapitel 11 (The marginal efficiency of capital).

[2] In der Literatur werden die Begriffe Risiko und Unsicherheit meistens synonym verwendet. Vgl. Hirshleifer und Riley (1992) S. 9-10. Das gilt auch im folgenden, da in dieser Arbeit die Maximierung des Erwartungswerts das Ziel der Entscheidungsträger ist. Die Unterscheidung der Begriffe Unsicherheit und Risiko ist daher für diese Arbeit nicht von Bedeutung. Einen Überblick alternativer Ansätze, in denen zwischen Risiko und Unsicherheit unterschieden wird, liefern Camerer und Weber (1992).

[3] Vgl. Varian (1992) S.184-186.

Varianz der zukünftigen Zahlungen für die Investitionsentscheidung überhaupt von Bedeutung ist. Die Varianz kann dann nur indirekt, über den Erwartungswert, einen Einfluss auf die Investitionsentscheidung ausüben. Dass dieser Einfluss möglich ist, hat Hartman 1972 gezeigt. In seinem Modell hat die Unsicherheit einen positiven Einfluss auf das Investitionsverhalten. Dieser Effekt resultiert aus der Konvexität der Gewinnfunktion.

Dass auch ein negativer Effekt der Unsicherheit auf die Investitionsentscheidung existieren kann, wird in dieser Arbeit gezeigt. Dieser negative Effekt entsteht durch die Irreversibilität mancher Investitionen. Irreversibel bedeutet hierbei, das die Investitionskosten „versinken", wenn das Investitionsprojekt durchgeführt wird. Der Bau einer Fabrik mit spezifischen Ausrüstungen ist ein gutes Beispiel. Wenn es keinen funktionierenden Markt für gebrauchte Ausrüstungen gibt, z.B. weil die Ausrüstungen betriebsspezifisch sind, können die Investitionskosten nach der Realisation des Investitionsprojekts nicht mehr zurückgewonnen werden.

Eine irreversible Investition, die zeitlich verzögert werden kann, besitzt einen *Optionscharakter*. Realisiert man die Investition, gibt man die Option, die Investitionsentscheidung noch zu verzögern, auf. Diese „Realoption" besitzt, analog zu einer Finanzoption, einen Wert, der abhängig von der Unsicherheit ist. Diese Idee wurde 1983 von Bernanke entwickelt. 1986 übertrugen McDonald und Siegel die Mathematik der Finanzoptionen auf die Analyse der Realoptionen und begründeten damit das neue Forschungsgebiet der Realoptionstheorie. Dieses Forschungsgebiet entwickelt sich seit Mitte der neunziger Jahre rapide.

Ziel dieser Arbeit ist die Darstellung der Theorie der Realoptionen sowie die Anwendung dieser Theorie auf die Analyse der Wirkung von Wechselkursunsicherheit. Dieser Aspekt wurde in der Literatur bisher wenig untersucht. Diese Arbeit ist wie folgt aufgebaut. Im zweiten Kapitel wird zunächst die Bedeutung der Investitionen für die Konjunktur und das Wachstum einer Ökonomie betrachtet. Anschließend werden die wichtigsten Theorien des Investitionsverhaltens bei Sicherheit skizziert. Die hier herausgearbeiteten Einflussfaktoren, Tobins q und das Outputniveau, werden bei der empirischen Modellierung der Investitionsfunktion (Kapitel 6) berücksichtigt. Am Ende des zweiten Kapitels wird das bereits erwähnte Hartman Modell (1972) diskutiert.

Im Mittelpunkt des dritten Kapitels steht der Optionscharakter von irreversiblen Investitionen. Zunächst wird der Begriff der Realoption in Analogie zum Begriff der Finanzoption eingeführt. Nach einer kurzen Betrachtung des Optionsaspekts in der Theorie der natürlichen Ressourcen, wird ein Zwei-Perioden-Modell entwickelt, welches den Optionscharakter irreversibler Investitionen verdeutlichen soll. Im zweiten Teil des dritten Kapitels wird das McDonald-Siegel Modell (1986) dargestellt. Der hier entwickelte Ana-

lyserahmen, also die Modellierung von Unsicherheit in stetiger Zeit mit Hilfe von Ito-Prozessen, bildet die Basis aller neueren Modelle in der Literatur sowie des Modells zur Analyse von Wechselkursunsicherheit in Kapitel 4. Am Ende des dritten Kapitels wird die Bedeutung unterschiedlicher Marktformen diskutiert und die Möglichkeit graduelle Kapazitätserweiterungen zu modellieren dargestellt.
Im vierten Kapitel wird ein Modell zur Analyse der Wirkung von Wechselkursunsicherheiten entwickelt. Die Wechselkurse entwickeln sich in diesem Modell stochastisch und sind nicht prognostizierbar. Dies entspricht den zu Beginn des vierten Kapitels dargestellten stilisierten Fakten. Analytisch wird, im Rahmen eines stochastischen Stoppproblems, die optimale Investitionsschwelle bestimmt. Mit Hilfe einer Monte-Carlo-Simulation wird der Median der Investitionszeitpunkte in Abhängigkeit von der Varianz der Wechselkursschwankungen ermittelt. Damit kann der Einfluss der Wechselkursschwankungen auf den Investitionszeitpunkt untersucht werden.
Das Kapitel 5 gibt einen kurzen Überblick über empirische Untersuchungen zur Wirkung von Unsicherheit auf das Investitionsverhalten.
Im sechsten Kapitel wird die Aussage des Modells aus Kapitel 4 mit Daten für die Bundesrepublik Deutschland (früheres Bundesgebiet) empirisch überprüft. Um die theoretischen Ergebnisse des vierten Kapitels zu überprüfen, wird eine Investitionsfunktion mit Hilfe ökonometrischer Verfahren geschätzt und ein Maß für die Wechselkursunsicherheit konstruiert. Dieses Maß ist die bedingte Varianz aus einem GARCH Modell. Es wird für die Wechselkursschwankungen der Bundesrepublik Deutschland in Bezug auf die Länder USA, Kanada, Japan, England, Frankreich und Italien ermittelt. Anschließend wird geprüft, ob die Wechselkursschwankungen einen Einfluss auf das Investitionsverhalten ausüben.
Das Kapitel 7 fasst die wichtigsten Ergebnisse dieser Arbeit zusammen und gibt einen Ausblick auf zukünftige Forschungsmöglichkeiten.
Der Anhang A liefert einen Überblick über die verwendeten mathematischen Methoden. Diese Methoden werden insbesondere in den Kapiteln 3 und 4 verwendet.
Im Anhang B werden Detailaspekte der ökonometrischen Analyse von Kapitel 6 dargestellt.
Das Programm zur Monte-Carlo-Simulation ist im Anhang C wiedergegeben.

Teil I

Theorie

Kapitel 2

Grundlagen

2.1 Makroökonomische Aspekte der Investitionen

2.1.1 Investitionen und Wachstum

In diesem Abschnitt wird die Bedeutung der Investitionen für den Wachstumsprozess diskutiert. Zuerst werden die theoretischen Aspekte betrachtet und anschließend die empirische Evidenz dargelegt.

Theorie

Positive Nettoinvestitionen erhöhen den Kapitalstock und damit die Produktionsmöglichkeiten. Unterstellt man, dass die Produktionsmöglichkeiten auch ausgenutzt werden, dann bedeutet ein zunehmender Kapitalstock Wachstum der Produktion. Die Frage nach der Bedeutung von Investitionen für das Wachstum einer Volkswirtschaft scheint daher überflüssig. Betrachtet man hingegen die neoklassische Wachstumstheorie (Solow/Swan), also die bis zur Mitte der 80er Jahre dominierende Wachstumstheorie, dann erscheint die Frage anders. Basis der neoklassischen Wachstumstheorie ist bekanntlich die neoklassische Produktionsfunktion

$$Y(t) = F(K(t), X(t)L(t)),$$

oder in Pro-Kopf-Form (mit $y \equiv \frac{Y}{XL}$ und $k \equiv \frac{K}{XL}$)

$$y = f(k).$$

Der Output $Y(t)$ zum Zeitpunkt t ist eine Funktion des Kapitaleinsatzes $K(t)$ und des effektiven Arbeitseinsatzes $X(t)L(t)$. $L(t)$ ist der Arbeitseinsatz und $X(t)$ die Arbeitseffektivität.[4] Die Kapitalakkumulationbedingung ist

$$\dot{K}(t) = sY(t) - \delta K(t).$$

Implizit wird hier von $I(t) = S(t) = sY(t)$ ausgegangen. Die Wirtschaftssubjekte haben eine konstante Sparneigung s und die Ersparnisse werden vollständig investiert. Es wird unterstellt, dass alle Arbeitskräfte eingesetzt werden und die exogene Wachstumsrate $\frac{\dot{L}(t)}{L(t)}$ der Arbeitskräfte n beträgt. Die exogene Wachstumsrate der Arbeitseffektivität $\frac{\dot{X}(t)}{X(t)}$ beträgt x. Die Kapitalakkumulationsbedingung lautet dann in Pro-Kopf-Form

$$\dot{k}(t) = sf(k(t)) - (n + x + \delta)k(t).$$

Unter den getroffenen Annahmen existiert eine eindeutige *steady state* Lösung, bei der $k(t)$ konstant bleibt und daher $\dot{k}(t) = 0$ gilt. Da im steady state Gleichgewicht k konstant ist, wächst der gesamte Kapitalstock $K = XLk$ mit der Rate des Wachstums von XL, also $n + x$. Die Produktionsfunktion ist linearhomogen, und da sowohl K, als auch XL mit der Rate $n + x$ wachsen, wächst auch Y mit der Rate $n + x$. Das Wachstum des Sozialproduktes ist vollständig von exogenen Größen bestimmt. Die Höhe der Sparneigung s, und damit der Investitionsquote $\frac{I}{Y}$, hat einen Einfluss auf die Geschwindigkeit mit der eine Wirtschaft in den steady state Pfad gelangt, aber nicht auf die Wachstumsrate im steady state. Dieses Ergebnis ändert sich nicht, wenn die Sparneigung endogenisiert wird.[5]
Anders als in der Solow/Swan-Theorie kann in der, seit Mitte der 80er Jahre entwickelten, endogenen Wachstumstheorie die Investitionsquote einen Einfluss auf die langfristige Wachstumsrate haben. Im folgenden wird nur eine einfache Version eines AK-Modells (einer Klasse von endogenen Wachstumsmodellen) vorgestellt.[6]
Die Produktionsfunktion ist eine Cobb-Douglas-Funktion in der Form

$$Y(t) = K(t)^{\alpha}[X(t)L(t)]^{1-\alpha}.$$

Die Arbeitseffektivität ergibt sich aus

$$X(t) = aK(t).$$

Dies modelliert einen Wissenszuwachs durch *learning-by-doing*. Die Arbeitseffektivität wächst mit dem Kapitalstock, da jede Investition (Neuinstallation von Produktionsmitteln) die Fähigkeiten im Umgang mit den Produktionsmitteln erhöht. Unterstellt man

[4] Die Produktionsfunktion erfüllt die Standardbedingungen, also Linearhomogenität, fallende Grenzertäge und Inada Bedingungen. Eine ausführliche Darstellung der neoklassischen Wachstumstheorie findet sich z.B. in Romer (1996), Kapitel 1 oder in Barro und Sala-I-Martin (1995), Kapitel 1.

[5] Die Endogenisierung der Sparneigung wird im Ramsey-Modell formuliert. Vgl. Barro und Sala-I-Martin (1995), Kapitel 2 oder Romer (1996), Kapitel 2.

[6] Vgl. Romer (1996), Kapitel 3. Warum diese Modelle „AK-Modell" genannt werden, wird weiter unten klar.

konstante Arbeitskräfte ($\frac{\dot{L}(t)}{L(t)} = 0$), dann folgt

$$Y(t) = K(t)^{\alpha}[aK(t)L(t)]^{1-\alpha} = (aL)^{1-\alpha}K(t)$$

oder mit $A \equiv (aL)^{1-\alpha}$

$$Y(t) = AK(t).$$

Diese Form erklärt den Namen dieser Modelle. Unterstellt man zur Vereinfachung, dass es keine Abschreibungen gibt, und nimmt man eine konstante Sparneigung s an, dann folgt

$$\dot{K}(t) = I(t) = sY(t) = sAK(t).$$

Die Wachstumsrate des Kapitalstocks, und daher auch des Sozialproduktes, beträgt sA. Eine höhere Sparneigung führt zu einer höheren Investitionsquote und dadurch zu einer höheren Wachstumsrate. Investitionen erhöhen den Kapitalstock und bewirken damit eine Outputsteigerung. Im Rahmen des learning-by-doing Ansatzes der endogenen Wachstumstheorie erhöhen sie zusätzlich durch die Effektivitätssteigerung des Arbeitseinsatzes indirekt den Output. Der Investitionsquote kommt somit eine hohe Bedeutung im Wachstumsprozess zu. Es muss allerdings betont werden, dass die Kausalität von S nach I geht. Die Investitionen sind nicht autonom.

Empirie

Es gibt eine Vielzahl von neueren empirischen Untersuchungen bezüglich der Einflussfaktoren des Wachstums. Es werden meistens Querschnittsuntersuchungen durchgeführt. Man analysiert dabei die Wachstumsraten einer Anzahl von Ländern mit Hilfe einer Regression der Art

$$\boldsymbol{\gamma} = \boldsymbol{\alpha} + \beta_1\mathbf{x}_1 + \beta_2\mathbf{x}_2 + \cdots + \beta_n\mathbf{x}_n + \boldsymbol{\epsilon}.$$

$\boldsymbol{\gamma}$ ist ein Vektor von Wachstumsraten und $\mathbf{x}_1, \mathbf{x}_2, \ldots, \mathbf{x}_n$ sind Vektoren von erklärenden Variablen. Da nicht eindeutig fest steht, welche Variablen $\mathbf{x}_j$ in der „wahren" Regressionsgleichung enthalten sind, entsteht ein Spezifikationsproblem. So kann die Variable $\mathbf{x}_1$ signifikant sein, wenn die Variablen $\mathbf{x}_2$ und $\mathbf{x}_3$ in der Regression enthalten sind, aber insignifikant werden, wenn die Variable $\mathbf{x}_4$ hinzugenommen wird. Eine Möglichkeit dieses Problem zu lösen ist die Durchführung einer Sensitivitätsanalyse. Sala-I-Martin hat folgenden Regressionsansatz

$$\boldsymbol{\gamma} = \boldsymbol{\alpha}_j + \boldsymbol{\beta}_{yj}\mathbf{y} + \beta_{zj}\mathbf{z} + \boldsymbol{\beta}_{xj}\mathbf{x}_j + \boldsymbol{\epsilon}$$

als Basis seiner Untersuchung gewählt. $\mathbf{y}$ ist ein Vektor von erklärenden Variablen, die in jeder Regression enthalten sind.[7] z ist die Variable, deren „Robustheit" untersucht werden soll, und $\mathbf{x}_j$ ist eine Vektor von erklärenden Variablen aus einem Pool von N erklärenden Variablen. Für jede Kombination der erklärenden Variablen $\mathbf{x}_j$ führte Sala-I-Martin eine Regression durch und ermittelte β_{zj}. Aus diesen Schätzungen ermittelte er die Verteilung von β_z und bestimmte die Wahrscheinlichkeit, dass β_z im signifikanten Bereich liegt. Diese Untersuchung wurde mit 62 Variablen durchgeführt. Als signifikanteste Variable stellte sich die Investitionsquote für Ausrüstungsinvestitionen heraus.[8]

2.1.2 Investitionen und Konjunktur

Nachdem im vorherigen Abschnitt der Zusammenhang von Investitionen und Wachstum betrachtet wurde, wird jetzt die Bedeutung der Investitionen für den Konjunkturverlauf untersucht.

Theorie

Die in den 50er und 60er Jahren vorherrschende keynesianische Konjunkturtheorie erklärt konjunkturelle Schwankungen der wirtschaftlichen Aktivität durch die Interaktion von Multiplikator und Akzelerator. Ausgelöst werden die Schwankungen durch Veränderungen in der Investitionstätigkeit der Unternehmen. Schwankungen der Investitionstätigkeit resultieren aus autonomen Veränderungen der Gewinnerwartungen und endogenen Veränderungen der Konsumausgaben. Das Multiplikator-Akzeleratormodell von Samuelson (1939) formalisiert die Grundideen dieser Theorie. Die gesamtwirtschaftlichen Konsumausgaben C_t werden als eine lineare Funktion des gesamtwirtschaftlichen Einkommens der Vorperiode Y_{t-1} (Multiplikator)

$$C_t = cY_{t-1}$$

modelliert. Die gesamtwirtschaftlichen Investitionen resultieren zum Teil aus Konsumänderungen (Akzelerator)und sind zum Teil exogen

$$I_t = k(C_t - C_{t-1}) + \bar{I}.$$

Aus der Einkommensidentität ($Y_t = C_t + I_t$) folgt durch Einsetzen eine Differenzengleichung zweiter Ordnung

$$Y_t = c(1 + k)Y_{t-1} - ckY_{t-2} + \bar{I}.$$

[7] Vgl. Sala-I-Martin (1997).
[8] Vgl. Sala-I-Martin (1997), S.181.

Diese Gleichung beschreibt die zyklische Entwicklung des Sozialproduktes. Der häufig zu lesende Vorwurf, dass das Modell dauerhafte Schwankungen nur bei einer unrealistischen Parameterkonstellation von $k = 1/c$ erklären kann, ist nicht stichhaltig. Diese Eigenschaft des Modells resultiert nur aus der Linearität der Verhaltensfunktionen. Eine Modifizierung der Annahmen ermöglicht die Generierung dauerhafter Schwankungen, die aus der Wechselwirkung von Investition- und Konsumentwicklung entstehen.[9]

Die keynsianische Konjunkturtheorie wurde in den 70er Jahren zunehmend aus anderen Gründen attackiert. Zum einen wurde die Annahme der Preisstarrheit kritisiert, zum anderen die unzureichende Modellierung der Erwartungen, bzw. die fehlende nutzentheoretische Fundierung der Verhaltensfunktionen. Es setzte sich zunehmend die Neue Klassische Makrotheorie durch. Diese Theorie modelliert die Wirtschaftssubjekte als nutzenmaximierend und rational in Bezug auf die Erwartungsbildung. Sie bilden „rationale", das heißt modellkonforme Erwartungen. Außerdem wird angenommen, dass auf den Märkten Preisflexibilität herrscht. Im Rahmen dieser Theorie ist antizipierte Wirtschaftspolitik (Geld- oder Fiskalpolitik) wirkungslos. Nur ein unerwarteter Politikschock hat kurzfristige Auswirkungen. Da in diesem Modellrahmen keine Konjunkturzyklen erklärt werden können, diese aber zu beobachten sind, etablierte sich zunehmend die Theorie der Realen Konjunkturzyklen.[10] Diese Thorie kann als direkte Weiterentwicklung der Neuen Klassischen Makrotheorie aufgefasst werden. Die Basis ist die Modellierung eines representativen Individuums. Dieses Individuum maximiert den erwarteten Nutzenstrom über einen unendlichen Zeithorizont. Das Ergebnis des Nutzenmaximierungsprozess ist die intertemporale Wahl des Arbeitsangebots (L) und des Konsums (C). Mathematisch lässt sich das Problem wie folgt formalisieren

$$\max U_t = E_t \left\{ \sum_{s=t}^{\infty} \beta^{s-t} u(C_s, 1 - L_s) \right\}.$$

Die Nebenbedingungen des Maximierungsproblems liefern die Produktionsfunktion

$$Y_t = F(K_t, X_t L_t)$$

und die Kapitalakkumulationsbedingung

$$\triangle K_t = Y_t - C_t - \delta K_t.$$

---

[9] Eine Möglichkeit Nichtlinearitäten einzuführen, ist die Verwendung einer nichtlinearen Investitionsfunktion. Nichtlineare Differenzengleichungen können eine komplizierte Dynamik generieren. Sie werden im Rahmen der Chaos-Theorie erforscht. Ein Überblick über nichtlineare Multiplikator-Akzellerator-Modelle ist in Lorenz (1993) Kapitel 4 zu finden.

[10] Die Theorie der Realen Konjunkturzyklen wird im Kapitel 4 von Romer (1996) grob skizziert.

Die Arbeitsproduktivität X_t wächst zum einen mit einer konstanten Rate g (Wachstumstrend), und ist zum anderen stochastischen Schocks $\tilde{X}_t$ ausgesetzt,

$$X_t = (1+g)^t X_0 + \tilde{X}_t.$$

Die exogenen Produktivitätsschocks $\tilde{X}_t$ erzeugen die konjunkturellen Schwankungen. Sie ergeben sich aus den optimalen Anpassungen des representativen Individuums an die Schocks. Die Theorie der Realen Konjunkturzyklen kann daher auch als stochastische Version der neoklassischen Wachstumstheorie gesehen werden.

Die Investitionen haben im Rahmen dieser Thorie keine autonome Bedeutung. Die intertemporale Arbeitsangebotsentscheidung des representativen Individuums bestimmt die Produktion und die intertemporale Konsumentscheidung bestimmt implizit die Investitionen als Residuum. Diese Eigenschaft haben alle intertemporalen Modelle, in denen die Vollbeschäftigung aller Faktoren zu jedem Zeitpunkt gewährleistet ist. Die Neue Keynesianische Thorie, die sich als Alternative zur Neuen Klassischen Theorie entwickelt hat, versucht die Möglichkeit der Unterauslastung der Faktoren zu erklären, ohne die Annahme fixer Preise zu treffen. In einer Reihe von Modellen der Neuen Keynesianischen Theorie entsteht Unterauslastung der Faktoren durch Nachfrageexternalitäten, welche auf unvollkommene Konkurrenz auf den Gütermärkten zurückzuführen ist. Leider sind die meisten bisher entwickelten Modelle unvollkommener Konkurrenz statischer Natur und daher nicht in der Lage, den intertemporalen Aspekt einer Investitionsentscheidung, zu modellieren.[11]

Empirie

Von den zahlreichen Untersuchungen zum Zusammenhang zwischen Investitionen und Konjunktur wird hier nur eine neuere Arbeit von Woitek vorgestellt.[12] Woitek untersucht die konjukturellen Zyklen der OECD Länder mit Hilfe spektralanalytischer Methoden. Die Idee der Spektralanalyse besteht in der Zerlegung einer Zeitreihe X_t in eine Überlagerung von Sinus- und Kosinuskurven der Art

$$X_t = \sum_{j=1}^{n} (a_j \cos(\omega_j t) - b_j \sin(\omega_j t)).$$

[11] Bernanke, Gertler und Gilchrist (vgl. Bernanke et al. (1998)) haben ein Modell entwickelt, in dem der representative Haushalt getrennt vom representativen Unternehmen modelliert wird. Zusätzlich werden Kapitalmarktunvollkommenheiten modelliert, sodass die Investitionen sich nicht automatisch den Ersparnissen anpassen. In einem solchen Modellrahmen ist es möglich, dass Investitionsentscheidungen eine autonome Rolle spielen. Die Autoren nennen diesen, noch in der Entwicklung befindlichen Ansatz „Dynamic New Keynesain“ (DNK) Ansatz.

[12] Vgl. Woitek (1997).

Die Frequenzen ω_j entsprechen bestimmten Zykluslängen. Die empirische Schätzung der Spektren von Zeitreihen erlaubt eine Beurteilung der „Dominanz“ bestimmter Frequenzen (Zykluslängen). Untersucht man den Zusammenhang zweier Zeitreihen mit spektralanalytischen Methoden, so ist die Phasenverschiebung (Lag-Lead-Struktur) und die Kohärenz der Reihen von Interesse. Die Kohärenz ist ein Maß für den linearen Zusammenhang zweier Reihen bei einer gegeben Frequenz.[13] Woitek kommt für die OECD Länder zu folgenden stilisierten Fakten:

- In den aggregierten Daten ist ein kurzer Zyklus von etwa 3-4 Jahren und ein langer Zyklus von etwa 6-9 Jahren festzustellen. Diese Zyklen sind bei den Investitionsreihen am ausgeprägtesten.
- Der lange Zyklus ist bei den Anlageinvestitionen und der kurze Zyklus ist bei den Lagerinvestitionen am ausgeprägtesten.
- Zwischen dem langen Zyklus der Produktion und dem langen Zyklus der Anlageninvestitionen besteht die höchste Kohärenz.
- Zwischen der Produktion und den Anlageinvestitionen besteht die geringste Phasenverschiebung (sie sind prozyklisch).

Diese Ergebnisse lassen den Konjunkturzyklus als Investitionszyklus erscheinen.[14]

2.2 Investitionen bei Sicherheit

2.2.1 Die neoklassische Theorie und der Akzelerator

In diesem Abschnitt wird die neoklassische Investitionstheorie vorgestellt. Sie ist insbesondere von Jorgenson entwickelt worden [15].

Eine Unternehmen produziert zum Zeitpunkt t die Menge $Y(t)$ eines Gutes. Die Beziehung zwischen den Inputfaktoren Arbeit $L(t)$ und Kapital $K(t)$ ist durch eine gewöhnliche neoklassische Produktionsfunktion $Y(t) = Y(K(t), L(t))$ gegeben. Der Gewinn $\pi(t)$ zum Zeitpunkt t ist

$$\pi(t) = pY(K(t), L(t)) - wL(t) - p_I I(t).$$

[13] Genauere Ausführungen sind in Woitek (1997), Kapitel 2 und 3 zu finden.

[14] Vgl. Woitek (1997), S.131.

[15] Vgl. Jorgenson (1963). Der dynamische Charakter der Theorie wird besonders in Jorgenson (1967) deutlich. Die zitierten Originalarbeiten von Jorgenson sind auch in dem Sammelband Jorgenson (1996) enthalten.

Der Preis des Outputgutes p, der Lohnsatz w und der Preis des Investitionsgutes p_I sind gegeben. Es muss berücksichtigt werden, dass der Kapitalstock sich durch Abschreibung mit der Rate δ verringert. Die Nebenbedingung der Kapitalakkumulation lautet daher

$$\dot{K}(t) = I(t) - \delta K(t).$$

Ziel des Unternehmens ist die intertemporale Wahl des Einsatzes von Arbeit $L(t)$ und Kapital $K(t)$, bzw. der Wahl der Investitionen $I(t)$. Es müssen somit die optimalen Pfade dieser Variablen gefunden werden, um den Gegenwartswert der Gewinne

$$\int_0^\infty e^{-rt}\pi(t)dt$$

zu maximieren. Hierbei ist r die Diskontrate.

Jorgenson benutzt die Variationsrechnung um die Optimalitätsbedingungen abzuleiten. Die Lagrangefunktion für dieses Problem lautet

$$\mathcal{L} = e^{-rt}\pi(t) + \lambda(t)\left(\dot{K}(t) - I(t) + \delta K(t)\right).$$

Die Euler-Lagrange-Gleichungen sind dann[16]

$$e^{-rt}\left(p\frac{\partial Y}{\partial L} - w\right) = 0 \tag{2.1}$$

$$p\frac{\partial Y}{\partial K}e^{-rt} + \lambda(t)\delta - \dot{\lambda}(t) = 0 \tag{2.2}$$

$$-e^{-rt}p_I - \lambda(t) = 0 \tag{2.3}$$

Aus Gleichung 2.1 folgt sofort[17]

$$Y_L = \frac{w}{p}.$$

Dies ist nichts anderes als die bekannte Grenzproduktivitätsregel. Der optimale Einsatz von Arbeit ist dann gegeben, wenn das Grenzprodukt der Arbeit gleich dem Reallohn (bzw. dem Produktlohn) ist. Stellt man die Gleichung 2.3 um und leitet nach t ab, so erhält man

$$\dot{\lambda}(t) = re^{-rt}p_I.$$

[16] Die Bedingungen erster Ordnung (Euler-Lagrange-Gleichungen) ergeben sich aus der Lagrangefunktion und lauten allgemein formuliert $\frac{\partial \mathcal{L}}{\partial y_j} - \frac{d}{dt}\frac{\partial \mathcal{L}}{\partial \dot{y}_j} = 0$. Hierbei sind y_j die Variablen, also L, K, I. Zur Einführung in die Variationsrechnung vgl. Chiang (1992).

[17] Zur Vereinfachung wird, wenn keine Verwechslung möglich ist, die partielle Ableitung $\frac{\partial Y(X,Z)}{\partial X}$ mit Y_X abgekürzt. So steht Y_L für $\frac{\partial Y}{\partial L}$ und Y_K für $\frac{\partial Y}{\partial K}$.

Diesen Ausdruck eingesetzt in Gleichung 2.2 ergibt zusammen mit Gleichung 2.3 nach Umformung

$$Y_K = \frac{(\delta + r)p_I}{p}. \tag{2.4}$$

Im folgenden wird gezeigt, dass $c \equiv (\delta + r)p_I$ den Kapitalnutzungskosten entspricht. Wir nehmen an, dass eine Einheit Kapitaldienst c Geldeinheiten kostet. Zum Zeitpunkt $t = 0$ sei der Kapitalstock $K(0)$ gleich eins. Die Kosten des Kapitaldienstes sind also $cK(0) = c$. Zu einem späteren Zeitpunkt t ist der Kapitalstock auf $K(t) = e^{-\delta t}K(0) = e^{-\delta t}$ geschrumpft (Abschreibung). Die Kosten des Kapitalstocks sind dann $ce^{-\delta t}$. Wird das Kapital unendlich lange eingesetzt, so ergibt sich ein Gegenwartswert des Kapitaldienstes von

$$\int_0^\infty \left(ce^{-\delta t}\right) e^{-rt} dt = \int_0^\infty ce^{-(r+\delta)t} dt = \frac{c}{r+\delta}.$$

Im Gleichgewicht muss dieser Wert dem Preis des Kapitalgutes entsprechen. Es folgt

$$p_I = \frac{c}{r+\delta} \text{ oder } c = (r+\delta)p_I.$$

Jorgenson nennt diese Kaptialnutzungskosten „user cost of capital". Das Grenzprodukt des Kapitals muss im Optimum proportional zu den user costs sein. Jorgensons Theorie liefert Bedingungen für den optimalen Kapitalstock und daher (scheinbar) auch eine Theorie der Investitionen. Dass dies nicht so ist, hat Takayama[18] herausgearbeitet. Um die Problematik zu verdeutlichen, reformulierte Takayama den Ansatz Jorgensons unter Verwendung der Kontrolltheorie. Das Optimierungsproblem ist identisch und lautet

$$\max \int_0^\infty (pY(K(t), L(t)) - wL(t) - p_I I(t))\, e^{-rt} dt.$$

Im Rahmen der Kontrolltheorie[19] wird zwischen Kontrollvariablen (Variablen die das System steuern) und Zustandsvariablen (Variablen die den Zustand des Systems beschreiben) unterschieden. Der Einsatz von Arbeit $L(t)$ und die Investitionen $I(t)$ werden von dem Unternehmen gesteuert und sind daher Kontrollvariablen. Der Kapitalstock ist die Zustandsvariable, die über die Nebenbedingung

$$\dot{K}(t) = I(t) - \delta K(t)$$

von der Kontrollvariablen $I(t)$ gesteuert wird.

[18] Vgl. Takayama (1985), S. 685-719 und Takayama (1994), S. 514-521.

[19] Zur Einführung in die Kontrolltheorie vgl. z.B. Chiang (1992).

Zur Bestimmung der Bedingungen erster Ordnung muss die Hamiltonfunktion aufgestellt werden. Sie lautet für dieses Problem[20]

$$H \equiv pY\left(K(t), L(t)\right) - wL(t) - p_I I(t) + \lambda(t)\left(I(t) - \delta K(t)\right).$$

Um die Bedingungen erster Ordnung zu erhalten, ist unter anderem die Maximierung der Hamiltonfunktion in Bezug auf die Kontrollvariablen erforderlich. Nimmt man für $L(t)$ eine innere Lösung an ($L(t) > 0$), dann ist wegen der Konvexität von $Y(K, L)$ die Maximierung von H äquivalent zu

$$\frac{\partial H}{\partial L} = 0$$

und damit folgt

$$Y_L = \frac{w}{p}.$$

Diese Bedingung ist äquivalent zur der mit Hilfe der Variationsrechnung ermittelten Bedingung von Jorgenson. Für die Maximierung in Bezug auf I ist diese Vorgehensweise allerdings nicht legitim. Man sieht dies durch Umstellung der Hamiltonfunktion

$$H = pY(K(t), L(t)) - wL(t) - \delta\lambda(t)K(t) + \left(\lambda(t) - p_I\right) I(t).$$

Die Hamiltonfunktion ist linear in der Kontrollvariablen $I(t)$. Daher ist die Ableitung der Hamiltonfunktion nach I eine Konstante. Es gibt keine innere Lösung, sondern eine Randlösung. Die Maximierung von H führt daher zu einer „bang-bang" Lösung in der Form

$$\begin{array}{lll} I(t) \to \infty & \text{wenn} & \lambda(t) > p_I \\ I(t) \to -\infty & \text{wenn} & \lambda(t) < p_I. \end{array}$$

Da $\lambda(t)$ als Schattenpreis des Kapitals interpretiert werden kann, ist die Lösung sofort intuitiv verständlich. Ist der Marktpreis des Kapitals niedriger als der Schattenpreis,[21] dann ist der aktuelle Kapitalstock zu hoch und das Unternehmen passt den Kapitalstock unmittelbar an. Dies bedeutet eine Investition von minus unendlich, da I eine Stromgröße ist. Gilt

$$\lambda(t) = p_I,$$

[20] Genau genommen handelt es sich um eine „current-value"-Hamiltonfunktion. Die Bedingungen erster Ordnung ergeben sich aus der Maximierung der Hamiltonfunktion in Bezug auf die Kontrollvariablen, was bei inneren Lösungen $\frac{\partial H}{\partial L} = \frac{\partial H}{\partial I} = 0$ für die Kontrollvariablen L und I erfordert. Zusätzlich muss die Ableitung der Hamiltonfunktion nach der Zustandsvariablen K die Bedingung $\frac{\partial H}{\partial K} = r\lambda - \dot{\lambda}$ erfüllen. Vgl. Chiang (1992) S. 210-212 oder Takayama (1994) S. 495.

[21] Der „Schattenpreis" entspricht dem Wert, den eine zusätzliche Einheit Kapital liefert.

dann ist die Höhe der Investitionen unbestimmt.

Takayama konnte zeigen,[22] dass eine Beschränkung der Investitionen zwischen $I_{min} \leq I(t) \leq I_{max}$ zu einem wohldefinierten Problem mit der Lösung

$$\begin{aligned} I(t) &= I_{min} \qquad \text{wenn} \qquad \lambda(t) > p_I \\ I(t) &= I_{max} \qquad \text{wenn} \qquad \lambda(t) < p_I. \end{aligned}$$

führt. Das Unternehmen passt den Kapitalstock möglichst schnell an. Für den optimalen Kapitalstock K^* und dem optimalen Arbeitseinsatz L^* gelten Jorgensons Bedingungen

$$\begin{aligned} Y_L(K^*, L^*) &= \frac{w}{p} \\ Y_K(K^*, L^*) &= \frac{(r+\delta)p_I}{p} = \frac{c}{p}. \end{aligned}$$

Man sieht somit deutlich, dass die Theorie von Jorgenson eigentlich keine Investitionstheorie, sondern eine Theorie des optimalen Kapitalstocks ist. Formuliert man das Optimierungsproblem als ein gewöhnliches statisches Gewinnmaximierungsproblem

$$\text{max: } pY(K, L) - wL - cK$$

und nimmt Jorgensons user costs c als Preis für den Kapitalinput, dann erhält man die gleichen Bedingungen erster Ordnung. Die Theorie von Jorgenson ist daher inhärent statisch.

Betrachtet man z.B. folgende CES-Produktionsfunktion [23]

$$Y(K, L) = A\left[\alpha K^{\phi} + (1-\alpha)L^{\phi}\right]^{\frac{1}{\phi}},$$

dann ergibt sich eine Grenzproduktivität des Kapitals von

$$Y_K(K, L) = \alpha A^{\phi}\left(\frac{Y}{K}\right)^{\frac{1}{\sigma}}.$$

Eingesetzt in die Bedingung erster Ordnung (Gleichung 2.4) und umgestellt, ergibt den optimalen Kapitaleinsatz

$$K^* = (\alpha A^{\phi})^{\sigma} Y \left(\frac{c}{p}\right)^{-\sigma}.$$

Der optimale Kapitalstock ist proportional zum (optimalen) Output und reziprok zu den Kapitalnutzungskosten c. Die Veränderung des optimalen Kapitalstocks gibt (implizit) die erforderlichen Investitionen an.

---

[22] Vgl. Takayama (1985), S. 688-695.

[23] CES steht für „constant elasticity of substitution“. Es lässt sich zeigen, dass die Substitutionselastizität σ gleich $\sigma = \frac{1}{1-\phi}$ ist. Vgl. Varian (1992), S. 19-20 oder Barro und Sala-I-Martin (1995), S. 43-44.

Bei einer limitationalen Produktionsfunktion ($\sigma = 0$) ist der optimale Kapitalstock proportional zum Output. Die Investitionen sind dann nur von Outputänderungen abhängig, es handelt sich um den bekannten *Akzelerator*

$$K^* = A^{-1}Y.$$

Wie gezeigt wurde, liefert die Theorie von Jorgensen eine Theorie des optimalen Kapitalstocks und keine Theorie der Investitionen. Um empirisch dennoch Investitionsfunktionen untersuchen zu können, müssen Anpassungsverzögerungen angenommen werden. Es wird dabei unterstellt, dass der Kapitalstock nur verzögert angepasst wird. Die Investitionen sind deshalb eine Funktion vergangener Veränderungen des optimalen Kapitalstocks. In diskreter Zeit kann die Investitionsfunktion z.B. die Form von Gleichung 2.5 haben.[24]

$$I_t = \sum_{i=0}^{n} \omega_i [K^*_{t-i} - K^*_{t-1-i}] + \delta K_t \tag{2.5}$$

Die Gewichte ω_i werden empirisch ermittelt. Die Dynamik des Anpassungsprozesses ist ad hoc modelliert und nicht aus dem Optimierungskalkül abgeleitet. Chirinko spricht deshalb von Modellen mit impliziter Dynamik.[25]

2.2.2 Anpassungskosten und die q-Theorie

Im folgenden wird ein q-theoretisches Investitionsmodell mit expliziter Dynamik, erzeugt durch Anpassungskosten, entwickelt. Um Missverständnisse zu vermeiden sei erwähnt, dass es auch im Rahmen der Theorie von Jorgenson möglich ist, Anpassungskosten zu integrieren. Außerdem handelt es sich bei der hier vorgestellten q-Theorie nicht um die ursprüngliche von Tobin entwickelten Version, sondern um eine „neoklassische" Variante. In dieser Variante wird der Grundgedanke der q-Theorie im Rahmen eines intertemporalen Optimierungsansatzes herausgearbeitet.[26] Dieses Modell ist das Standardmodell der makroökonomischen Investitionstheorie geworden und hat seinen festen Platz in modernen makroökonomischen Lehrbüchern.[27]
Die temporale Gewinnfunktion eines Unternehmens sei

$$\pi(t) = pY(K(t), L(t)) - wL(t) - p_I I(t) - C(I(t), K(t)).$$

Im Vergleich zum vorherigen Abschnitt ist die Anpassungskostenfunktion $C(I, K)$ neu. Durch sie wird der Installationsprozess von neuen Anlagen (z.B. Bauten oder Maschinen)

[24] Vgl. Jorgenson (1963) und Abel (1990), S. 760.
[25] Vgl. Chirinko (1993).
[26] Vgl. Hayashi (1982), sowie Abel und Blanchard (1983).
[27] Vgl. z.B. Romer (1996), Kapitel 8.

formalisiert. Die Investition in eine neue Maschine kostet nicht nur den Preis der Maschine, sondern auch Ausgaben für die Installation und die Schulung der Mitarbeiter. Eine höhere Investition erfordert annahmegemäß höhere Anpassungskosten, das heißt es gilt $C_I(I, K) > 0$. Nimmt man zusätzlich an, dass eine „schnelle" Anpassung des Kapitalstocks mehr kostet als eine „langsame", dann folgt $C_{II} > 0$.

Der Wert des Unternehmens $V(t)$ entspricht den diskontierten zukünftigen Gewinnen, also[28]

$$V(t) = \int_t^\infty \pi(s)e^{-r(s-t)}ds.$$

Das Optimierungsproblem des Unternehmens besteht in der optimalen Wahl des Kapital- und Arbeitseinsatzes. Der maximale Unternehmenswert $V^*(t)$ ergibt sich als Lösung des folgenden Optimierungsproblems

$$V^*(t) = \max_{L,I} V(t) = \max_{L,I} \int_t^\infty \pi(s)e^{-r(s-t)}ds. \tag{2.6}$$

Als Nebenbedingung muss natürlich die Kapitalakkumulationsbedingung

$$\dot{K}(t) = I(t) - \delta K(t)$$

berücksichtigt werden.

Die Hamiltonfunktion des entsprechenden Kontrollproblems lautet[29]

$$H(t) \equiv pY(K(t), L(t)) - wL(t) - p_I I(t) - C(I(t), K(t)) + \lambda(t)(I(t) - \delta K(t)). \tag{2.7}$$

Die Bedingungen erster Ordnung sind

$$\frac{\partial H}{\partial L} = pY_L - w = 0, \tag{2.8}$$

$$\frac{\partial H}{\partial I} = -p_I - C_I + \lambda(t) = 0, \tag{2.9}$$

sowie

$$\frac{\partial H}{\partial K} = r\lambda(t) - \dot{\lambda}(t)$$

woraus

$$\dot{\lambda}(t) = (r + \delta)\lambda(t) + C_K - pY_K \tag{2.10}$$

[28] Wenn die Diskontrate r (z.B. der Zinssatz einer alternativen Anlage) im Zeitablauf nicht konstant ist, dann lautet der Ausdruck für den Unternehmenswert

$$V(t) = \int_t^\infty \pi(s)e^{-\int_t^s r(v)dv}ds.$$

[29] Vgl. die Erläuterungen in Fußnote 20 auf Seite 16.

folgt. Außerdem muss die Transversalitätsbedingung

$$\lim_{t\to\infty} \lambda(t)K(t)e^{-rt} = 0 \tag{2.11}$$

erfüllt sein.

Aus der Gleichung 2.8 folgt sofort die übliche Bedingung des optimalen Arbeitseinsatzes

$$Y_L = \frac{w}{p}.$$

Die Gleichung 2.9 lautet umgestellt

$$p_I + C_I(I(t), K(t)) = \lambda(t).$$

Der Schattenpreis einer zusätzlichen Kapitaleinheit $\lambda(t)$ entspricht dem Wertzuwachs des Unternehmens, der durch die Installation einer weiteren Kapitaleinheit entsteht. Im Optimum muss dieser Wertzuwachs (diskontiert zum Zeitpunkt t) den Kosten einer zusätzlichen Kapitaleinheit, also dem Preis einer Kapitaleinheit p_I plus den Installationskosten $C_I(I, K)$, entsprechen.

Die Gleichung 2.10 ist eine lineare Differentialgleichung erster Ordnung. Die Lösung dieser Gleichung gibt die zeitliche Entwicklung des Schattenpreises an. Die allgemeine Lösung dieser Differentialgleichung lautet[30]

$$\lambda(t) = Ae^{(r+\delta)t} - \int_0^t e^{(r+\delta)(t-s)}(pY_K - C_K)ds. \tag{2.12}$$

Die Lösung des Anfangswertproblems $\lambda(0) = \lambda_0$ liefert die Integrationskonstante A. Man erhält, ausgehend vom Startwert für λ_0, die Entwicklung des Schattenpreises. Eine andere Möglichkeit besteht in der „vorwärts" gerichteten Lösung der Differentialgleichung. Die Gleichung 2.12 lautet umgestellt

$$\lambda(t) = e^{(r+\delta)t}\left[A - \int_0^t e^{-(r+\delta)s}(pY_K - C_K)ds\right].$$

Nimmt man an, dass der Kapitalstock immer positiv ist, dann ist es wegen der Transversalitätsbedingung 2.11 nicht möglich, dass $\lambda(t)$ exponentiell mit der Rate $(r + \delta)$ wächst. Daher muss

$$\lim_{t\to\infty}\left[A - \int_0^t e^{-(r+\delta)s}(pY_K - C_K)ds\right] = \left[A - \int_0^\infty e^{-(r+\delta)s}(pY_K - C_K)ds\right] = 0$$

[30] Eine Differentialgleichung der Form $\dot{y}(t) + ay(t) + x(t) = 0$, hat die allgemeine Lösung, vgl. Barro und Sala-I-Martin (1995), S. 468-471,

$$y(t) = -e^{-at}\int_0^t e^{as}x(s)ds + Ae^{-at}.$$

gelten. Es folgt

$$A = \int_0^\infty e^{-(r+\delta)s}(pY_K - C_K)ds$$

und eingesetzt in 2.12

$$\lambda(t) = \int_t^\infty e^{-(r+\delta)(s-t)}(pY_K - C_K)ds. \quad (2.13)$$

Es zeigt sich nun eine andere Interpretationsmöglichkeit des Schattenpreises $\lambda(t)$. Der Term $pY_K(K(s), L(s))$ ist der (zum Zeitpunkt s anfallende) zusätzliche Ertrag einer Kapitaleinheit und der Term $-C_K(I(s), K(s))$ die Veränderung der Anpassungskosten. Der Nettoertrag einer zusätzlichen Kapitaleinheit diskontiert mit der Rate $r+\delta$ entspricht dem Schattenpreis.[31] Die Gleichung 2.13 zeigt sehr deutlich, dass die (neoklassische) q-Theorie die Erwartungen berücksichtigt. In $\lambda(t)$ sind alle für die Investitionstätigkeit relevanten Informationen über den erwarteten zukünftigen Pfad der Gewinnentwicklung vorhanden. Der Ausdruck $pY_K - C_K$ ist nichts anderes als die Ableitung des Gewinns π nach dem Kapitalstock K.

Zwischen der hier dargestellten Investitionstheorie und der von Tobin entwickelten q-Theorie gibt es eine Verbindung. Es muss zwischen dem durchschnittlichen q (q^d) und dem marginalem q (q^m) unterschieden werden. Das durchschnittliche q ist als

$$q^d(t) \equiv \frac{V^*(t)}{p_I K(t)}$$

definiert. Es ist das Verhältnis des Wertes des Unternehmens ($V^*(t)$) und den Wiederbeschaffungskosten des Kapitalstocks ($p_I K(t)$). Ein $q > 0$ zeigt dann, dass der Wert des Unternehmens höher ist als die Reproduktionskosten. In diesem Fall scheint eine Expansion des Kapitalstocks, also positive Nettoinvestitionen, sinnvoll. Für die Entscheidung, den Kapitalstock um eine Einheit zu erhöhen, ist aber das marginale q,

$$q^m \equiv \frac{\frac{\partial V^*(t)}{\partial K(t)}}{p_I}$$

die relevante Größe. Das marginale q ist das Verhältnis der marginalen Wertsteigerung einer Kapitaleinheit zu den Kosten einer Kapitaleinheit. Da die marginale Wertsteigerung $\frac{\partial V^*(t)}{\partial K(t)}$ dem Schattenpreis des Kapitals $\lambda(t)$ entspricht, gilt $\lambda(t) = q^m p_I$. Eingesetzt in die Gleichung 2.9 folgt

$$C_I(I(t), K(t)) = (q^m - 1)p_I. \quad (2.14)$$

[31] Der Ertrag des Kapitals muss mit der Rate $(r + \delta)$ diskontiert werden, da der Kapitalstock mit der Rate δ schrumpft.

Im folgenden wird angenommen, dass die Anpassungskosten $C(I(t), K(t))$ bei $I = \delta K$ null sind, also Anpassungskosten nur auftreten wenn die Nettoinvestitionen positiv sind. Zusätzlich sei $C_I(\delta K, K) = 0$. Die Gleichung 2.14 impliziert dann positive Nettoinvestitionen, wenn $q^m > 1$.

Das Investitionsverhalten wird durch die q-Theorie in direkte Verbindung mit dem Wert eines Unternehmens gesetzt. Unterstellt man perfekte Kapitalmärkte, die alle Informationen zur Unternehmensbewertung in die Aktienkurse einbeziehen, dann ist das durchschnittliche q eine direkte Funktion der Aktienkurse. Die Anwendung und Überprüfung der q-Theorie wird aber dadurch erschwert, dass nur das durchschnittliche q und nicht das marginale q direkt beobachtbar ist. Die Verbindung von q^d und q^m wird durch einen Satz von Hayashi deutlich.

Satz 2.2.1 (Hayashi). *Wenn die Produktionsfunktion $Y(K, L)$ linearhomogen ist und die Anpassungskosten $C(I, K)$ linearhomogen sind, dann ist $q^m = q^d$.*

Beweis. Die Linearhomogenität von $Y(K, L)$ und $C(I, K)$ impliziert[32]

$$Y(K, L) = Y_K K + Y_L L \tag{2.15}$$

$$C(I, K) = C_I I + C_K K. \tag{2.16}$$

Differenziert man die Transversalitätsbegingung 2.11 nach der Zeit, folgt

$$\frac{d}{dt}\left(\lambda(t)K(t)e^{-rt}\right) = \left(\dot{\lambda}(t)K(t) + \dot{K}(t)\lambda(t) - r\lambda(t)K(t)\right)e^{-rt}.$$

Der Ausdruck $\dot{\lambda}K + \dot{K}\lambda - r\lambda K$ ergibt durch Einsetzen von 2.10 für $\dot{\lambda}$ und $\dot{K} = I - \delta K$ für $\dot{K}$

$$C_K K - pY_K K + \lambda I, \text{ oder umgestellt } -(pY_K K - C_K K - \lambda I).$$

Setzt man für $Y_K K$ die Beziehung 2.15 und für $C_K K$ die Beziehung 2.16 ein, so folgt

$$-\left(p(Y - Y_L L) - (C - C_I I) - \lambda I\right), \text{ oder umgestellt } -\left(p(Y - Y_L L) - C - (\lambda - C_I)I\right).$$

Mit den Bedingungen erster Ordnung 2.8 und 2.9 folgt

$$-\left(pY - wL - C - p_I I\right).$$

Es gilt daher für den optimalen Pfad von λ

$$\frac{d}{dt}(\lambda(t)K(t)e^{-rt}) = -(pY(K(t), L(t)) - wL(t) - C(I(t), K(t)) - p_I I(t))e^{-rt}.$$

[32] Der von Hayashi gelieferte Beweis ist anders als der hier entwickelte, da Hayashi die Anpassungskosten nicht in die Gewinnfunktion integriert, sondern die Kapitalakkumulationsgleichung $\dot{K}(t) = I(t) - \delta K(t)$ durch $\dot{K}(t) = \Psi(I(t), K(t)) - \delta K(t)$ ersetzt. Ψ ist bei Hayashi eine konkave Funktion in I und formalisiert damit die Anpassungskosten. Vgl. Hayashi (1982).

Integriert man beide Seiten von t bis ∞ und beachtet die Transversalitätsbedingung 2.11, erhält man

$$\lambda(t)K(t) = \int_t^\infty [pY(K(s), L(s)) - wL(s) - C(I(s), K(s)) - p_I I(s)]\, e^{-r(s-t)} ds.$$

Die rechte Seite dieser Gleichung entspricht nach Gleichung 2.6 dem Unternehmenswert $V^*(t)$. Damit ist bewiesen, dass

$$q^m \equiv \frac{\frac{\partial V^*(t)}{\partial K(t)}}{p_I} = \frac{\lambda(t)}{p_I} = \frac{V^*(t)}{p_I K(t)} \equiv q^d$$

gilt. □

Der Anpassungsprozess an den optimalen Kapitalstock lässt sich besonders gut im (λ, K)-Phasendiagramm darstellen. Die Bedingung 2.9 fordert

$$\lambda = C_I(I, K) + p_I.$$

Die Konstanz des Kapitalstocks $\dot{K} = 0$ erfordert die Gleichheit von Bruttoinvestitionen und Abnutzung $I = \delta K$. Wenn $C_I(\delta K, K) = 0$ ist,[33] was angenommen wurde, dann ist $\dot{K} = 0$ erfüllt wenn $\lambda = p_I$ (es gilt auch $q^m = 1$). In der Abbildung 2.1 ist diese Bedingung als horizontale Gerade zu sehen. Die Gleichung 2.10 gibt die Bedingung für $\dot{\lambda} = 0$ an. Sie lautet

$$\lambda = \frac{pY_K(K) - C_K(K)}{r + \delta}.$$

Wenn $Y_{KK} < 0$ und $C_{KK} \geq 0$, dann ist der Gleichgewichtslokus ($\dot{\lambda} = 0$) eine fallende Funktion von K.

Die Linie mit den Pfeilen in Abbildung 2.1 stellt den Sattelpfad dar.[34] Ist der Anfangskapitalstock K_0, dann stellt sich λ unmittelbar auf λ_0 ein und die Anpassung des Kapitalstocks erfolgt entlang des Sattelpfades bis der optimale Kapitalstock erreicht ist. Implizit ist damit die Investitionsdynamik gegeben.

2.2.3 Die q-Theorie bei Mengenrationierung

Im vorherigen Abschnitt wurde angenommen, dass das Unternehmen zum gegebenen Preis p beliebig viel absetzen kann. Die Outputmenge ist daher keine Einflussgröße der Investitionen, sondern sie wird mit den Investitionen simultan bestimmt. Dies steht im

[33] Die Anpassungskostenfunktion $C(I, K) = (I - \delta K)^2/K$ erfüllt diese Bedingungen.

[34] Man spricht von einem Sattelpfad, da es sich um den einzigen stabilen Anpassungspfad handelt und Abweichungen vom Sattelpfad vom optimalen Kapitalstock wegführen.

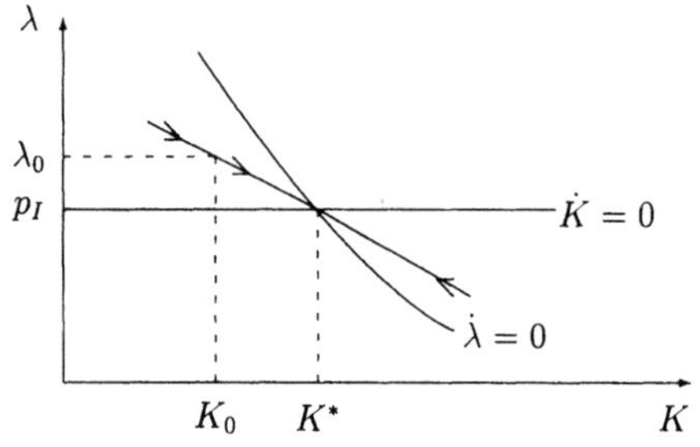

Abbildung 2.1: Anpassungsprozess

Kontrast zur „Volksweisheit" die besagt,[35] dass Outputmengen in empirischen Untersuchungen einen hohen Erklärungswert für die Investitionstätigkeit haben.[36]
Eine Erklärung für die Bedeutung von Outputgrößen für die Investitionen liegt in einer temporären Mengenrationierung des Unternehmens. In einer umfangreichen Studie hat Precious die q-Theorie um die Möglichkeit temporärer Mengenrationierung erweitert.[37] Er konnte zeigen, dass bei Mengenrationierung die produzierte Menge positiv das marginale q beeinflusst.[38] Dies wäre nicht weiter problematisch, wenn das Theorem von Hayashi weiter gelten würde. Das ist aber nicht der Fall.[39] Bei Mengenrationierung ist es möglich, dass sich marginales q und durchschnittliches q in entgegengesetzter Richtung verändern. Das durchschnittliche q enthält dann aber nicht alle Informationen, die zur Bestimmung der Investitionen erforderlich sind. Es sind daher andere Informationen, wie z.B. die produzierte Menge, zur Erklärung der Investitionen erforderlich.

2.3 Investitionen bei Unsicherheit

2.3.1 Unsicherheit und die Jensensche Ungleichung

In der 1972 erschienen Arbeit von Hartman wird der Einfluss von Unsicherheit auf das Investitionsverhalten in einem Modell mit diskreter Zeit untersucht.[40] Es ist einer der

[35] In der angelsächsischen Literatur wird häufig von „folk theorem" gesprochen. Der Ausdruck ist hier mangels Alternative sehr wörtlich übersetzt.
[36] Vgl. Abel (1990), S. 761.
[37] Vgl. Precious (1987).
[38] Vgl. Precious (1987), S. 77.
[39] Vgl. Precious (1987), S. 112.
[40] Vgl. Hartman (1972).

ersten Versuche, die Auswirkungen von Unsicherheit auf das Investitionsverhalten modelltheoretisch zu untersuchen. Im folgenden wird eine modifizierte Version des Hartman Modells entwickelt. Der Nettogewinn (Gewinn aus Produktion und Absatz minus Kosten der Investitionen) eines Unternehmens zum Zeitpunkt t ist durch

$$\pi(K_t, p_t, w_t) - C(I_t)$$

gegeben. $\pi(.)$ ist die Gewinnfunktion, die den Bruttogewinn in Abhängigkeit vom Kapitalstock K_t, dem Preis des produzierten Gutes p_t und den Lohnkosten w_t angibt. $C(I_t)$ sind die Anpassungskosten in Abhängigkeit von den Investitionen I_t. Die Anpassungskosten enthalten sowohl den Preis des Kapitalgutes, als auch die Installationskosten. Ziel des Unternehmens ist die Maximierung des erwarteten diskontierten Gewinns. Der optimale Pfad des Kapitalstocks $\{K_s\}_{s=t+1}^{\infty}$ ist durch die Maximierung des Gegenwartswertes des Unternehmens [41]

$$\max_{\{K_s\}_{s=t+1}^{\infty}} E\left\{\sum_{s=t}^{\infty}\left(\frac{1}{1+r}\right)^{s-t}(\pi(K_s, p_s, w_s) - C(I_s))\middle|\Omega_t\right\}$$

gegeben. Zur Vereinfachung werden die Abschreibungen vernachlässigt. Die Nebenbedingung $K_{t+1} = K_t + I_t$ muss berücksichtigt werden. Wenn $\{K^*\}_{s=t+1}^{\infty}$ der optimale Pfad des Kapitalstocks ist, dann muss dieser Pfad auch jedes beliebige zweiperiodische Teilproblem zum Zeitpunkt j, also

$$\max_{K_{j+1}} \quad (\pi(K_j, p_j, w_j) - C(I_j)) + \frac{1}{1+r}E\left\{\pi(K_{j+1}, p_{j+1}, w_{j+1}) - C(I_{j+1})\middle|\Omega_j\right\}$$

lösen. Ersetzt man I_j durch $K_{j+1} - K_j$ und I_{j+1} durch $K_{j+2} - K_{j+1}$ so erhält man

$$\begin{aligned}\max_{K_{j+1}} \quad & (\pi(K_j, p_j, w_j) - C(K_{j+1} - K_j)) \\ & + \frac{1}{1+r}E\left\{\pi(K_{j+1}, p_{j+1}, w_{j+1}) - C(K_{j+2} - K_{j+1})\middle|\Omega_j\right\}.\end{aligned}$$

Die Bedingung erster Ordnung ergibt sich durch Ableiten nach K_{j+1} und null setzen. Man erhält dann die stochastische Eulergleichung[42]

$$C_I(I_j) = \frac{1}{1+r}E\left\{\pi_K(K_{j+1}, p_{j+1}, w_{j+1}) + C_I(I_{j+1})\middle|\Omega_j\right\}.$$

[41] Der Erwartungswert ist der bedingte Erwartungswert. Er berücksichtigt alle Informationen die zum Zeitpunkt t zur Verfügung stehen. Diese Informationen werden durch die Informationsmenge Ω_t formalisiert. Insbesondere sind die Realisationen von K_t, p_t, w_t in Ω_t enthalten. Es wird angenommen, dass die Informationsmenge mit der Zeit größer wird (alte Informationen werden nicht vergessen und neue kommen hinzu), also gilt: $\Omega_t \subseteq \Omega_{t+1}$.

[42] Diese Vorgehensweise entspricht der Variationsrechnung, welche von Euler für den stetigen Fall entwickelt wurde. Man nennt die Bedingung erster Ordnung auch im diskreten Fall Eulergleichung. Bei Unsicherheit bezeichnet man sie als stochastische Eulergleichung. Zu den stochastischen Eulergleichungen vgl. Stokey und Lucas (1989), S.280-283.

Diese Bedingung muss für jeden Zeitpunkt j erfüllt sein. Ersetzt man $C_I(I_{j+1})$ durch

$$C_I(I_{j+1}) = \frac{1}{1+r} E\left\{ \pi_K(K_{j+2}, p_{j+2}, w_{j+2}) + C_I(I_{j+2}) \middle| \Omega_{j+1} \right\}$$

so folgt $C_I(I_j) =$

$$\frac{1}{1+r} E\left\{ \pi_K(K_{j+1}, p_{j+1}, w_{j+1}) + \frac{1}{1+r} E\left\{ \pi_K(K_{j+2}, p_{j+2}, w_{j+2}) + C_I(I_{j+2}) \middle| \Omega_{j+1} \right\} \middle| \Omega_j \right\}.$$

Durch rekursives Einsetzen und unter Anwendung des Satzes der iterierten Erwartungswerte[43] folgt für den Zeitpunkt t

$$C_I(I_t) = \sum_{i=t+1}^{\infty} \left(\frac{1}{1+r} \right)^{i-t} E\left\{ \pi_K(K_i, p_i, w_i) \middle| \Omega_t \right\}.$$

Die rechte Seite dieser Gleichung gibt den erwarteten diskontieren Wert einer zusätzlichen Einheit Kapital an. Die rechte Seite entspricht daher dem marginalen q. Im Optimum müssen die marginalen Kosten einer Kapitaleinheit $C_I(I_t)$ dem erwarteten marginalen Ertrag entsprechen. Da $C_I(I_t)$ eine steigende Funktion in I_t ist, führt eine Erhöhung des erwarteten Ertrags zu einer Zunahme der Investitionen.

Im folgenden wird untersucht, welche Auswirkung eine Zunahme der Unsicherheit auf den erwarteten Ertrag hat. Betrachtet man p_t als Zufallsvariable, dann handelt es sich um Preisunsicherheit. Nimmt man an, dass w_t eine Zufallsvariable ist, so handelt es sich um Lohnkostenunsicherheit.

Zunächst müssen die Eigenschaften der Gewinnfunktion betrachtet werden. Die Gewinnfunktion resultiert aus folgendem Optimierungsproblem

$$\pi(K_t, p_t, w_t) = \max_{L_t} p_t Y(K_t, L_t) - w_t L_t.$$

$Y(K_t, L_t)$ ist die Produktionsfunktion. Die Gewinnfunktion ist konvex in den Variablen p_t und w_t. Die Abbildung 2.2 verdeutlicht dies für p. Bei einem Preis von p^* ergibt sich ein Gewinn von $\pi(p^*)$. Implizit ist die optimale Produktion und damit der optimale Arbeitseinsatz L^* bestimmt. Verändert sich der Preis p, dann kann die Produktionsmenge $Y(K, L^*)$ beibehalten werden. Der Gewinn verändert sich dann linear in p. Dieser Gewinn, der bei Nichtanpassung der Variablen L entsteht, wird mit $\bar{\pi}$ bezeichnet. Er ist in der Abbildung 2.2 als Tangente dargestellt. Da die Produktion aber optimal angepasst wird, steigt der Gewinn überproportional bei einem Preisanstieg und unterproportional

[43] Der Satz der iterierten Erwartungswerte lautet $E(E(X|\Omega_{t+1})|\Omega_t) = E(X|\Omega_t)$ mit $\Omega_t \subseteq \Omega_{t+1}$.Wenn man heute weniger Informationen besitzt als morgen, dann kann nicht prognostiziert werden, was morgen erwartet würde, wenn morgen mehr Informationen vorhanden wären.

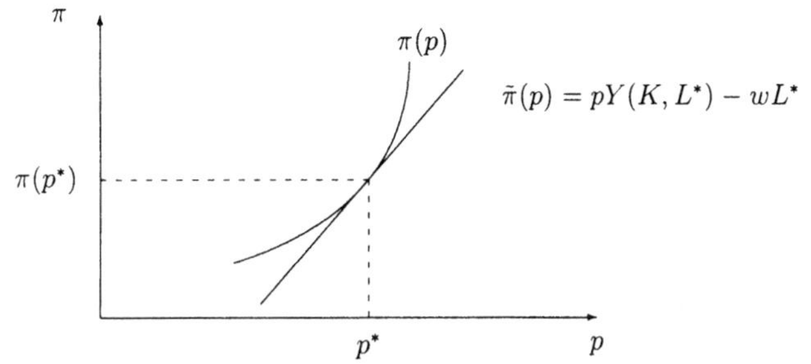

Abbildung 2.2: Konvexität der Gewinnfunktion

bei einem Preisrückgang. Die Gewinnfunktion $\pi(p)$ ist daher konvex in p.[44] Für w_t gilt die analoge Betrachtung. Nimmt man an, dass die Produktionsfunktion $Y(K, L)$ linearhomogen ist, dann lässt sich K_t aus der Gewinnfunktion $\pi(K_t, p_t, w_t)$ separieren. Der Gewinn ist dann $\pi = \hat{\pi}(p_t, w_t)K_t$.[45] $\hat{\pi}$ ist weiterhin konvex in p_t und w_t. Die Ableitung der Gewinnfunktion nach dem Kapitalstock π_K ist jetzt einfach $\hat{\pi}$.

Angenommen, der Preis des produzierten Gutes ist unsicher, dann stellt sich die Frage, welche Auswirkung eine Erhöhung der Unsicherheit auf den erwarteten Gewinn hat. Die genaue Bedeutung von „mehr Unsicherheit" muss erst definiert werden. Um eine höhere Unsicherheit zu modellieren, addiert man zu einer Zufallsvariablen X eine zweite unkorrelierte Zufallsvariable Z mit $E(Z|X) = 0$. Diese Zufallsvariable hat für jedes X einen Erwartungswert von null. Man sagt, die ursprüngliche Variable X erhält einen „mean preserving spread".[46] Die so konstruierte Zufallsvariable $W = X + Z$ hat den gleichen Erwartungswert wie X, aber eine höhere Streuung und daher eine höhere Unsicherheit. Betrachten wir nun die Transformation der Zufallsvariablen X durch eine konvexe Funktion $G(X)$. Der Erwartungswert dieser Transformation ist $E(G(X))$. Wird die Zufallsvariable X nun einem „mean preserving spread" ausgesetzt, also in die Zufallsvariable $W = X + Z$ transformiert, so folgt (mit $E(Z|X) = 0$ aus der Jensenschen Ungleichung

$$E(G(X + Z|X)) \geq G(E(X + Z|X)) = G(E(X|X) + E(Z|X)) = G(X).$$

[44] Ein formeller Beweis der Konvexität ist z.B in Varian (1992), S. 40-43 zu finden.

[45] Der Gewinn ist durch $\pi = pY(K, L^*) - wL^*$ gegeben, wobei L^* der optimale Arbeitseinsatz ist. Die Linearhomogenität von Y impliziert $\pi = pKY(1, \frac{L^*}{K}) - wL^* = \left(pY\left(\frac{L^*}{K}\right) - w\frac{L^*}{K}\right)K = \hat{\pi}K$. Die Eigenschaften von π übertragen sich auf $\hat{\pi}$.

[46] Die Modellierung von höherer Unsicherheit durch einen „mean preserving spread" geht auf Rothschild und Stiglitz zurück; vgl. Rothschild und Stiglitz (1970).

Bildet man auf beiden Seiten den Erwartungswert, so folgt

$$E(E(G(X+Z)|X) = E(G(W)) \geq E(G(X)).$$

Der Erwartungswert von $G(W)$ ist größer, als der Erwartungswert von $G(X)$. Durch den „mean preserving spread“ wird der Erwartungswert größer. Da nun $\pi_K(p_t, w_t)$ eine konvexe Funktion in p_t und w_t ist, steigt bei zunehmender Preis- oder Lohnkostenunsicherheit der Erwartungswert von π_K und daher die rechte Seite der oben entwickelten intertemporalen Optimalitätsbedingung

$$C_I(I_t) = \sum_{i=t+1}^{\infty} \left(\frac{1}{1+r}\right)^{i-t} E\left\{\pi_K(K_i, p_i, w_i)\middle|\Omega_t\right\}.$$

Wie oben schon angesprochen wurde, ist $C_I(I_t)$ eine steigende Funktion in I_t. Eine Zunahme der Unsicherheit führt daher, unter den getroffenen Annahmen, zu höheren Investitionen. Bei diesem Ergebnis ist zu bedenken, das der Investor nur den erwarteten Ertrag in seinem Optimierungskalkül berücksichtigt, also implizit Risikoneutralität unterstellt wird. Die Abbildung 2.3 verdeutlicht graphisch diesen Zusammenhang.

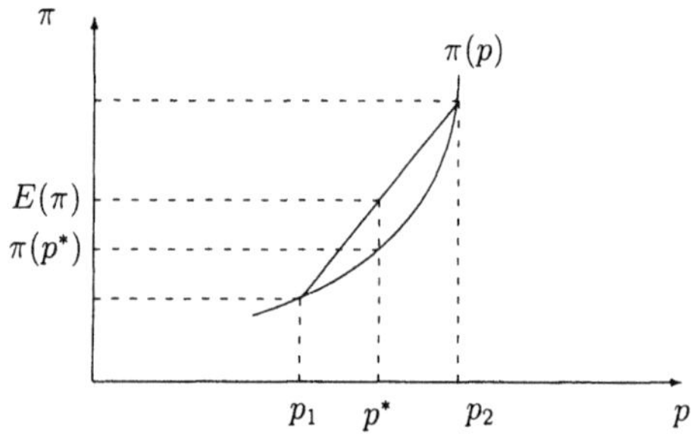

Abbildung 2.3: Unsicherheit und Gewinnerwartung

Ist der Preis sicher und beträgt p^*, dann ist der Gewinn $\pi(p^*)$. Schwankt der Preis hingegen zwischen p_1 und p_2 mit einem Erwartungungswert von p^*, dann ist der erwartete Gewinn $E(\pi)$. Dieser erwartete Gewinn ist größer als $\pi(p^*)$. Aus der Unsicherheit folgt daher ein Anreiz mehr zu investieren.

2.3.2 Investitionen in zeitstetigen Modellen

Abel hat 1983 gezeigt, dass sich die Ergebnisse des vorhergehenden Abschnitts auch auf Modelle mit stetiger Zeit übertragen lassen. In seinem Modell wird ein Unternehmen, das als Preisnehmer agiert, betrachtet.[47] Der Marktpreis des Produktes wird durch eine geometrische Brownsche Bewegung modelliert.[48] Es handelt sich dabei um eine spezielle Form des Ito-Prozesses.[49] Der Preis zum Zeitpunkt t wird mit $p(t)$ bezeichnet und $dp(t)$ ist die (infinitesimale) Preisveränderung. Die Preisentwicklung ist durch

$$dp(t) = p(t)\mu dt + p(t)\sigma dW(t), \;\; p_0 > 0, \tag{2.17}$$

oder anders geschrieben

$$\frac{dp(t)}{p(t)} = \mu dt + \sigma dW(t)$$

gegeben. Ist μ positiv und $\sigma = 0$, dann ist die Preisänderung dp gleich $p(t)\mu dt$. Die Preisentwicklung wird daher durch die Differentialgleichung $\frac{dp(t)}{dt} = p(t)\mu$ beschrieben. Die Lösung dieser Gleichung ist $p(t) = p_0 e^{\mu t}$. Die Preisentwicklung folgt also einem exponentiellen Trend. Ist $\sigma > 0$ wird dieser Trend durch eine stochastische Bewegung überlagert, die den Preis auch zu einer Abwärtsbewegung bringen kann. Der Preis kann aber niemals negativ werden, da $p(t) = 0$ eine Absorptionsbarriere darstellt. Dies geht aus Gleichung 2.17 hervor. Ist auf der rechten Seite von Gleichung 2.17 $p(t) = 0$, dann ist auch die linke Seite der Gleichung null, das heißt $dp(t) = 0$. Es findet keine Preisbewegung mehr statt und der Preis bleibt daher auf null. Dies erklärt auch die Forderung $p_0 > 0$ in Gleichung 2.17. Eine alternative Modellierung des Preisprozesses bietet der geometrische Ornstein-Uhlenbeck Prozess in der Form[50]

$$dp(t) = \lambda(\bar{p} - p(t))p(t)dt + \sigma p(t)dW(t).$$

Bei diesem Prozess führt eine Abweichung vom Mittelwert $\bar{p}$ zu einer Korrekturbewegung in Richtung des Mittelwertes. Man spricht auch von einem „mean-reverting process“. Da Modelle mit geometrischen Brownschen Bewegungen analytisch einfacher zu handhaben sind, werden sie häufig verwendet.[51]

Die Produktionstechnologie des Unternehmens wird durch eine Cobb-Douglas Produktionsfunktion mit konstanten Skalenerträgen $(0 < \alpha < 1)$

$$Y(t) = L(t)^{\alpha} K(t)^{(1-\alpha)}$$

---

[47] Hier wird nicht das Originalmodell von 1983, vgl. Abel (1983), sondern eine etwas modifizierte Version aus Abel und Eberly (1997) dargestellt, um später eine wichtige Modellerweiterung betrachten zu können.

[48] Im Anhang Abschnitt A.3.4 wird das Konzept einer geometrischen Brownschen Bewegung erklärt.

[49] Die stochastische Analysis behandelt die Modellierung von stochastischen Systemen in stetiger Zeit. Im Abschnitt A.3 des Anhangs wird ein kurzer Überblick über die stochastische Analysis gegeben.

[50] Ornstein-Uhlenbeck Prozesse werden im Abschnitt A.3.4 des Anhangs erklärt.

[51] Die Unterschiede der Prozesse werden in Metcalf und Hassett (1995) diskutiert.

modelliert. $Y(t)$ ist der Output, $L(t)$ der Arbeitseinsatz und $K(t)$ der Kapitalstock. Wenn der Lohnsatz w fix ist, dann ist der operative Gewinn[52] $\pi(K(t), p(t))$ zum Zeitpunkt t

$$\pi(K(t), p(t)) \equiv p(t)L(t)^{\alpha}K(t)^{(1-\alpha)} - wL(t). \tag{2.18}$$

Wählt das Unternehmen bei gegebenem Kapitalstock $K(t)$ und gegebenem Produktpreis $p(t)$ den optimalen Arbeitseinsatz, so ergibt sich ein operativer Gewinn von [53]

$$\pi(K(t), p(t)) = hp(t)^{\theta}K(t). \tag{2.19}$$

Die Bruttoinvestitionen zum Zeitpunkt t betragen $I(t)$ und die konstante Abschreibungsrate beträgt δ. Die Kapitalakkumulation erfolgt daher gemäß

$$dK(t) = (I(t) - \delta K(t))dt.$$

Die totalen Investitionskosten sind annahmegemäß eine konvexe Funktion $C(I(t))$ der Investitionen. Die Nettoeinnahmen (cash flow) zum Zeitpunkt t ergeben sich aus dem operativen Gewinn $\pi(K(t), p(t))$ abzüglich der Investitionskosten $C(I(t))$. Der Wert des Unternehmens $V(K(t), p(t))$ entspricht den zukünftigen, mit der Rate r diskontierten, Nettoeinnahmen

$$V(K(t), p(t)) = \max_{I(t)} E_t \left\{ \int_t^{\infty} \left[hp_t^{\theta}(s)K(s) - C(I(s))\right] e^{-r(s-t)}ds \right\}.$$

Die Investitionen werden so gewählt, dass der Unternehmenswert maximiert wird. Dieses stochastische intertemporale Optimierungsproblem führt zu folgender Hamilton-Jacobi-Bellman (HJB) Gleichung[54]

$$rV(K, p) = \max_{I} \left[hp^{\theta}K - C(I) + \frac{E\{dV\}}{dt}\right].$$

Die rechte Seite der Gleichung ist die Summe aus den unmittelbaren Nettoeinnahmen und dem erwarteten Kapitalgewinn (Wertzuwachs). Diese Summe entspricht im Optimum der erforderlichen Verzinsung (linke Seite der Gleichung). Wendet man die Ito-Regel an und berücksichtigt die Kapitalakkumulationsgleichung, so ergibt sich für den erwarteten Wertzuwachs[55]

$$\frac{E\{dV\}}{dt} = (I - \delta K)V_K + \mu pV_p + \frac{1}{2}\sigma^2 p^2 V_{pp}.$$

[52] Gewinn ohne Berücksichtigung der Kapitalkosten.

[53] Es gelten folgende Definitionen: $\theta \equiv \frac{1}{1-\alpha} > 1$, $h \equiv \theta^{-\theta}(\theta - 1)^{\theta-1}w^{1-\theta} > 0$. Setzt man die partielle Ableitung des Gewinns nach dem Arbeitseinsatz gleich null, so erhält man die Bedingung erster Ordnung für ein Gewinnmaximum: $\frac{\partial \pi}{\partial L(t)} = \alpha p(t)L(t)^{\alpha-1}K(t)^{1-\alpha} - w = 0$. Nach $L(t)$ aufgelöst ergibt $L^*(t) = (\frac{w}{\alpha})^{\frac{1}{\alpha-1}}p(t)^{\frac{1}{1-\alpha}}K(t)$. Setzt man den optimalen Arbeitseinsatz $L^*(t)$ in die Gleichung 2.18 ein und verwendet die Definitionen für θ und h, so erhält man die Gleichung 2.19.

[54] Die Abhänigkeit von der Zeit wird im folgenden zur Vereinfachung nicht immer explizit aufgeschrieben; so wird z.B. statt $I(t)$ jetzt I geschrieben. Eine heuristische Ableitung der Hamilton-Jacobi-Bellman Gleichung findet sich im Anhang Abschnitt A.4.1.

[55] $V_k = \frac{\partial V}{\partial K}, V_p = \frac{\partial V}{\partial p}$ und $V_{pp} = \frac{\partial^2 V}{\partial p^2}$. Zur Ito-Regel siehe Abschnitt A.3.3 im Anhang.

Setzt man diesen Ausdruck in die HJB Gleichung ein und definiert in Anlehnung an die q-Theorie $V_K \equiv q$, so folgt

$$rV(K,p) = \max_I [hp^\theta K - C(I) + (I - \delta K)q + \mu p V_p + \frac{1}{2}\sigma^2 p^2 V_{pp}]. \tag{2.20}$$

Die Investitionskosten $C(I)$ werden mit der konvexen Funktion

$$C(I(t)) = \gamma I(t)^{\frac{n}{n-1}} \text{ mit } n \in \{2, 4, 6, \dots\} \tag{2.21}$$

modelliert.[56] Die Maximierung der rechten Seite von Gleichung 2.20 erfordert die Maximierung von $Iq - \gamma I^{n/(n-1)}$. Die optimalen Investitionen $\hat{I}$, die diesen Ausdruck maximieren, sind

$$\hat{I} = \left[\frac{n-1}{n\gamma}\right]^{n-1} q^{n-1}. \tag{2.22}$$

Anhand dieser Gleichung sieht man sofort, dass die Investitionen positiv von q abhängen. Dies entspricht den Aussagen der q-Theorie. Wenn $n = 2$ ist, die Anpassungskosten also quadratisch sind, dann sind die Investitionen eine lineare Funktion von q. Im allgemeinen besteht eine nicht-lineare Beziehung. Setzt man die optimalen Investitionen (Gleichung 2.22) in die Investitionskostenfunktion (Gleichung 2.21) und beide in die Gleichung 2.20 ein, so erhält man die partielle Differentialgleichung zweiter Ordnung[57]

$$rV(K,p) = hp^\theta K + q^n \Gamma - \delta K q + \mu p V_p + \frac{1}{2}\sigma^2 p^2 V_{pp}. \tag{2.23}$$

Im hier betrachteten Fall ist der Unternehmenswert eine lineare Funktion des Kapitalstocks, sodass die Wertfunktion $V(K,p)$ in

$$V(K,p) = q(p)K + G(p)$$

zerlegt werden kann. Durch Einsetzen dieses Ausdrucks in die Gleichung 2.23 erhält man

$$rqK + rG = hp^\theta K + q^n\Gamma - \delta K q + \mu p q_p K + \mu p G_p + \frac{1}{2}\sigma^2 p^2 q_{pp} K + \frac{1}{2}\sigma^2 p^2 G_{pp}.$$

Diese Gleichung muss für alle Werte von K erfüllt sein. Daher müssen die Terme auf der rechten Seite, die K enthalten, den Termen auf der linken Seite, die K enthalten, entsprechen. Für die Terme ohne K gilt das Analoge. Die partielle Differentialgleichung lässt sich daher in zwei gewöhnlichen Differentialgleichungen

$$rq = hp^\theta - \delta q + \mu p q_p + \frac{1}{2}\sigma^2 p^2 q_{pp} \tag{2.24}$$

$$rG = q^n\Gamma + \mu p G_p + \frac{1}{2}\sigma^2 p^2 G_{pp} \tag{2.25}$$

[56] Diese Modellierung aus Abel und Eberly (1997) gewährleistet, dass auch bei negativem I der Funktionswert $C(I)$ eine reele Zahl ist und die Funktion $C(I)$ im gesamten Definitionsbereich konvex ist. Die in Abel (1983) verwendete Funktion $C(I) = \gamma I^\beta$ erfüllt diese Eigenschaft nicht; so ist z.B. $(-2)^{(3/2)} = -2i\sqrt{2}$ mit $i^2 = -1$.

[57] Es gilt $\Gamma = (n-1)^{(n-1)} n^{-n} \gamma^{(1-n)} > 0$.

trennen. Es besteht eine rekursive Struktur zwischen den beiden Gleichungen. Die erste Differentialgleichung hat als Lösung eine Funktion $q = q(p)$ und ist unabhängig von der Funktion $G = G(p)$. Die zweite Gleichung ist, wenn $q(p)$ als Lösung der ersten Gleichung ermittelt wurde, im zweiten Schritt lösbar. Für die Untersuchung der Auswirkung von Unsicherheit auf die Investitionen ist nur die Lösung der ersten Gleichung (Gleichung 2.24), also die Bestimmung der Funktion $q = q(p)$ erforderlich.[58] Die allgemeine Lösung der Differentialgleichung 2.24 ist

$$q(p) = Bp^{\theta} + A_1 p^{\eta_1} + A_2 p^{\eta_2}.$$

Die Terme $A_1 p^{\eta_1}$ und $A_2 p^{\eta_2}$ sind die Lösungen des homogenen Teils der Differentialgleichung. Abel und Eberly zeigen, dass beide Koeffizienten A_1 und A_2 gleich null sein müssen, um explodierende Lösungen (Bubble-Lösungen) auszuschließen.[59] Die Funktion $q(p) = Bp^{\theta}$ ist eine spezielle Lösung der Differentialgleichung. Setzt man sie in die Differentialgleichung 2.24 ein, erhält man

$$rBp^{\theta} = hp^{\theta} - \delta Bp^{\theta} + \mu pB\theta p^{\theta-1} + \frac{1}{2}\sigma^2 p^2 B\theta(\theta - 1)p^{\theta-2}$$

oder

$$B[(r + \delta) - \theta\mu - \frac{1}{2}\sigma^2\theta(\theta - 1)] = h.$$

Es folgt

$$B = \frac{h}{(r + \delta) - \theta\mu - \frac{1}{2}\sigma^2\theta(\theta - 1)}.$$

Da $B > 0$ gilt,[60] ist $q(p) = Bp^{\theta}$ eine positive Funktion des Absatzpreises. q ist nun aber per Definition gleich V_K, also der Wert einer zusätzlichen Einheit Kapital. Es ist ökonomisch einsichtig, dass der Wert des Kapitals mit dem Produktpreis steigt. Welchen Einfluss hat aber die Preisunsicherheit? Zur Erinnerung noch einmal die Formulierung des Preisprozesses:

$$dp(t) = \mu p(t)dt + \sigma p(t)dW(t).$$

Die Volatilität des Prozesses nimmt mit σ zu, da die Zuwächse $dW(t)$ des Wienerprozesses $W(t)$, stärker gewichtet werden. Dies entspricht dem „mean preserving spread“ im

[58] Da nach Gleichung 2.22 die Investitionen nur von q abhängen, ist der Einfluss der Unsicherheit auf q zu untersuchen. Um den Wert des Unternehmens zu bestimmen ist auch die Lösung der zweiten Differentialgleichung erforderlich, da $G(p)$ bestimmt werden muss um $V(K,p) = q(p)K + G(p)$ zu erhalten. Vgl. Abel und Eberly (1997) S. 838-841.

[59] Vgl. Abel und Eberly (1997), S. 839-840.

[60] Vgl. Abel und Eberly (1997), S. 839, Fußnote 5.

Hartman-Modell, da der Erwartungswert der Preisentwicklung $E(dp(t)) = \mu p(t)dt$ durch σ nicht verändert wird. Mit steigendem σ steigt auch σ^2. Die Ableitung von B nach σ^2 lautet

$$\frac{dB}{d\sigma^2} = \frac{\frac{1}{2}h\theta(\theta-1)}{\left((r+\delta) - \theta\mu - \frac{1}{2}\sigma^2\theta(\theta-1)\right)^2}.$$

Da $\theta > 1$ ist, ist B (und daher auch q) steigend in σ^2. Eine Erhöhung der Unsicherheit führt daher nach Gleichung 2.22 zu höheren Investitionen. Dieses Ergebnis hat Abel 1983 gezeigt und somit die Aussagen von Hartman 1972 auf Modelle mit stetiger Zeit übertragen.[61]

Der positive Effekt der Unsicherheit resultiert aus der Konvexität der Gewinnfunktion 2.19. Um dies zu zeigen, muss die Veränderung des Gewinns $d\pi$ in Abhängigkeit vom Preisprozess dp dargestellt werden. Mit Hilfe der Ito-Regel erhält man

$$d\pi = \frac{\partial\pi}{\partial p}dp + \frac{1}{2}\frac{\partial^2\pi}{\partial p^2}(dp)^2$$

oder

$$d\pi = \frac{\partial\pi}{\partial p}(\mu p dt + \sigma p dW) + \frac{1}{2}\frac{\partial^2\pi}{\partial p^2}\sigma^2 p^2 dt.$$

Bildet man den Erwartungswert $E(d\pi)$, so folgt

$$E(d\pi) = \left(\frac{\partial\pi}{\partial p}\mu p + \frac{1}{2}\frac{\partial^2\pi}{\partial p^2}\sigma^2 p^2\right) dt.$$

Wenn die Gewinnfunktion konvex in der Variablen p ist, dann ist $\frac{\partial^2\pi}{\partial p^2} > 0$ und σ^2 wirkt positiv auf die erwartete Gewinnveränderung $d\pi$.

Die Annahme einer konvexen und positiven Anpassungskostenfunktion, wie sie in Gleichung 2.21 formalisiert ist, impliziert nicht-negative Investitionen. Es wird zwar Reversibilität angenommen, aber negative Investitionen verursachen lediglich Anpassungskosten und keinen Ertrag. Abel und Eberly haben 1997 diese Einschränkung in der Modellierung aufgehoben, indem sie die Anpassungskosten durch die Funktion

$$C(I(t)) = bI(t) + \gamma I(t)^{n/(n-1)} \tag{2.26}$$

modelliert haben.[62] Die Investitionskosten $C(I)$ setzen sich aus den Installationskosten $\gamma I^{n/(n-1)}$ und den Kosten für den Kauf der Kapitalgüter bI zusammen. Der Preis der Kapitalgüter (Investitionsgüter) b ist exogen gegeben und entspricht den Einnahmen beim

[61] Die Ergebnisse lassen sich auch auf Modelle mit Preisunsicherheit der Inputgüter, z.B. Unsicherheit in den Lohnkosten und Unsicherheit in den Kapitalkosten, übertragen. Vgl. Abel (1985).

[62] Wir können die Veränderungen, die sich durch diese Formulierung ergeben, sehr schnell diskutieren, da die bisherigen Ausführungen im Modellrahmen von Abel und Eberly (1997) entwickelt wurden.

Verkauf von Kapitalgütern. Die optimalen Investitionen werden durch folgendes Maximierungsproblem bestimmt

$$\max_{I}[(q-b)I-\gamma I^{\frac{n}{n-1}}].$$

Die Investitionsfunktion ist dann

$$\hat{I}=\left[\frac{n-1}{n\gamma}\right]^{n-1}(q-b)^{n-1}.$$

Wenn q größer als der Marktpreis b dieser Kapitaleinheit ist, dann sind die Investitionen positiv. Im umgekehrten Fall sind die Investitionen negativ, das heißt der Kapitalstock wird abgebaut. Die partielle Differentialgleichung, die zu den Differentialgleichungen 2.24 und 2.25 führte, muss wie folgt modifiziert werden

$$rqK+rG=hp^{\theta}+(q-b)^{n}\Gamma-\delta Kq+\mu pq_{p}K+\mu pG_{p}+\frac{1}{2}\sigma^{2}p^{2}q_{pp}K+\frac{1}{2}\sigma^{2}p^{2}G_{pp}.$$

Die Trennung dieser partiellen Differentialgleichung liefert die folgenden gewöhnlichen Differentialgleichungen

$$\begin{aligned} rq &= hp^{\theta}-\delta q+\mu pq_{p}+\frac{1}{2}\sigma^{2}p^{2}q_{pp} \\ rG &= (q-b)^{n}\Gamma+\mu pG_{p}+\frac{1}{2}\sigma^{2}p^{2}G_{pp}. \end{aligned}$$

Die erste dieser Gleichungen ist identisch mit Gleichung 2.24. Daher ändert sich die Beziehung zwischen σ^2 und q nicht.

Eine Erhöhung der Preisunsicherheit, modelliert durch eine Erhöhung von σ^2, bewirkt eine Erhöhung von q und, bei gegebenen Kapitalgüterpreis b, eine Erhöhung der Investitionen.

2.4 Zusammenfassung

In den Abschnitten 2.1.1 und 2.1.2 dieses Kapitels wurde die Bedeutung der Investitionen für die Wachstums- und Konjunkturtheorie betrachtet. Empirische Untersuchungen zeigen, dass die Investitionen sowohl auf das Wachstum, als auch auf die Konjunktur, einen starken Einfluss haben. In den aktuellen Wachstums- und Konjunkturtheorien haben die Investitionen dagegen eine zweitrangige Bedeutung. In den dominierenden Modellen der repräsentativen Haushalte steht die intertemporale Konsumallokation im Vordergrund der Betrachtung. Die Investitionen ergeben sich als Residuum.

Im Abschnitt 2.2.1 wurde die neoklassische Theorie von Jorgenson skizziert. Es wurde gezeigt, dass es sich eigentlich um eine Theorie des optimalen Kapitalstocks und nicht um eine Investitionstheorie handelt. Der optimale Kapitalstock ist abhängig von den relativen Faktorpreisen. Eine gegebene nachgefragte Gütermenge wird kostenminimal produziert. Steigt die Nachfrage, dann wird der Kapitalstock angepasst (Akzelerator). Erst die Modellierung von Anpassungskosten des Kapitalstocks ergibt eine Investitionstheorie (Abschnitt 2.2.2). Das marginale q gibt den aus einem intertemporalen Optimierungsproblem resultierenden Schattenpreis einer zusätzlichen Kapitaleinheit an. Im Optimum muss dieser Schattenpreis den Kosten, einschließlich der Anpassungskosten, einer zusätzlichen Kapitaleinheit entsprechen. Implizit ergeben sich so die optimalen Investitionen. Sind die Annahmen des Satzes von Hayashi erfüllt, dann ist das marginale q identisch mit dem direkt beobachtbaren durchschnittlichen q. Das durchschnittliche q würde dann alle relevanten Informationen zur Investionsentscheidung enthalten. Im Abschnitt 2.2.3 wurde angedeutet, dass temporäre Mengenrationierungen, zusätzlich zum durchschnittlichen q, Outputgrößen als relevante Erklärungsgrößen einer Investitionsfunktion rechtfertigen. Für die empirischen Untersuchungen bieten sich daher q-Größen und Outputgrößen als erklärende Variablen einer Investitionsfunktion an.

Im Abschnitt 2.3.1 wurde gezeigt, dass bei vollkommener Konkurrenz die Gewinnfunktion eines Unternehmens konvex in den exogenen Variablen ist. Unsicherheit in den exogenen Variablen führt daher, in einem zeitdiskreten Modell, zu höheren Investitionen (Jensensche Ungleichung). Dieser Effekt ist auf zeitstetige Modelle übertragbar (Abschnitt 2.3.2). In zeitstetigen Modellen lässt sich dieser Effekt einfach durch Anwendung der Ito-Regel zeigen. Wenn der Marktpreis als Ito-Prozess $dp = \mu p dt + \sigma p dW$ modelliert wird, dann kann der erwartete Gewinn mit Hilfe der Ito-Regel bestimmt werden. Er ist $E(d\pi) = \left(\frac{\partial\pi}{\partial p}\mu p + \frac{1}{2}\frac{\partial^2\pi}{\partial p^2}\sigma^2 p^2\right) dt$. Wenn die Gewinnfunktion konvex in p ist, dann ist $\frac{\partial^2\pi}{\partial p^2} > 0$ und σ^2 wirkt positiv auf die erwartete Gewinnveränderung $d\pi$. Es entsteht bei steigender Unsicherheit ein Anreiz mehr zu investieren.

Kapitel 3

Investitionen als Realoptionen

3.1 Irreversibilität und Realoptionen

3.1.1 Was ist eine Realoption?

Irreversible Entscheidungen, die zeitlich verzögert werden können, besitzen einen Optionscharakter. Dieser Zusammenhang wurde zuerst in der Ökonomie der natürlichen Ressourcen entdeckt. Bei der Entscheidung über den Abbau natürlicher (nicht regenerationsfähiger) Ressourcen darf nicht nur der Ertrag des Abbaus betrachtet werden. Baut man die Ressource ab, wird der spätere Abbau der Ressource unmöglich. Die Option des späteren Abbaus wird durch den Abbau ausgeübt. Diese Option besitzt einen Wert, der bei der Entscheidung über den Abbau berücksichtigt wird. Dieser Zusammenhang wird im nächsten Abschnitt erläutert.[63]

Dass Investitionsentscheidungen einen Optionscharakter aufweisen, wurde erstmals in Bernanke (1983) herausgearbeitet.[64] Später wurde die Mathematik der Finanzoptionen von McDonald und Siegel (1986) auf Investitionsentscheidungen übertragen. Mit Investitionsentscheidungen sind hier *reale* Investitionen, also z.B. der Bau einer Fabrik oder der Kauf einer neuen Maschine, gemeint. In Analogie zu den Finanzoptionen spricht man auch von Realoptionen. Um diese Analogie aufzuzeigen, werden im folgenden kurz Finanzoptionen erläutert. Es wird eine amerikanische Kaufoption[65] betrachtet, da hier die Analogie zu einer Investitionsentscheidung am deutlichsten ist.

---

[63] Vgl. Abschnitt 3.1.2.

[64] Die grundlegende Idee Investionen als Optionen aufzufassen, bzw. die optimale zeitliche Wahl von Investitionen zu modellieren, wird im Abschnitt 3.1.3 behandelt.

[65] Eine gute Darstellung amerikanischer Optionen findet sich in Kwok (1998) Kapitel 4. Eine europäische Option kann, im Unterschied zu einer amerikanischen Option, nur zum Ende der Laufzeit ausgeübt werden. Im Abschnitt 3.2.1 wird die Bewertung von Finanzoptionen mit Hilfe des Prinzips der Arbitragefreiheit, am Beispiel einer europäischen Option, skizziert.

Eine Kaufoption beinhaltet das Recht ein Vermögensobjekt, im folgenden eine Aktie, innerhalb eines vorgegebenen Zeitraums, zu einem festgelegten Preis (Basispreis) zu kaufen. Der Inhaber der Option hat das Recht die Option auszuüben, oder sie verfallen zu lassen. Eine amerikanische Option kann, innerhalb der Laufzeit, zu einem beliebigen Zeitpunkt ausgeübt werden.

Zu einem beliebigen, aber vor dem Ende der Laufzeit liegenden, Zeitpunkt t ist der Wert einer amerikanischen Kaufoption C mindestens so groß, wie das Maximum von $S - E$ und 0. Hierbei ist S der Kurs der Aktie zum Zeitpunkt t und E der Basispreis. Es gilt also $C \geq \max(S - E, 0)$. Dieser Zusammenhang ist intuitiv sofort einleuchtend. Wenn zum Zeitpunkt t der Kurs der Aktie höher als der Basispreis ist $(S > E)$, dann würde der Inhaber einer Kaufoption bei Ausübung einen Gewinn von $S - E$ machen.[66] Der Preis (Wert) der Option muss also mindestens $S - E$ sein. Ist hingegen der Kurs der Aktie kleiner als der Basispreis $(S < E)$, dann würde der Inhaber der Option die Option nicht ausüben. Der Wert der Option kann daher nicht negativ werden, was zusammen mit der vorherigen Überlegung $C \geq \max(S - E, 0)$ ergibt. Diese untere Schranke des Optionspreises ist in der Abbildung 3.1 als horizontale Linie aus dem Ursprung mit einem Knick bei E zu sehen. Ist der Aktienkurs größer als der Basispreis, dies ist der Fall wenn

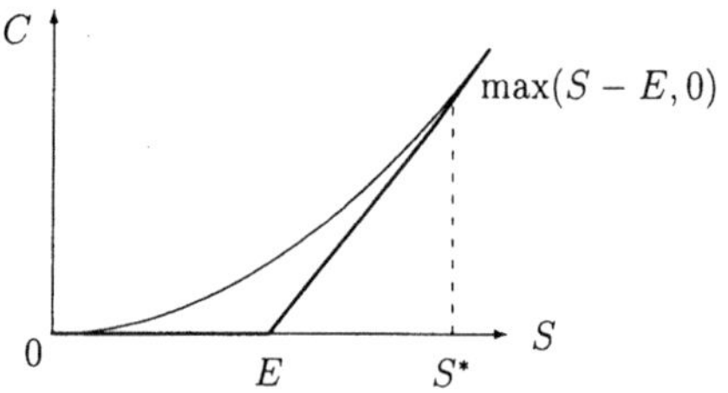

Abbildung 3.1: Preis einer amerikanischen Kaufoption als Funktion des Aktienkurs

in Abbildung 3.1 S rechts von E liegt, dann ist die Option „im Geld". Bei Ausübung würde ein Gewinn realisiert werden. Wenn hingegen der Aktienkurs kleiner als der Basispreis ist, S liegt dann links von E, dann ist die Option „aus dem Geld". Bei Ausübung würde sich ein Verlust einstellen, sodass niemand die Option in diesem Fall ausüben würde.

Die Kurve in Abbildung 3.1 gibt den Wert der Option in Abhängigkeit des Aktienkurses S an. Auch wenn die Option „aus dem Geld" ist, ist der Wert der Option positiv.

[66] Der Gewinn ist zuerst ein Buchgewinn, der erst durch den unmittelbaren Verkauf der Aktie realisiert wird. Bei manchen Kontrakten wird die Aktie nicht geliefert, sondern es wird direkt die Differenz $S - E$ ausgezahlt.

Diese resultiert aus dem Optionscharakter. Der Aktienkurs könnte noch steigen und somit ist noch ein Gewinn möglich, ohne dass ein Verlustrisiko eingegangen wird. Die Möglichkeit, einen Gewinn zu machen ohne einen Verlust zu erleiden, ist wertvoll. Dieser „Versicherungseffekt", der eine unbeschränkte Gewinnentwicklung bei Kurssteigerungen und einen nach unten begrenzten Verlust bei Kursverlusten gewährleistet, nimmt mit steigender Kursunsicherheit (Varianz der Aktienkurse) zu.

Unmittelbar rechts von E ist der Wert der Option immer noch größer als $S - E$, den Gewinn, der bei Ausübung realisiert würde. Es ist daher sinnvoll, die Option zu halten und nicht auszuüben.[67] Steigt der Aktienkurs stark an und erreicht den kritischen Wert S^*, dann ist die Ausübung der Option rentabel.[68] Der Wert der Option ist offensichtlich vom Aktienkurs, Basispreis, Restlaufzeit, Zinssatz und Varianz des Aktienkurses abhängig.

Eine irreversible Investition, die zeitlich verschoben werden kann, weist einen Optionscharakter auf. Die Investitionskosten entsprechen dem Basispreis einer Kaufoption. Bei Ausübung der Investition müssen die Investitionskosten (Basispreis) gezahlt werden, um den Anspruch auf den Zahlungsstrom, den das Projekt generiert, zu erhalten. Der Wert dieses Zahlungsstroms ist das Analogon zum Aktienkurs bei einer Kaufoption. Die Dauer der zeitlichen Verzögerung eines Investitionsprojekts entspricht der Restlaufzeit einer Finanzoption. Die folgende Übersicht stellt die Bestimmungsfaktoren des Werts einer Kaufoption und die des Werts einer Investitionmöglichkeit gegenüber.

Kaufoption	Investitionsmöglichkeit
Aktienkurs	Gegenwartswert der erwarteten Nettoertäge
Basispreis	Investitionskosten
Restlaufzeit	Dauer der Möglichkeit, die Investition zu verzögern
Risikolose Ertragsrate	Kalkulationszins (Zeitpräferenzrate)
Varianz des Aktienkurses	Risiko des Projekts (Varianz des Gegenwartswerts)

Wenn der Gegenwartswert eines Investitionsprojektes größer als die Investitionskosten ist, würde nach dem Kapitalwertkriterium investiert werden. Betrachtet man die Möglichkeit zu investieren als Realoption, wäre die Option in diesem Fall „im Geld". Aus Abbildung 3.1 wird aber deutlich, dass eine Option, die „im Geld" ist, nicht unbedingt ausgeübt wird. In Analogie dazu ist es bei einer irreversiblen Investition nicht optimal, sofort bei Erreichen eines positiven Kapitalwerts zu investieren. Die Investition entspricht nämlich

[67] Da Finanzoptionen in der Regel auf Märkten gehandelt werden, kann man die Option auch verkaufen, wenn man sie nicht behalten will. Ist die Option „aus dem Geld" wäre der Verkauf profitabler als die Ausübung.

[68] Es wird hierbei unterstellt, dass die der Option zugrunde liegende Aktie, eine kontinuierliche Dividende abwirft. Eine amerikanische Kaufoption auf eine dividendenlose Aktie wird nie vor dem Ende der Laufzeit ausgeübt und hat daher den gleichen Wert wie eine europäische Option. Vgl. Kwok (1998), S. 15.

der Ausübung der Option und damit dem Verlust des Optionswerts. Ist der Optionswert größer als der Gewinn, der bei Ausübung anfällt, dann ist es optimal die Entscheidung zu verzögern.

Für Finanzoptionen ergibt sich durch Arbitrageoperationen ein Wert auf den Finanzmärkten. Dieser Wert ist auch theoretisch bestimmbar. Hierzu wird derjenige Wert ermittelt, der jegliche Arbitragemöglichkeiten ausschließt. Realoptionen werden im Vergleich zu Finanzoptionen in der Regel nicht gehandelt, sodass eine Marktbewertung nur möglich ist, wenn der Zahlungsstrom des der Realoption zugrunde liegenden Projekts perfekt mit einem Portfolio von (am Markt gehandelten) Papieren korreliert ist. Da dies nicht immer der der Fall ist, bietet sich die Lösung des entsprechenden Stoppproblems mit Hilfe der dynamischen Optimierung an. Ein Stoppproblem ist ein spezielles dynamisches Optimierungsproblem, bei dem die optimale zeitliche Wahl einer Aktion im Vordergrund der Betrachtung steht.[69] Im Abschnitt 3.2.1 wird dieses Lösungsverfahren erläutert.

3.1.2 Irreversibilität und natürliche Ressourcen

Irreversible Entscheidungen, die zeitlich verschoben werden können, haben einen Optionscharakter. Dieser Zusammenhang wurde frühzeitig im Rahmen der Umwelt- und Ressourcenökonomik herausgearbeitet. Eine Formalisierung dieses Zusammenhangs lieferten Henry (1974) und Arrow und Fisher (1974). Henry verdeutlicht die Problematik einer irreversiblen Entscheidung am Beispiel der „Sprengung" von Notre-Dame.[70] Entschließt sich die Pariser Planungsbehörde für die Errichtung eines Touristenparkplatzes auf dem Grundstück von Notre-Dame, dann handelt es sich um eine irreversible Entscheidung.[71] Berücksichtigt die Planungsbehörde nicht die Irreversibilität der Entscheidung, dann wählt sie den Parkplatz, wenn der erwartete Gewinn aus den Parkplatzgebühren höher ist als die Kosten (Verlust von Notre-Dame).[72] Stellt sich nach dem Abriss von Notre-Dame heraus, dass der Gewinn aus den Parkplatzeinnahmen niedriger als erwartet ausgefallen ist, ist eine Revision der Entscheidung nicht mehr möglich. Die Berücksichtigung der Irreversibilität und die Möglichkeit die Entscheidung zu verschieben, macht den Optionscharakter der Entscheidung deutlich. Die Option noch zu

[69] Die Bewertung amerikanischer Optionen lässt sich als Stoppproblem formulieren. Vgl. Kwok (1998), Kapitel 4, Musiela und Rutkowski (1997), Kapitel 8 und Elliott und Kopp (1999), Kapitel 8.

[70] Das Beispiel wird hier sehr frei wiedergegeben. Es soll auch nicht behauptet werden, dass Notre-Dame eine natürliche Ressource ist. Ein anderes Beispiel ist die Rodung tropischer Regenwälder.

[71] Die Entscheidung ist in diesem Fall nicht absolut irreversibel, da ein detailgetreuer Wiederaufbau prinzipiell möglich ist. Da die Kosten des Wiederaufbaus aber sehr hoch sind, kann die Entscheidung als irreversibel betrachtet werden.

[72] Es wird unterstellt, dass die Planungsbehörde risikoneutral ist, und dass die Bewertung der Kosten, also die Bewertung eines Kunstwerks, ohne Problem möglich ist.

warten und weitere Informationen über die Gewinnentwicklung zu berücksichtigen, kann zur Verschiebung der Entscheidung führen.

Im folgenden wird dieser Gedanke formal dargestellt.[73] Es werden zwei Perioden $t = 1, 2$ betrachtet. Eine Einheit einer nichterneuerbaren Ressource ist vorhanden. Die Ressource kann abgebaut oder erhalten werden. Der in $t = 1$ abgebaute Teil wird mit d_1 und der in $t = 2$ abgebaute Teil mit d_2 bezeichnet. Es gilt $d_1 \leq 1$ und $d_1 + d_2 \leq 1$, da nur eine Einheit der Ressource zur Verfügung steht. Ist ein Teil der Ressource abgebaut, dann kann er nicht mehr ersetzt werden. Dies ist die Irreversibilität und wird formal durch $d_t \geq 0$ für $t = 1, 2$ ausgedrückt. Der Nettoertrag des Abbaus in Periode 1 beträgt $B_1(d_1) = d_1 B_1$ und ist sicher. Der Ertrag in Periode 2 ist zum Zeitpunkt $t = 1$ unsicher. Er ist

$$B_2(d_1, d_2) = \begin{cases} (d_1 + d_2)h & \text{mit Wahrscheinlichkeit } p \\ (d_1 + d_2)l & \text{mit Wahrscheinlichkeit } (1 - p). \end{cases}$$

Es wird angenommen, dass $l < 0 < h$ gilt. Betrachten wir zuerst den Fall, dass die Möglichkeit[74] mit der Entscheidung über d_2 auf die Realisation von B_2 zu warten, nicht berücksichtigt wird. In diesem Fall wird zum Zeitpunkt $t = 1$ der gesamte Zeitpfad (d_1, d_2) des Ressourcenabbaus festgelegt.[75] Der erwartete Ertrag in Abhängigkeit von d_1 ist

$$V^*(d_1) = d_1 B_1 + \max_{\substack{d_1 \\ 0 \leq d_2, d_1 + d_2 \leq 1}} E\{B_2(d_1, d_2)\}.$$

Wenn der Erwartungswert $ph + (1 - p)l$ positiv ist, dann ist es optimal d_2 maximal, also $d_2 = 1 - d_1$ zu wählen. Ist der Erwartungswert hingegen negativ, dann wird $d_2 = 0$ gewählt. Es folgt

$$V^*(d_1) = \begin{cases} d_1 B_1 + ph + (1 - p)l & \text{wenn } ph + (1 - p)l > 0 \\ d_1 B_1 + d_1[ph + (1 - p)l] & \text{wenn } ph + (1 - p)l < 0. \end{cases}$$

Die optimale Wahl von d_1 ergibt sich aus der Maximierung von $V^*(d_1)$. Da die Nettoerträge linear in d_1 und d_2 sind, müssen nur Ecklösungen betrachtet werden. Das heißt, d_1 ist entweder 1 oder 0. Es wird entweder in $t = 1$ die gesamte Ressource abgebaut, oder es wird in $t = 1$ nichts abgebaut. Es folgt

$$V^*(0) = \begin{cases} ph + (1 - p)l & \text{wenn } ph + (1 - p)l > 0 \\ 0 & \text{wenn } ph + (1 - p)l < 0. \end{cases} \tag{3.1}$$

und

$$V^*(1) = B_1 + ph + (1 - p)l. \tag{3.2}$$

[73] Vgl. Fisher und Hanemann (1987) und Hanemann (1989).

[74] Ist das Warten aus irgendwelchen Gründen unmöglich, dann besteht auch keine Option zu warten.

[75] Kontrolltheoretisch spricht man von einem „open-loop“ Problem.

Die Entscheidung für d_1^* erfolgt nach

$$d_1^* = \begin{cases} 0 & \text{wenn} \quad V^*(0) > V^*(1) \\ 1 & \text{wenn} \quad V^*(0) < V^*(1). \end{cases}$$

Im zweiten Fall wird die Möglichkeit berücksichtigt, mit der Entscheidung von d_2 zu warten, bis die Information für B_2 vorhanden ist. Der erwartete Ertrag $\hat{V}(d_1)$ ist[76]

$$\hat{V}(d_1) = d_1 B_1 + E\left\{ \max_{\substack{d_1 \\ 0 \le d_2, d_1 + d_2 \le 1}} B_2(d_1, d_2) \right\}.$$

Wenn sich in $t = 2$ ein „gutes" Ereignis einstellt (h tritt ein), dann wird d_2 maximal ($d_2 = 1 - d_1$) gesetzt. Der Ertrag ist dann $(d_1 + d_2)h = h$. Ist das Ereignis „schlecht" (l tritt ein), wird $d_2 = 0$ gesetzt und der Verlust bezieht sich nur auf d_1; er beträgt somit $d_1 l$. Der Erwartungswert beträgt $ph + (1 - p)d_1 l$ und es folgt

$$\hat{V}(d_1) = d_1 B_1 + ph + (1 - p)d_1 l.$$

Die zwei Fälle $d_1 = 0$ und $d_1 = 1$ ergeben

$$\hat{V}(0) = ph \tag{3.3}$$

$$\hat{V}(1) = B_1 + ph + (1 - p)l. \tag{3.4}$$

Die Entscheidung für $\hat{d}_1$ erfolgt nach

$$\hat{d}_1 = \begin{cases} 0 & \text{wenn} \quad \hat{V}(0) > \hat{V}(1) \\ 1 & \text{wenn} \quad \hat{V}(0) < \hat{V}(1). \end{cases}$$

Unterstellen wir vorerst, dass die Nichtberücksichtigung zu warten zu einem „Überabbau" der Ressource führt. Formal ausgedrückt bedeutet dies, dass $V^*(1)$ zu hoch ist. Die Entscheidung mit dem Abbau zu warten, wird getroffen, wenn $V^*(0) > V^*(1)$ oder $V^*(0) - V^*(1) > 0$ ist.

Führt man eine hypothetische Steuer T (Schattensteuer) auf den Abbau der Ressource in $t = 1$ ein, so kann man die Entscheidung im Fall V^* (Nichtberücksichtigung der Option) dem Fall $\hat{V}$ (Berücksichtigung der Option) angleichen. Die Steuer T muss dazu folgende Bedingung erfüllen

$$V^*(0) - [V^*(1) - T] = \hat{V}(0) - \hat{V}(1).$$

[76] Kontrolltheoretisch spricht man von einem „closed-loop" Problem.

Unter Berücksichtigung von $V^*(1) = \hat{V}(1)$ folgt[77]

$$T = \hat{V}(0) - V^*(0).$$

Benutzen wir die Gleichungen 3.4 und 3.2, so erhalten wir

$$T = \begin{cases} -(1-p)l > 0 & \text{wenn} \quad ph + (1-p)l > 0 \\ ph > 0 & \text{wenn} \quad ph + (1-p)l < 0. \end{cases}$$

Die Steuer T ist somit definitiv positiv. Der Wert von T entspricht dem Optionswert, der durch die Möglichkeit zu warten entsteht. In Analogie zu Finanzoptionen spricht man auch von Realoptionen. Die Vernachlässigung dieses Optionscharakters, des Abbaus natürlicher Ressourcen, führt zu einem verfrühtem Abbau.

3.1.3 Investitionen bei Irreversibilität

Bernanke hat 1983 den Optionsansatz auf die makroökonomische Investitionstheorie übertragen.[78] Im folgenden werden die wichtigsten Aspekte des Bernanke-Modells anhand eines einfachen Zwei-Perioden-Modells erläutert.[79]
Angenommen die Durchführung eines Investitionsprojektes kostet I Geldeinheiten. Diese Kosten sind nach der Durchführung der Investition „versunken". Diese Irreversibilität kann verschiedene Gründe haben. Der Marktwert von gebrauchten Investitionsgütern kann bei asymmetrischen Informationen sehr niedrig sein. Das wohl bekannteste Beispiel asymmetrischer Informationen ist Akerlofs Modell des „lemons market". Das Resultat asymmetrischer Informationen ist der Zusammenbruch des Markts für gebrauchte Güter.[80]
Eine anderer Grund für Irreversibilität resultiert aus der spezifischen Anfertigung von Investitionsgütern. So sind Anlagen oft für bestimmte Betriebe speziell angefertigt und können von anderen Betrieben nicht verwendet werden.
Wird in der Periode 1 die Investition getätigt, fallen Investitionskosten in Höhe von I an und ein sicherer Erlös von U_1. In der zweiten Periode fällt ein unsicherer Erlös U_2 an. Investiert man in Periode 1, dann ist der erwartete Gewinn[81]

$$U_1 + E(U_2) - I = U_1 + E(U_2 - I).$$

[77] Vgl. Gleichung 3.3 und Gleichung 3.1.

[78] Vgl. Bernanke (1983).

[79] Das hier vorgestellte Modell gibt die Grundgedanken von Bernanke wieder. Im Unterschied zu Bernanke, wird angenommen, dass die Gewinnunsicherheit normalverteilt ist, um über den Effekt einer zunehmenden Streuung (Varianz) eine Aussagen treffen zu können (vgl. Satz 3.1.1). Im Abschnitt 3.2.1 wird gezeigt, dass sich die Ergebnisse dieses Modells auf ein Modell mit unendlich vielen Perioden übertragen lassen. Die Ergebnisse sind daher nicht auf den Zwei-Perioden Fall beschränkt.

[80] Zum Modell von Akerlof vgl. Varian (1992), Kapitel 25.

[81] Zur Vereinfachung wird der Zinseffekt vernachlässigt.

Wartet man bis zur zweiten Periode und „sieht" die Realisation von U_2, ergibt sich ein möglicher Gewinn (oder Verlust) Π von

$$\Pi = U_2 - I.$$

In der zweiten Periode wird das Investitionsprojekt nur dann realisiert, wenn der Gewinn positiv ist ($\Pi > 0$ oder $U_2 > I$). Der realisierte Gewinn entspricht einer nach unten zensierten Zufallsvariablen Π_{Low} mit[82]

$$\Pi_{Low} = \begin{cases} 0 & \text{wenn} \quad U_2 < I \\ U_2 - I & \text{wenn} \quad U_2 \geq I. \end{cases}$$

Ist Π negativ, wird nicht investiert und der Gewinn ist null. Die Zufallsvariable Π_{Low} ist deshalb nach unten zensiert.

In der Periode 1 ist es optimal, mit der Investition zu warten, wenn $E(\Pi_{Low}) > U_1 + E(U_2 - I)$ gilt. Der Wert des Wartens W ergibt sich dann aus

$$W = E(\Pi_{Low}) - U_1 - E(U_2 - I). \tag{3.5}$$

Definiert man eine nach oben zensierte Zufallsvariable Π_{Up} (Π_{Up} gibt den Verlust an und ist daher negativ) wie folgt

$$\Pi_{Up} = \begin{cases} U_2 - I & \text{wenn} \quad U_2 < I \\ 0 & \text{wenn} \quad U_2 \geq I, \end{cases}$$

dann gilt

$$E(\Pi) = E(\Pi_{Low}) + E(\Pi_{Up}). \tag{3.6}$$

Die Gleichungen 3.5 und 3.6 ergeben

$$W = -E(\Pi_{Up}) - U_1 = E(-\Pi_{Up}) - U_1. \tag{3.7}$$

Da Π_{Up} negativ ist, ist $-\Pi_{Up}$ positiv. Der Wert des Wartens ergibt sich also aus dem vermiedenen Verlust, abzüglich des entgangenen Erlös U_1 der ersten Periode. Für den Wert des Wartens ist der erwartete Verlust entscheidend. Diesen Zusammenhang nennt Bernanke das „Bad-News"-Prinzip. Für den Wert des Wartens sind nur die schlechten Nachrichten relevant.

Die Annahme der Normalverteilung für U_2 ermöglicht eine Aussage über den Effekt einer höheren Unsicherheit. Wenn U_2 normalverteilt ist, ist auch $U_2 - I$ normalverteilt. Das folgende Lemma wird zum Beweis des Satzes 3.1.1 benötigt.

[82] Low ist die Abkürzung für Lower und Up ist die Abkürzung für Upper.

Lemma 3.1.1. *Ist die Variable y^* normalverteilt mit dem Erwartungswert μ und der Varianz σ^2, dann gilt für den Erwartungswert $E(y)$ der zensierten Variable y ($y = y^*$ wenn $y^* < a$ und $y = a$ wenn $y^* \geq a$)*

$$E(y) = \Phi(\alpha)\left[\mu - \frac{\phi(\alpha)}{\Phi(\alpha)}\sigma\right] + (1 - \Phi(\alpha))a.$$

Hierbei gilt $\alpha = \frac{a-\mu}{\sigma}$, sowie $\phi(z) = \frac{1}{\sqrt{2\pi}}e^{-\frac{z^2}{2}}$ und $\Phi(z) = \int_{-\infty}^{z} \frac{1}{\sqrt{2\pi}}e^{-\frac{x^2}{2}}dx$.

Beweis. Es ist

$$\begin{aligned} E(y) &= P(y < a)E(y|y < a) + P(y = a)E(y|y = a) \\ &= P(y^* < a)E(y^*|y^* < a) + P(y^* \geq a)a. \end{aligned}$$

Da $E(y^*|y^* < a) = \mu - \frac{\phi(\alpha)}{\Phi(\alpha)}\sigma$ gilt,[83] folgt

$$E(y) = \Phi(\alpha)\left[\mu - \frac{\phi(\alpha)}{\Phi(\alpha)}\sigma\right] + (1 - \Phi(\alpha))a.$$

□

Jetzt kann der folgende Satz gezeigt werden.

Satz 3.1.1. *Ist $U_2 - I$ normalverteilt mit Erwartungswert $\mu > 0$ und Varianz σ^2, dann erhöht eine Zunahme der Unsicherheit, modelliert durch eine Zunahme der Varianz σ^2, den Anreiz zu warten.*

Beweis. Die Zufallsvariable Π_{Up} ist eine nach oben (an der Stelle 0) zensierte Zufallsvariable. Der Erwartungswert dieser Zufallsvariable ist bei Normalverteilung der unzensierten Zufallsvariablen

$$\begin{aligned} E(\Pi_{Up}) &= \Phi\left(\frac{-\mu}{\sigma}\right)\mu - \sigma\phi\left(\frac{-\mu}{\sigma}\right) = \left(1 - \Phi\left(\frac{\mu}{\sigma}\right)\right)\mu - \sigma\phi\left(\frac{\mu}{\sigma}\right) \\ &= \mu - \Phi\left(\frac{\mu}{\sigma}\right)\mu - \sigma\phi\left(\frac{\mu}{\sigma}\right). \end{aligned}$$

Dies folgt aus Lemma 3.1.1 mit $a = 0$. Hierbei ist μ der Erwartungswert von $\Pi = U_2 - I$ und σ die Varianz von Π. Die Ableitung $\frac{dE(\Pi_{Up})}{d\sigma}$ ergibt

$$\frac{dE(\Pi_{Up})}{d\sigma} = +\phi\left(\frac{\mu}{\sigma}\right)\frac{\mu^2}{\sigma^2} - \phi\left(\frac{\mu}{\sigma}\right) - \phi\left(\frac{\mu}{\sigma}\right)\frac{\mu^2}{\sigma^2} = -\phi\left(\frac{\mu}{\sigma}\right).$$

Da der Verlust $-E(\Pi_{Up})$ ist, folgt $\frac{d(-E(\Pi_{Up}))}{d\sigma} > 0$. Eine Erhöhung der Varianz von $\Pi = U_2 - I$, das heißt, eine Zunahme der Unsicherheit über die Erlöse in Periode 2, führt zu einem Anstieg des erwarteten Verlustes und mit Gleichung 3.7 zu einer Steigerung von W. □

[83] Vgl. Greene (1993), S.685.

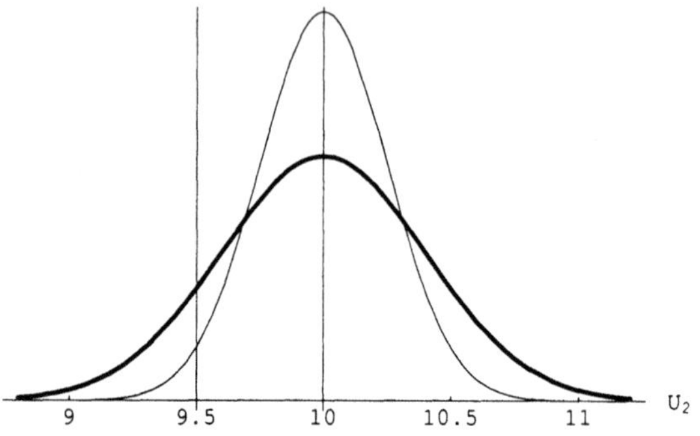

Abbildung 3.2: Dichtefunktion der Normalverteilung bei unterschiedlicher Varianz

Anhand eines Beispiels lässt sich dieses Resultat verdeutlichen. Der Bruttogewinn U_2 in der Periode 2 sei normalverteilt mit einem Erwartungswert $\mu = 10$ und einer Standardabweichung $\sigma = 0,25$. Die Investitionskosten sind $I = 9,5$. Die dünne Linie in Abbildung 3.2 zeigt die Dichtefunktion der Zufallsvariablen U_2. Eine Realisation von $U_2 < 9,5$, also links der vertikalen Linie bei 9,5, bedeutet einen Verlust. Die Fläche unter der Dichtefunktion links der Vertikalen gibt die Verlustwahrscheinlichkeit wieder. Steigt die Standardabweichung auf $\sigma = 0.4$, wird die Dichtefunktion „breiter". Die dicke Linie zeigt die Dichtefunktion bei einer Standardabweichung $\sigma = 0,4$. Die Verlustwahrscheinlichkeit wird größer und deshalb wird der erwartete Verlust auch größer. Noch deutlicher wird dieser Zusammenhang, wenn man sich die Verteilungsfunktionen in Abbildung 3.3 anschaut. Die dickere Linie liegt links der Vertikalen immer über der dünnen Linie. Es ist also bei jedem gegeben Verlustwert wahrscheinlicher, dass der Verlust bei einer höheren Standardabweichung (dicke Linie) größer ist, als bei einer geringeren Standardabweichung (dünne Linie). Der erwartete Verlust steigt also mit der Unsicherheit und es ist sinnvoller mit der Investitionsentscheidung bis zur Realisation von U_2 zu warten.

Dieses Ergebnis ist entgegengesetzt zu der Aussage des Hartman Modells.[84] Im Hartman Modell führt eine Zunahme der Unsicherheit zu einer Zunahme der Investitionen. Allerdings muss bei der Interpretation dieses Ergebnisses berücksichtigt werden, dass im Hartman Modell der Gewinn eine konvexe Funktion der exogenen Zufallsvariablen ist und das Ergebnis aus der Anwendung der Jensenschen Ungleichung folgt. In dem hier vorgestellten Modell ist der Gewinn hingegen eine lineare Funktion der exogenen Zufallsvariablen (Erlös in Periode 2). Wäre die Gewinnfunktion im Hartman Modell linear,

[84] Vgl. Abschnitt 2.3.1.

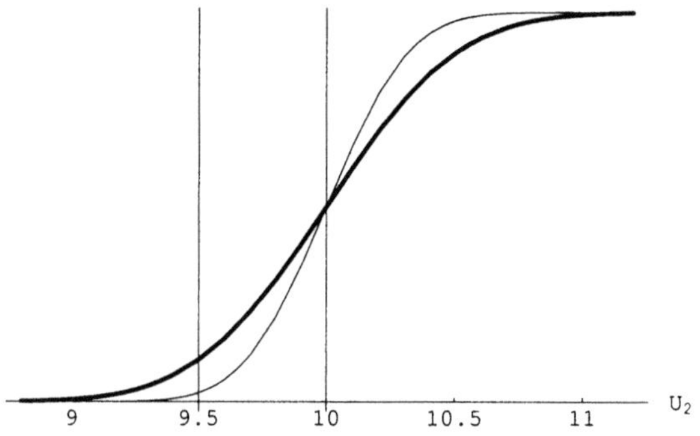

Abbildung 3.3: Verteilungsfunktion der Normalverteilung bei unterschiedlicher Varianz

dann hätte eine Erhöhung der Unsicherheit keinen Einfluss auf die Investitionsentscheidung. Der entscheidende Unterschied ist, dass der Optionscharakter einer irreversiblen Investitionsentscheidung einen negativen Effekt der Unsicherheit generiert.

3.2 Investitionen in zeitstetigen Modellen

3.2.1 Das McDonald-Siegel Modell

Das Modell

Einen entscheidenden analytischen Fortschritt erzielten McDonald und Siegel 1986, indem sie ein Investitionsmodell in kontinuierlicher Zeit formulierten und die Mathematik der Finanzoptionen, die in den 70er Jahren von Black und Scholes, sowie Merton entwickelt wurde, auf die Bewertung von Realoptionen übertrugen.[85]

Das Investitionsprojekt wirft (wenn es realisiert wurde) zum Zeitpunkt t einen Gewinn von $\pi(t)$ ab. Die Laufzeit ist unendlich. Der erwartete Gegenwartswert des Investitionsprojekts zum Zeitpunkt t ($V(t)$) ergibt sich aus den erwarteten mit der Diskontrate ρ diskontierten Gewinnen

$$V(t) = E_t \left[\int_t^\infty e^{-\rho(s-t)} \pi(s) ds \right].$$

McDonald und Siegel nahmen zur Vereinfachung an, dass der Wert des Investitionsprojekts $V(t)$ exogen vorgegeben ist und durch eine geometrische Brownsche Bewegung mo-

[85] Vgl. McDonald und Siegel (1986). Die Darstellung des McDonald-Siegel Modells erfolgt in Anlehnung an Pindyck, vgl. Pindyck (1991).

delliert wird.[86] Die Veränderung von V folgt daher der Beziehung[87]

$$dV = \alpha V dt + \sigma V dW. \tag{3.8}$$

Ein Investor hat die Möglichkeit das Investitionsprojekt sofort oder zu einem beliebigen späteren Zeitpunkt zu realisieren. Es gibt zwei verschiedene Methoden das Entscheidungsproblem zu lösen. Die erste Methode benutzt die Theorie des optimalen Stoppens im Rahmen der dynamischen Optimierung und die zweite Methode die Bewertung bei Arbitragefreiheit.

Lösung im Rahmen der dynamischer Optimierung

Betrachten wir zunächst die erste Methode. Es wird unterstellt, dass der Investor risikoneutral ist, und eine Zeitpräferenzrate ρ hat. Zum Zeitpunkt τ beträgt der Wert des Projekts $V(\tau)$ und wenn es realisiert wird, sind Investitionskosten in Höhe von I fällig. Der Nettowert beträgt dann $V(\tau)-I$, und der Gegenwartswert beträgt $E_t\left[(V(\tau) - I)e^{-\rho(\tau-t)}\right]$. Es gilt, den optimalen Investitionszeitpunkt τ zu bestimmen. Die Lösung dieses Stoppproblems ist eine Regel, die angibt bei welchem Wert der exogen Zufallsgröße (V), der Prozess „gestoppt" werden soll.[88] Der Wert der Option zu investieren, wird mit F bezeichnet. Dieser Wert ist abhängig vom Wert des Investitionsprojekts $V(t)$. Er ergibt sich durch die Wahl des optimalen Investitionszeitpunktes τ. Formal geschrieben

$$F(V(t)) \equiv F(V) = \max_{\tau} E_t\left[(V(\tau) - I)e^{-\rho(\tau-t)}\right].$$

Die Hamilton-Jacobi-Bellman (HJB) Gleichung für dieses Problem lautet[89]

$$\rho F(V) = \frac{E\{dF(V)\}}{dt}.$$

Entwickelt man $dF(V)$ mit Hilfe der Ito-Regel,[90] so erhält man mit Gleichung 3.8

$$dF(V) = F'(V)dV + \frac{1}{2}F''(V)(dV)^2 = \alpha V F'(V)dt + \frac{1}{2}\sigma^2 V^2 F''(V)dt + \sigma V F'(V)dW.$$

[86] Zur geometrischen Brownschen Bewegung siehe Abschnitt A.3.4 im Anhang.

[87] Die Abhängigkeit von der Zeit wird zur Vereinfachung der Notation nicht immer explizit aufgeschrieben. V bedeutet aber immer $V(t)$.

[88] In dem Modell ist der Zeitpunkt des Stopps natürlich der Zeitpunkt der Investition, also der Start der Gewinneinnahmen. Es handelt sich aber dennoch formal um ein Stoppproblem, da Start- und Stoppprobleme in der gleichen Beziehung stehen, wie Maximierung und Minimierung. Der Start der Investition ist das Ende (der Stopp) des „Wartens".

[89] Zur Mathematik und Intuition von Stoppproblemen und der HJB Gleichung, siehe Abschnitt A.4.3 im Anhang.

[90] Die Ito-Regel wird im Abschnitt A.3.3 des Anhangs abgeleitet und erklärt. Im folgenden gilt $F'(V) \equiv \frac{\partial F}{\partial V}$ und $F''(V) \equiv \frac{\partial^2 F}{\partial V^2}$.

Die HJB Gleichung lautet dann[91]

$$\frac{1}{2}\sigma^2 V^2 F''(V) + \alpha V F'(V) - \rho F(V) = 0. \tag{3.9}$$

Es wird eine Funktion $F(V)$ gesucht, die die Differentialgleichung 3.9 unter den folgenden Randwertbedingungen

1. $F(0) = 0$
2. $F(V^*) = V^* - I$
3. $F'(V^*) = 1$

löst. Die Bedingung 1 ist eine Konsequenz der geometrischen Brownschen Bewegung V. Man sieht anhand der Gleichung 3.8, dass V für immer den Wert null annimmt, wenn einmal der Wert null erreicht wurde. Man spricht von einer Absorptionsbarriere bei null. Die Bedingung 2 wird „value matching" Bedingung genannt. Sie ist intuitiv einleuchtend, da sie besagt, dass der Wert der Investitionsmöglichkeit beim optimalen Wert V^*, also dem Wert von V, bei dem investiert wird, dem (Netto)Wert des Investitionsobjekts zu diesem Zeitpunkt $(V^* - I)$ entspricht. Wäre F, also der Wert der Möglichkeit zu investieren, bzw. zu warten, größer als $V^* - I$, dann wäre es besser, mit der Investition noch zu warten. V^* kann daher nicht der optimale Schwellenwert sein. Würde $V^* - I > F(V^*)$ gelten, hätte der Investor schon zu lange gewartet. Die Bedingung 3 ist die „smooth fit" Bedingung und wird im Abschnitt A.4.3 des Anhangs diskutiert.
Als „Vermutung" wird $F(V) = aV^\beta$ als Lösung probiert. Die Gleichung 3.9 liefert dann die fundamentale quadratische Gleichung[92]

$$\frac{1}{2}\sigma^2 \beta(\beta - 1) + \alpha\beta - \rho = 0. \tag{3.10}$$

Die Wurzeln dieser Gleichung sind

$$\beta_1 = \frac{1}{2} - \frac{\alpha}{\sigma^2} + \sqrt{\left[\frac{\alpha}{\sigma^2} - \frac{1}{2}\right]^2 + \frac{2\rho}{\sigma^2}}$$

und

$$\beta_2 = \frac{1}{2} - \frac{\alpha}{\sigma^2} - \sqrt{\left[\frac{\alpha}{\sigma^2} - \frac{1}{2}\right]^2 + \frac{2\rho}{\sigma^2}}.$$

91 Es gilt $\frac{E\{dF(V)\}}{dt} = \alpha V F'(V) + \frac{1}{2}\sigma^2 V^2 F''(V)$, weil $E\{dW\} = 0$ ist.

92 Aus $F(V) = aV^\beta$ folgt $F'(V) = a\beta V^{\beta-1}$ und $F''(V) = a\beta(\beta-1)V^{\beta-2}$. Eingesetzt in Gleichung 3.9 folgt $\frac{1}{2}\sigma^2 V^2 a\beta(\beta-1)V^{\beta-2} + \alpha V a\beta V^{\beta-1} - \rho a V^\beta = 0$. Jetzt muss nur noch durch aV^β geteilt werden.

Um genauere Aussagen über die Wurzeln β_1 und β_2 zu treffen, ist die Analyse der quadratischen Gleichung 3.10 erforderlich. Die Wurzeln dieser Gleichung sind die Nullstellen der Funktion

$$Q(\beta) = \frac{1}{2}\sigma^2\beta(\beta-1) + \alpha\beta - \rho.$$

Diese Gleichung nimmt an der Stelle null den Wert $-\rho$ an, das heißt $Q(0) = -\rho$. An der Stelle 1 gilt $Q(1) = \alpha - \rho$. Da $\alpha = \frac{E(dV)/dt)}{V}$ die erwartete Wachstumsrate von V ist,[93] muss $\alpha < \rho$ gelten. Wäre diese Bedingung nicht erfüllt, würde es sich immer lohnen zu warten, da dann die Wachstumsrate α des Wertzuwachses von V größer (oder gleich) der Diskontrate ρ ist. Die zweite Ableitung der quadratischen Gleichung 3.10, lautet $Q''(\beta) = \sigma^2 > 0$. Daher ist die Extremstelle ein Minimum, und die quadratische Gleichung hat die in Abbildung 3.4 dargestellte Form.

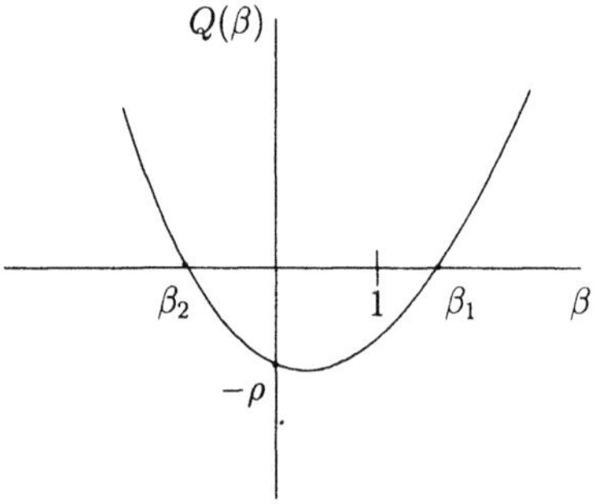

Abbildung 3.4: Fundamentale quadratische Gleichung

Es folgt, dass β_1 positiv und größer eins ist und dass β_2 negativ ist. Die allgemeine Lösung der Differentialgleichung 3.9 hat die Form,

$$F(V) = a_1 V^{\beta_1} + a_2 V^{\beta_2}$$

und da $\beta_2 < 0$ ist, folgt $a_2 = 0$.[94] Die Lösung der Differentialgleichung 3.9 vereinfacht sich zu

$$F(V) = aV^{\beta} \text{ mit } \beta > 1. \tag{3.11}$$

[93] Bildet man den Erwartungswert $E(dV) = \alpha V dt + \sigma V E(dW)$ (Gleichung 3.8) und berücksichtigt $E(dW) = 0$, dann folgt sofort $\alpha = \frac{E(dV)/dt)}{V}$

[94] Da β_2 negativ ist, gilt $\lim_{V\to 0} = \infty$. Die Randwertbedingung 1 fordert aber $V(0) = 0$. Daher muss $a_2 = 0$ sein.

Die Randwertbedingungen 2 und 3 lauten jetzt

$$F(V^*) = a(V^*)^\beta = V^* - I \tag{3.12}$$

und

$$F'(V^*) = a\beta(V^*)^{\beta-1} = 1. \tag{3.13}$$

Verbindet man die Gleichungen 3.12 und 3.13 und löst nach V^* auf, dann folgt

$$V^* = \frac{\beta}{\beta - 1} I.$$

Es gilt hierbei $\frac{\beta}{\beta-1} > 1$.[95] Dies ist das fundamentale Ergebnis des Modells. Die optimale Entscheidungsregel lautet: Investiere wenn $V(t) > V^*$ ist. Da $V(t)$ der Gegenwartswert des Investitionsprojekts zum Zeitpunkt t ist, wird erst investiert, wenn der Gegenwartswert um einen bestimmten Betrag größer ist als die Investitionskosten I. Die übliche Kapitalwertmethode muss somit korrigiert werden. Der Aufschlag auf die Investitionskosten ist nicht die übliche Risikoprämie, die bei Entscheidungen unter Unsicherheit berücksichtigt werden muss, wenn Risikoaversion unterstellt wird. Im McDonald-Siegel Modell wird Risikoneutralität des Investors unterstellt und der Aufschlag entspricht einer Optionsprämie.

Um zu untersuchen, wie sich der Aufschlagfaktor $\frac{\beta}{\beta-1}$ bei zunehmender Unsicherheit (modelliert durch ein steigendes σ^2) verändert, ist die Analyse der quadratischen Gleichung

$$Q(\beta, \sigma) = \frac{1}{2}\sigma^2\beta(\beta - 1) + \alpha\beta - \rho$$

erforderlich. Da β eine Nullstelle dieser Gleichung ist, muss an der Stelle β das totale Differential

$$dQ(\beta, \sigma) = \frac{\partial Q}{\partial \beta} d\beta + \frac{\partial Q}{\partial \sigma} d\sigma = 0$$

oder

$$\frac{\partial Q}{\partial \beta}\frac{d\beta}{d\sigma} + \frac{\partial Q}{\partial \sigma} = 0$$

gelten. Es ist $\frac{\partial Q}{\partial \sigma} = \sigma\beta(\beta - 1) > 0$ und $\frac{\partial Q}{\partial \beta} = \sigma^2(\beta - 1/2) + \alpha > 0$, weil $\beta > 1$. Damit das totale Differential erfüllt ist, muss $\frac{d\beta}{d\sigma}$ negativ sein. Eine Erhöhung von σ führt zu einer Abnahme von β und damit zu einer Zunahme des Aufschlagfaktors $\frac{\beta}{\beta-1}$. Die Zunahme der Unsicherheit erfordert ceteris paribus einen höheren Gegenwartswert

[95] Aus $\beta > 1$ folgt $\beta - 1 > 0$ und $\frac{1}{\beta-1} > 0$. Da $\beta - 1 < \beta$ gilt folgt $1 < \frac{\beta}{\beta-1}$.

des Investitionsprojekts und damit eine Verminderung der Investitionsneigung. Dieses Resultat, das im vorhergehenden Abschnitt bereits anhand eines zweiperiodigen Modells gezeigt wurde, ist somit auch im allgemeineren Fall des McDonald-Siegel Modells gültig. Bisher wurde das Investitionsproblem als dynamisches Optimierungsproblem behandelt und implizit Risikoneutralität des Investors unterstellt. Eine alternative Lösungsmethode der optimalen Investitionsentscheidung besteht in der Bewertung bei Arbitragefreiheit. Diese Methode ist anwendbar, wenn auf den Finanzmärkten ein Asset gehandelt wird, dessen Erträge perfekt mit denen des Investitionsprojekts korreliert sind. Die Bewertung bei Arbitragefreiheit ist in der Theorie der Finanzoptionen die übliche Vorgehensweise. Ein Exkurs soll diese Theorie skizzieren.

Exkurs: Theorie der Finanzoptionen

Betrachten wir eine europäische Kaufoption auf eine Aktie.[96] Europäisch nennt man eine Option, wenn sie nur zu einem festen Zeitpunkt T ausgeübt werden kann. Eine europäische Kaufoption (call) berechtigt (verpflichtet aber nicht) zum Kauf einer Aktie zum Zeitpunkt T zu einem festgelegten Preis E. Der Preis (Kurs) der Aktie beträgt $S(t)$. Zum Zeitpunkt T beträgt der Wert (Preis) der Option $\max(S(T) - E, 0)$. Zu einem Zeitpunkt $t < T$ kann die Option nicht ausgeübt, aber auf den Finanzmärkten gehandelt werden. Der Preis der Kaufoption $C(S,T)$ zum Zeitpunkt t ist eine Funktion des Preises (S) der dem Optionsgeschäft zugrunde liegenden Aktie (stock). Der innere Wert der Option ist $\max(S(t) - E, 0)$. Er gibt den Gewinn an, den der Optionshalter bei Ausübung der Option machen würde. Den inneren Wert in Abhängigkeit des Aktienkurs, stellt die dicke Linie in Abbildung 3.5 dar. Die dünne Linie gibt einen typischen Verlauf des Optionspreises in Abhängigkeit des Aktienkurs an. Sie ist direkt aus der Black-Scholes Formel abgeleitet. Der Optionspreis liegt über dem inneren Wert der Option. Diese Tatsache resultiert aus dem Versicherungscharakter einer Option. Der Inhaber einer Kaufoption kann sich vor Kursverlusten der zugrunde gelegten Aktie absichern. Diese Absicherungsmöglichkeit wird durch eine implizite Prämie bezahlt. Deshalb nennt man die Differenz zwischen dem Optionspreis und dem inneren Wert auch Zeitprämie. Sie nimmt in Richtung Fälligkeit ab, da zum Zeitpunkt der Fälligkeit der Optionspreis nur so hoch sein kann wie der innere Wert.

[96] Die in dieser Arbeit betrachteten Realoptionen entsprechen in ihrem Charakter amerikanischen Optionen. Die Bewertung bei Arbitragefreiheit wird hier dennoch am Beispiel einer europäischen Option dargestellt, da sich die Grundgedanken so klarer darstellen lassen. Das Prinzip lässt sich problemlos auf amerikanische Optionen übertragen. Zur Einführung in die Theorie der Finanzoptionen vgl. z.B. Wilmott et al. (1995) und Hull (1997). Die folgenden Ausführungen lehnen sich an Wilmott et al. (1995) an.

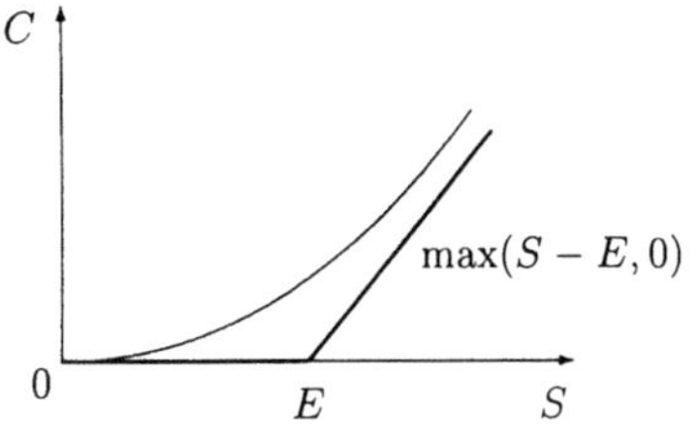

Abbildung 3.5: Preis einer europäischen Kaufoption als Funktion des Aktienkurs

Der Kurs der Aktie wird durch eine geometrische Brownsche Bewegung, der Art

$$dS = \mu S dt + \sigma S dW,$$

beschrieben. Um den Preis der Kaufoption zu bestimmen, wird ein (theoretisches) Portfolio gebildet, das aus einer positiven Position einer Kaufoption und einer negativen Position von $\triangle$ Einheiten der Aktie besteht. Die negativen Anteile der Aktie kann man sich als „Leerverkäufe" vorstellen. Man leiht sich ein Aktie und verkauft sie. Jetzt hat man eine negative Position, dass heißt eine Verpflichtung. Der Wert dieses Portfolios beträgt zum Zeitpunkt t

$$\Pi(t) = C(S,t) - \triangle S(t).$$

Die Veränderung des Preises der Kaufoption dC kann mit Hilfe der Ito-Regel entwickelt werden. Sie ist

$$dC = \frac{\partial C}{\partial S} dS + \frac{1}{2}\frac{\partial^2 C}{\partial S^2}(dS)^2 + \frac{\partial C}{\partial t} dt$$

oder

$$dC = \left(\mu S \frac{\partial C}{\partial S} + \frac{1}{2}\sigma^2 S^2 \frac{\partial^2 C}{\partial S^2} + \frac{\partial C}{\partial t}\right) dt + \sigma S \frac{\partial C}{\partial S} dW.$$

Die Veränderung des Werts des Portfolios $d\Pi = dC - \triangle dS$ ist dann

$$d\Pi = \sigma S \left(\frac{\partial C}{\partial S} - \triangle\right) dW + \left(\mu S \frac{\partial C}{\partial S} + \frac{1}{2}\sigma^2 S^2 \frac{\partial^2 C}{\partial S^2} + \frac{\partial C}{\partial t} - \mu \triangle S\right) dt.$$

Die Veränderung $d\Pi$ ist nur wegen des Terms dW unsicher. Wählt man $\triangle = \frac{\partial C}{\partial S}$ fällt dieser Term heraus und die Wertentwicklung des Portfolios ist sicher. Da der Ausdruck $\frac{\partial C}{\partial S}$ sich mit S ändert, muss $\triangle$ laufend angepasst werden. Man spricht auch von einem dynamischen Portfolio oder von dynamischem Hedging. Es folgt

$$d\Pi = \left(\mu S \frac{\partial C}{\partial S} + \frac{1}{2}\sigma^2 S^2 \frac{\partial^2 C}{\partial S^2} + \frac{\partial C}{\partial t} - \mu \triangle S\right) dt.$$

Da die Wertentwicklung des Portfolios nun sicher ist, muss die Verzinsung des Portfolios dem sicheren Zins r entsprechen. Anderenfalls wären Arbitrageoperationen möglich. Es gilt daher bei Arbitragefreiheit

$$r\Pi dt = \left(\mu S\frac{\partial C}{\partial S} + \frac{1}{2}\sigma^2 S^2\frac{\partial^2 C}{\partial S^2} + \frac{\partial C}{\partial t} - \mu\Delta S\right) dt$$

und mit $\Pi = C - \frac{\partial C}{\partial S}S$ folgt

$$\frac{\partial C}{\partial t} + \frac{1}{2}\sigma^2 S^2\frac{\partial^2 C}{\partial S^2} + rS\frac{\partial C}{\partial S} - rC = 0.$$

Die Lösung dieser partiellen Differentialgleichung unter den Randwertbedingungen

1. $C(0,t) = 0$
2. $C(S,t) \to S$ wenn $S \to \infty$
3. $C(S,T) = \max(S - E, 0)$

ergibt die Black-Scholes Formel. Sie lautet[97]

$$C(S,t) = SN(d_1) - Ee^{-r(T-t)}N(d_2),$$

mit

$$N(x) = \frac{1}{\sqrt{2\pi}}\int_{-\infty}^{x} e^{-\frac{1}{2}y^2}dy$$

sowie

$$d_1 = \frac{\log(S/E) + (r + \frac{1}{2}\sigma^2)(T-t)}{\sigma\sqrt{T-t}} \text{ und}$$
$$d_1 = \frac{\log(S/E) + (r - \frac{1}{2}\sigma^2)(T-t)}{\sigma\sqrt{T-t}}.$$

Diese Formel erlaubt die Bewertung einer gewöhnlichen europäischen Option. Die im McDonald-Siegel Modell betrachteten Realoptionen sind amerikanische Optionen, da die Ausübung der Option, also die Realisierung des Investitionsprojektes, zu einem beliebigen Zeitpunkt möglich ist. Da angenommen wird, dass die Investitionsmöglichkeit beliebig lange vorhanden ist, handelt es sich um eine Option mit unendlicher Laufzeit. Merton hat bereits 1973 eine Gleichung zur Bewertung solcher Optionen entwickelt.[98] Die Verbindung von optimalen Stoppproblemen und der Bewertung amerikanischer Optionen wurde von Karazas herausgearbeitet.[99]

[97] Vgl. Wilmott et al. (1995), S.48. Für diese Formel (und andere Arbeiten) haben Scholes und Merton 1997 den Nobelpreis für Wirtschaftswissenschaften erhalten. Black war zu diesem Zeitpunkt bereits verstorben und gehört deshalb nicht zu den Preisträgern.

[98] Vgl. Merton (1973).

[99] Vgl. Karatzas (1988). Einen Überblick über die Bewertung von amerikanischen Optionen bietet Myneni (1992).

Das McDonald-Siegel Modell und die Bewertung bei Arbitragefreiheit

Auf ähnliche Weise kann auch die Realoption des McDonald-Siegel Modells bewertet werden. Die Möglichkeit zu investieren entspricht einer amerikanischen Kaufoption, also eine Option die jederzeit ausgeübt werden kann. Der festgelegte Kaufpreis ist der Betrag der Investitionskosten. Die Option hat eine unendliche Laufzeit, da im McDonald-Siegel Modell davon ausgegangen wird, dass die Investitionsmöglichkeit für immer besteht. Der Wert des Investitionsprojekts verändert sich wieder nach

$$dV = \alpha V dt + \sigma V dW.$$

Um eine Bewertung bei Arbitragefreiheit durchzuführen, muss angenommen werden, dass es ein auf dem Markt gehandeltes Wertpapier gibt, welches perfekt mit V korreliert ist. Gibt es solch ein Papier nicht, dann muss es möglich sein ein Portfolio X zu konstruieren, welches perfekt mit V korreliert ist. Man sagt auch, V wird durch andere Papiere aufgespannt. Dieses Portfolio soll annahmegemäß keine Zahlungen abwerfen. Die durchschnittliche Rendite μ dieses Portfolios entspricht dem durchschnittlichen Wertzuwachs. Der Wertzuwachs ist

$$dX = \mu X dt + \sigma X dW.$$

Die durchschnittliche Rendite μ ergibt sich im Marktprozess. Aus dem CAPM Modell folgt[100]

$$\mu = r + \phi \rho_{Vm} \sigma$$

Hierbei ist r der sichere Zins, ϕ der Marktpreis für das Risiko und $\rho_{Vm} = \rho_{Xm}$ die Korrelation zwischen V (bzw. X) und dem Marktportfolio. Die Varianz des Marktportfolios ist σ. Im Gleichgewicht muss die Rendite von X und V gleich sein. Das Investitionsprojekt wirft, wenn es realisiert wurde, einen laufenden Ertrag von δ ab. Die gesamte Rendite des Investitionsprojekts setzt sich aus dem Wertzuwachs α und der Dividende δ zusammen. Das Risiko des Investitionsprojekts ist identisch dem Risiko des Portfolios, da perfekte Korrelation angenommen wurde. Der Wertzuwachs des Investitionsprojekts α muss daher kleiner als μ sein, da im Gleichgewicht $\mu = \alpha + \delta$ gilt.

Analog zur Bewertung von Finanzoptionen bildet man ein theoretisches Portfolio Π, in welches eine Einheit der Realoption $F(V)$ positiv und $\triangle$ Einheiten des Investitionsprojekts (oder des perfekt korrelierten Portfolios X) negativ eingehen. Der Wert dieses Portfolios beträgt

$$\Pi = F(V) - \triangle V.$$

[100] Vgl. Elton und Gruber (1995), Kapitel 13.

Die negative Position erfordert einen Leerverkauf von V und dieser ist nur möglich, wenn man sich V leiht. Der Verleiher von V verlangt aber die Bezahlung des entgangenen Ertrags δ. Die Wertveränderung des Portfolios Π ist somit

$$d\Pi = dF(V) - \triangle dV - \delta \triangle V dt.$$

Mit Hilfe der Ito-Regel folgt nach Umformungen

$$d\Pi = (F'(V) - \triangle)\,\alpha V dt + (F'(V) - \triangle)\,\sigma V dW + \frac{1}{2}F''(V)\sigma^2 V^2 dt - \delta \triangle V dt.$$

Durch dynamisches Anpassen der Portfoliozusammensetzung (dynamisches Hedging), kann der unsichere Term mit dW eliminiert werden. Es muss nur $\triangle = F'(V)$ gesetzt werden. Das Portfolio ist jetzt sicher und muss bei Arbitragefreiheit eine Verzinsung von r (sicherer Zins) abwerfen. Es muss also $r\Pi dt = d\Pi = \frac{1}{2}F''(V)\sigma^2 V^2 dt - \delta V F'(V) dt$ gelten. Aufgelöst folgt

$$\frac{1}{2}F''(V)\sigma^2 V^2 + (r - \delta)VF'(V) - rF(V) = 0. \tag{3.14}$$

Um diese Gleichung mit der Gleichung 3.9 auf Seite 49 zu vergleichen, geben wir die Gleichung 3.9 nochmals an und ersetzen α durch $\rho - \delta$. Da die subjektive Diskontrate ρ größer als die durchschnittliche Wachstumsrate α des Werts des Investitionsprojekts sein muss, ist δ positiv. Die Gleichung 3.9 lautet dann

$$\frac{1}{2}\sigma^2 V^2 F''(V) + (\rho - \delta)VF'(V) - \rho F(V) = 0.$$

Sie wurde als Ergebnis eines dynamischen Optimierungsproblems (Stopproblem) abgleitet. Im Vergleich zur Gleichung 3.14 zeigt sich, dass dort ρ durch r ersetzt ist. Was die subjektive Diskontrate im Optimierungsproblem ist, ist der sichere Marktzins in der Bewertung durch Arbitragefreiheit.

Die zwei Bewertungsmethoden haben unterschiedliche Voraussetzungen. Die folgende Übersicht fasst diese zusammen.[101]

---

[101] Eine genaue Analyse der Zusammenhänge zwischen den beiden Methoden bieten die Kapitel 4 und 6 von Dixit und Pindyck (1994).

Methode	Annahmen
Dynamische Optimierung	Risikoneutralität, exogen gegebene subjektive Diskontrate
Arbitragefreiheit	Es gibt ein mit dem Investitionsprojekt perfekt korreliertes Portfolio

	Vorteile
Dynamische Optimierung	Das Investitionsprojekt kann in der Art neu sein, d.h. es muss kein perfekt korreliertes Portfolio existieren
Arbitragefreiheit	Es muss keine subjektive Diskontrate ermittelt werden, die Risikopräferenz des Investors ist unwichtig

3.2.2 Investitionsverhalten eines Monopolisten

Im letzten Abschnitt wurde der Wert eines Investitionsprojektes als stochastischer Prozess modelliert. Dies war eine Vereinfachung, um die grundlegenden Aspekte einer Investition unter Unsicherheit und Irreversibilität zu verdeutlichen. Der Wert eines Investitionsprojektes sollte aber modellendogen bestimmt werden. In diesem Abschnitt wird ein Monopolist betrachtet, der einer exogen gegebenen und unsicheren (stochastischen) Nachfrageentwicklung ausgesetzt ist. Das Niveau der Nachfrage wird als stochastischer Wachstumsprozess in Form einer geometrischen Brownschen Bewegung mit

$$dX = \alpha X dt + \sigma X dW$$

modelliert.[102] Unterstellen wir vorerst, dass der laufende Gewinn π des (realisierten) Investitionsprojekts als Funktion des Nachfrageprozesses X in der Form $\pi(X) = KX^\lambda$ darstellbar ist. Die Gewinnfunktion gibt den maximalen Gewinn bei Anpassung aller variablen Faktoren an. Wir unterstellen, dass das Investitionsprojekt unteilbar und irreversibel ist. Man kann sich z.B. eine Fabrik vorstellen, die gebaut oder nicht gebaut werden kann, deren Größe also festgelegt ist. Ist die Fabrik gebaut, kann die Produktion der Nachfrage durch Veränderung der variablen Einsatzfaktoren angepasst werden. Wird das Investitionsprojekt zum Zeitpunkt t realisiert, ergibt sich ein Gegenwartswert des Investitionsprojekts $V(x)$ in Abhängigkeit des „Startwertes“ $X(t) = x$. Er wird bestimmt durch

$$V(x) = E\left\{\int_t^\infty KX(t)^\lambda e^{-\rho(\tau-t)} d\tau\right\}$$

und beträgt[103]

$$V(x) = \frac{Kx^\lambda}{\rho - \alpha\lambda - \frac{1}{2}\sigma^2\lambda(\lambda-1)} = \frac{Kx^\lambda}{\delta}.$$

[102] Zur geometrischen Brownschen Bewegung vgl. Abschnitt A.3.4 im Anhang.

Der Monopolist muss den optimalen Investitionszeitpunkt wählen. Er löst, wie im McDonald-Siegel Modell, ein dynamisches Optimierungsproblem (Optimales Stoppproblem). Der Wert der Option zu investieren beträgt

$$F(X(t)) = \max_{\tau} E_t\left[(V(X(\tau)) - I)e^{-\rho(\tau-t)}\right].$$

Die HJB Gleichung für dieses Problem ist[104]

$$\frac{1}{2}\sigma^2 V^2 F''(X) + \alpha X F'(X) - \rho F(X) = 0.$$

Die Randwertbedingungen sind anders als im McDonald-Siegel Modell. Da der Wert des Investitionsprojekts zum Zeitpunkt der Realisation eine Funktion der Nachfragesituation X zu diesem Zeitpunkt ist, lauten sie jetzt

1. $F(0) = 0$

2. $F(X^*) = V(X^*) - I$

3. $F'(X^*) = V'(X^*)$.

Implizit wird so das optimale Nachfrageniveau X^*, bei welchem es optimal ist zu investieren, bestimmt. Da die HJB Gleichung die gleiche Form hat wie im McDonald-Siegel Modell, muss auch die Lösung von der Form $F(X) = aX^\beta$ sein.[105] Mit

$$F'(X^*) = \beta a (X^*)^{\beta-1} \text{ und } V'(X^*) = \frac{K\lambda(X^*)^{\lambda-1}}{\delta}$$

folgt unter Berücksichtigung der Randwertbedingung 3

$$\beta a (X^*)^{\beta-1} = \frac{K\lambda(X^*)^{\lambda-1}}{\delta}.$$

Daraus folgt

$$a = \frac{\lambda K(X^*)^{\lambda-1}}{\beta\delta(X^*)^{\beta-1}}$$

[103] Mit $\delta = \rho - \alpha\lambda - \frac{1}{2}\sigma^2\lambda(\lambda-1)$. Die Ableitung ist in Abschnitt A.3.4 im Anhang zu finden. Man beachte, dass μ hier durch α ersetzt ist. Im Anhang wird der Gegenwartswert zum Zeitpunkt $t = 0$ ermittelt, hier wird aber der beliebige Zeitpunkt t betrachtet. Da die Funktion Ax^λ nicht explizit von der Zeit abhängt (zeitautonomes Problem) und der Zeithorizont bis unendlich geht, ist der Gegenwartswert nur eine Funktion des „Startwertes“ x und nicht zeitabhängig.

[104] Der einzige Unterschied zum McDonald-Siegel Modell ist die Abhängigkeit von X statt von V. V ist eine Funktion von X, sodass X die fundamentale Zustandsvariable (Nachfrage) ist. Vgl. Gleichung 3.9 auf Seite 49.

[105] Vgl. Gleichung 3.11 auf Seite 50.

und aus der Randwertbedingung 2 ergibt sich

$$\begin{aligned} I = V(X^*) - F(X^*) &= \frac{K(X^*)^\lambda}{\delta} - \frac{\lambda K(X^*)^\lambda}{\beta\delta} \\ &= \left(1 - \frac{\lambda}{\beta}\right)\frac{K(X^*)^\lambda}{\delta} \\ &= \frac{\beta - \lambda}{\beta}\frac{K(X^*)^\lambda}{\delta}. \end{aligned}$$

Für das optimale Niveau der Nachfrage X^* erhält man

$$X^* = \left(\left(\frac{\beta}{\beta - \lambda}\right)\frac{\delta}{K}I\right)^{1/\lambda}. \tag{3.15}$$

Wie reagiert nun das optimale Nachfrageniveau X^* auf eine Erhöhung der Unsicherheit? Steigt σ^2, so sinkt β und der Ausdruck $\left(\frac{\beta}{\beta-\lambda}\right)$ steigt.[106] Das erforderliche Nachfrageniveau X^* steigt somit mit zunehmender Unsicherheit und die Investitionsentscheidung wird verzögert. Mit σ^2 verändert sich allerdings auch δ. Da $\frac{\partial\delta}{\partial\sigma^2} = -\lambda(\lambda - 1)/2$ ist, hängt der Effekt davon ab, ob λ größer oder kleiner als eins ist. Ist λ größer als eins, dann vermindert eine Erhöhung der Unsicherheit δ und damit X^*. Es entsteht ein Gegeneffekt, der einen Investitionsanreiz bewirkt. Da $\lambda > 1$ nichts anderes bedeutet, als dass die Gewinnfunktion $\pi(X)$ konvex in der unsicheren Nachfragevariable X ist, handelt es sich um den aus dem Hartman-Modell bekannten Effekt der Jensenschen Ungleichung.[107] Es ist allerdings nicht wahrscheinlich, dass dieser Effekt dominiert, da λ kleiner als β sein muss, und β bei steigendem σ^2 gegen 1 konvergiert.[108]

Bisher wurde unterstellt, dass die Gewinnfunktion eines Monopolisten in der Form $\pi(X) = KX^\lambda$ dargestellt werden kann. Sie wurde aber nicht hergeleitet. Daher ist die Frage, ob λ größer oder kleiner als eins ist, noch nicht beantwortet. In der Literatur existieren konträre Ergebnisse zu dieser Frage. So modelliert Caballero die Nachfragefunktion als isoelastisch und leitet eine Gewinnfunktion der Form $\pi(X) = KX^\lambda$ mit $\lambda > 1$ ab.[109] Episcopos zeigte in einem ähnlichen Modell, dass $\lambda < 1$ ist.[110] Der Unterschied resultiert aus der Art, wie die Nachfragefunktion „geschockt" wird. Caballero schockt die inverse Nachfragefunktion und Episcopos schockt die Nachfragefunktion direkt. Im folgenden werden die zwei Fälle getrennt betrachtet.

[106] Vgl. die Ausführungen zum McDonald-Siegel Modell des vorherigen Abschnitts.

[107] Vgl. die Ausführungen zum Hartman-Modell im Abschnitt 2.3.1.

[108] Um zu sehen, dass $\lambda < \beta$ gelten muss, beachte man die fundamentale Quadratische Gleichung 3.10 auf Seite 49. β ist die größere der beiden Nullstellen und identisch der größeren Nullstelle der Gleichung A.1 aus Seite 164 im Anhang (α muss durch μ ersetzt werden). Dort wird gezeigt, dass $\lambda < \beta$ als Konvergenzbedingung erforderlich ist.

[109] Vgl. Caballero (1991).

[110] Vgl. Episcopos (1994).

Fall 1 (Caballero)

Die inverse Nachfragefunktion $p(y)$ (p ist der Preis, y ist die Menge) lautet $p(y) = y^{-1/\epsilon}X$. Die Nachfrage ist isoelastisch mit der Preiselastizität ϵ. X ist der Nachfrageschock.[111] Zur Vereinfachung werden konstante Kosten unterstellt. Der Gewinn in Abhängigkeit von y ist dann

$$\pi(y) = p(y)y - cy = y^{-1/\epsilon}yX - cy = y^{1-1/\epsilon}X - cy.$$

Die Bedingung erster Ordnung für ein Gewinnmaximum liefert die optimale Menge y^*

$$y^* = \left(\frac{X}{c}\right)^\epsilon \left(\frac{\epsilon - 1}{\epsilon}\right)^\epsilon.$$

Eingesetzt in die Gewinnfunktion erhält man den maximalen Gewinn in Abhängigkeit des Nachfrageschocks

$$\pi(X) = c^{1-\epsilon}\epsilon^{-\epsilon}(\epsilon - 1)^{\epsilon-1}X^\epsilon.$$

Da $\epsilon > 1$ sein muss,[112] ist die Gewinnfunktion konvex in X und es entsteht nach der Jenenschen Ungleichung bei zunehmender Unsicherheit ein positiver Effekt auf $E(\pi)$.

Fall 2 (Episcopos)

Die Nachfragefunktion lautet nun $y(p) = p^{-\epsilon}X$. Die inverse Nachfragefunktion ist dann $p(y) = y^{-1/\epsilon}X^{1/\epsilon}$. Analoge Schritte wie oben liefen die Gewinnfunktion

$$\pi(X) = c^{1-\epsilon}\epsilon^{-\epsilon}(\epsilon - 1)^{\epsilon-1}X.$$

In diesem Fall ist die Gewinnfunktion linear in X.[113]

Es stellt sich die Frage, welche der beiden Fälle die sinnvollere Modellierung darstellt. Der Preis, den der Monopolist fordert, beträgt in beiden Fällen $p = \left(\frac{\epsilon}{\epsilon-1}\right)c$. Die optimale Menge ist im Fall 1 gleich $c^{-\epsilon}\left(\frac{\epsilon-1}{\epsilon}\right)^\epsilon X^\epsilon$ und im Fall 2 gleich $c^{-\epsilon}\left(\frac{\epsilon-1}{\epsilon}\right)^\epsilon X$. Im Fall 1 steigt die optimale Menge, die der Monopolist anbietet, und die auch nachgefragt wird, überproportional zu X, da $\epsilon > 1$ gilt. Wenn aber X wie ursprünglich intendiert als stochastisches Wachstum der Nachfrage interpretiert werden soll, ist dies unplausibel. Warum sollte bei konstantem Preis die Nachfrage stärker steigen als der Parameter X, der die exogene Entwicklung des Nachfrageniveaus modellieren soll?

---

111 Eine geometrische Brownsche Bewegung, siehe oben.

112 Setzt man y^* in die inverse Nachfunktion ein, so erhält man den optimalen Preis den der Monopolist verlangt. Er ist $p = c\left(\frac{\epsilon}{\epsilon-1}\right)$. Ist $\epsilon \leq 1$, dann ist p nicht definiert oder negativ, was höchst unplausibel ist.

113 Bei Episcopos ist sie konkav, weil er eine Cobb-Douglas Produktionsfunktion unterstellt und damit steigende Kosten bei Variation eines Faktors impliziert. Vgl. Episcopos (1994).

Im Fall 2 ist die Interpretation von X als Nachfrageparameter konsistent, da die Produktion y und damit auch die Nachfrage proportional mit X steigt. Es scheint daher sinnvoller den stochastischen Nachfrageeinfluss X mit der Nachfragefunktion zu multiplizieren und nicht mit der inversen Nachfragefunktion. In der Literatur wird dennoch häufig die inverse Nachfragefunktion „geschockt“, ohne dass diese Vorgehensweise erklärt wird.[114]

Wird die inverse Nachfragefunktion mit der Variablen X multipliziert, dann steht der Monopolist vor einem Optimierungsproblem der Art

$$\max_y \tilde{p}(y)yX - C(y).$$

Hierbei ist $C(y)$ eine beliebige Kostenfunktion und $p(y) = \tilde{p}(y)X$ die inverse Nachfragefunktion. Steigt X, dann erhöht sich der Gewinn des Monopolisten bei konstantem y linear, da der Preis, den die Abnehmer zu zahlen bereit sind, linear mit X steigt. Der Monopolist passt nun y nur an, wenn sein Gewinn bei Anpassung stärker als linear ansteigen würde. Daher ist die Gewinnfunktion konvex in X. Dieses Argument entspricht dem des Hartman-Modells in Abschnitt 2.3.1. Es ist allerdings fraglich, ob dies die richtige Modellierung eines Monopols bei stochastisch wachsender Nachfrage ist.

Mit einem weiteren Beispiel soll die Problematik einer multiplikativen Verknüpfung der inversen Nachfragefunktion mit der stochastischen Nachfragevariablen verdeutlicht werden. Wir unterstellen eine lineare Nachfragefunktion.

Fall 1

Die inverse Nachfragefunktion (multiplikative Verknüpfung der inversen Nachfragefunktion mit X) lautet

$$p = (a - by)X.$$

Unterstellt man weiterhin konstante Stückkosten c, dann ergibt sich die gewinnmaximale Menge y^* mit

$$y^* = \frac{a}{2b} - \frac{c}{2bX}.$$

Will man die Variable X als stochastische Entwicklung der Nachfrage interpretieren, also als exogenes stochastisches Wachstum der Marktgröße, ergibt sich ein sonderbare Phänomen. Während X (im Mittel) kontinuierlich wächst, konvergiert die optimale Produktion y^*, und damit auch die abgesetzte Menge, asymptotisch gegen den Wert $\frac{a}{2b}$.

[114] Vgl. z.B. Dixit und Pindyck (1998), S. 4.

Fall 2

Es wird jetzt die Nachfragefunktion mit X multipliziert. Die Nachfragefunktion ist dann

$$y = (a - bp)X.$$

Die gewinnmaximale Produktionsmenge lautet

$$y^* = \frac{a - bc}{2}X.$$

Die Produktion steigt linear mit X und der Gewinn ist mit $\pi(X) = \frac{(a-bc)^2}{4b}X$ auch linear in X. In diesem Fall ist die Interpretation von X als exogene stochastische Nachfrageentwicklung wesentlich plausibler als im Fall 1. Es spricht somit vieles dafür, die Nachfragefunktion und nicht die inverse Nachfragefunktion zu „schocken". In diesem Fall ist die Gewinnfunktion linear in X und es gibt einen eindeutig negativen Effekt steigender Unsicherheit auf die Investitionen.

3.2.3 Investitionsverhalten bei vollkommener Konkurrenz

In den bisherigen Überlegungen zum Investitionsverhalten bei Irreversibilität wurde stets angenommen, dass das Investitionsprojekt verschoben werden kann. Dies setzt implizit Monopolmacht des Investors voraus. Bei vollkommener Konkurrenz müsste der Optionswert (Wert der Möglichkeit zu warten) verschwinden, da potentielle Konkurrenten bei einer Verschiebung einer rentablen Investition in den Markt drängen würden. Man würde daher annehmen, dass die Unsicherheit keinen Einfluss auf das Marktergebnis hat.
1993 hat Leahy gezeigt, dass dies nicht der Fall ist, wenn die Unsicherheit marktspezifisch ist und deshalb alle Konkurrenten betrifft.[115] Auf einem Markt sei die Preisentwicklung exogen vorgegeben und folge einer geometrischen Brownschen Bewegung der Art

$$dP = \alpha P dt + \sigma P dW.$$

Die Unternehmen können zu einem beliebigen Zeitpunkt in den Markt eintreten und müssen hierzu Investitionskosten in Höhe von I bezahlen. Es fallen keine laufenden Produktionskosten an.[116] Der Erlös aus der Produktion entspricht dann dem Preis $P(t)$ des Produktes. Wenn sich ein Unternehmen als Monopolist verhält, also nicht berücksichtigt, dass andere Unternehmen in den Markt drängen können,[117] lässt sich der optimale Preis P^* bei dem die Investition getätigt wird als Spezialfall von Gleichung 3.15 ermitteln.[118]

[115] Vgl. Leahy (1993).Vgl. auch Pindyck (1993).

[116] Diese Annahme dient nur zur Vereinfachung der Mathematik. Die Aussagen lassen sich auf den Fall variabler Produktionskosten übertragen. Vgl. Baldursson und Karatzas (1997).

[117] Leahy nennt dieses Verhalten „kurzsichtig". Vgl. Leahy (1993).

[118] Vgl. Abschnitt 3.2.2, Seite 59.

Dort wurde eine Gewinnfunktion der Form $\pi(X) = KX^{\lambda}$ unterstellt. In dem hier betrachteten Fall ist $X = P$ und $K = \lambda = 1$. Diese ergibt einen Schwellenwert P^* von

$$P^* = \frac{\beta}{\beta - 1}(\rho - \alpha)I. \tag{3.16}$$

Im Anhang wird gezeigt, dass der diskontierte Erwartungswert des Zahlungsstroms $P(t)$ mit dem Startwert P dem Ausdruck $\frac{P}{\rho-\alpha}$ entspricht.[119] Da $\frac{\beta}{\beta-1} > 1$ ist,[120] folgt

$$\frac{P^*}{\rho - \alpha} > I.$$

Das Unternehmen investiert somit erst, wenn der diskontierte Erwartungswert des Zahlungsstroms $P(t)$ größer als die Investitionskosten I ist. Anders dargestellt gilt $P^* > (\rho - \alpha)I$, dass heißt der Preis ist höher als die Kapitalnutzungskosten.

Im folgenden wird ein Unternehmen bei vollkommener Konkurrenz betrachtet, das aktiv ist, also schon investiert hat. Der Wert dieses Unternehmens (Π) ist eine Funktion des Preis P. Der Unternehmenswert muss die folgende Gleichung erfüllen

$$\rho\Pi(P) = P + E\{d\Pi(P)\}.$$

Die erforderliche Verzinsung muss der Summe aus unmittelbarer Auszahlung (P) und erwartetem Wertzuwachs entsprechen. Verwendet man die Ito-Regel so folgt

$$\rho\Pi = P + \alpha P\Pi' + \frac{1}{2}\sigma^2 P^2 \Pi''.$$

Eine partikuläre Lösung dieser Gleichung ist $\frac{P}{\rho-\alpha}$. Die allgemeine Lösung einer linearen Differentialgleichung zweiter Ordnung setzt sich aus der partikulären Lösung und Lösung des homogenen Teils der Gleichung zusammen.[121] Es ergibt sich eine Gleichung der Form

$$\Pi(P) = \frac{P}{\rho - \alpha} + AP^{\beta}. \tag{3.17}$$

Der diskontierte Erwartungswert des Zahlungsstroms $P(t)$ entspricht dem Ausdruck $\frac{P}{\rho-\alpha}$. Würde sich der Preis exogen weiterentwickeln, oder würde das Unternehmen annehmen, dass sich der Preis exogen entwickelt, dann wäre $A = 0$. Bei vollkommener Konkurrenz kann sich der Preis aber nicht beliebig nach oben entwickeln, da ab einer bestimmten Höhe von P potentielle Konkurrenten in den Markt eintreten werden. Dies wird bei einem Preis $\bar{P}$ der Fall sein, bei dem der Wert eines aktiven Unternehmens den Investitionskosten entspricht, also bei

$$\Pi(\bar{P}) = I. \tag{3.18}$$

---

119 Vgl. Abschnitt A.3.4 im Anhang mit $\lambda = 1$.

120 Vgl. die Ausführungen zum McDonald-Siegel Modell im Abschnitt 3.2.1.

121 Im Abschnitt 3.2.1 wurde gezeigt, dass der homogene Teil dieser Gleichung eine Lösung der Form AP^{β} mit $\beta > 1$ hat.

Um den Wert von A zu bestimmen, ist eine weitere Bedingung erforderlich. Bei Konkurrenz folgt der Preisprozess $P(t)$ nicht mehr einer exogen gegebenen Brownschen Bewegung, da bei $\bar{P}$ eine Barriere durch den Markteintritt von potentiellen Konkurrenten entsteht. $P(t)$ folgt daher einer regulierten Brownschen Bewegung.[122] An der Stelle $\bar{P}$ muss daher gelten

$$\Pi'(\bar{P}) = 0. \tag{3.19}$$

Mit Gleichung 3.17 folgt

$$\Pi'(P) = \frac{1}{\rho - \alpha} + \beta A P^{\beta - 1}$$

und Gleichung 3.19 liefert dann

$$\frac{1}{\rho - \alpha} + \beta A \bar{P}^{\beta - 1} = 0.$$

Auflösen nach A ergibt

$$A = -\frac{\bar{P}^{1-\beta}}{\beta(\rho - \alpha)}.$$

Eingesetzt in 3.17 und unter Berücksichtigung von 3.18 folgt

$$\Pi(\bar{P}) = \frac{\bar{P}}{\rho - \alpha} - \frac{\bar{P}^{1-\beta}}{\beta(\rho - \alpha)} = I$$

und damit ergibt sich für den Markteintrittspreis $\bar{P}$

$$\bar{P} = \frac{\beta}{\beta - 1}(\rho - \alpha) I. \tag{3.20}$$

Ein Vergleich der Gleichungen 3.16 und 3.20 zeigt, dass der Markteintrittspreis $\bar{P}$ bei Konkurrenz dem Preis P^* entspricht, bei dem ein Monopolist, oder ein Unternehmer der sich als Monopolist verhält,[123] investiert.

Für ein einzelnes Unternehmen ist die Option zu warten bei Konkurrenz wertlos, da der freie Markteintritt einen erwarteten Gewinn von null generiert. Für die Industrie insgesamt gilt dies jedoch nicht. Dixit konnte zeigen, dass eine gesellschaftliche Institution, die den Kapitalstock der Industrie beliebig steuern kann, im Optimum den Kapitalstock genau dann erhöht, wenn unter Konkurrenz ein Unternehmen in den Markt eintritt.[124]

Die Ergebnisse, die sich aus dem Verhalten eines Monopolisten ergeben, lassen sich daher auf das Gleichgewicht einer Industrie bei Konkurrenz übertragen. Es muss allerdings beachtet werden, dass hier aggregierte Unsicherheit betrachtet wurde, also eine Unsicherheit, die die gesamte Industrie betrifft und nicht nur ein einzelnes Unternehmen.[125]

[122] Zum Begriff der regulierten Brownschen Bewegung und dem entsprechenden singulären Kontrollproblem vgl. Abschnitt A.4.2 im Anhang.

[123] Also ein „kurzsichtiger" Unternehmer im Sinne von Leahy.

[124] Vgl. Dixit (1993b).

3.3 Graduelle Kapazitätserweiterung

In den bisherigen Ausführungen wurde immer ein einzelnes, unteilbares Investitionsprojekt betrachtet. Die optimale Investitionsentscheidung erfordert in diesem Fall die optimale zeitliche Wahl des Investitionszeitpunkts, formal also das Lösen eines Stopproblems. Implizit wurde im Fall des Monopolisten unterstellt, dass das Unternehmen nach Tätigung der Investition beliebig viel produzieren kann und nur variable Kosten anfallen.
Im folgenden wird die Frage behandelt, ob sich der „option to wait"-Ansatz auf den Fall der graduellen Kapital- bzw. Kapazitätserweiterung übertragen lässt. Die Produktionsmöglichkeit wird durch den Kapitalstock beschränkt, der kontinuierlich erweiterbar ist. Eine steigende Nachfrage ist ein Anreiz zur Kapitalerhöhung. Das Niveau der Nachfrage $X(t)$ wird weiterhin als geometrische Brownsche Bewegung

$$dX = \mu X dt + \sigma X dW,$$

modelliert. $\pi(K, X)$ ist der temporäre Gewinn bei gegebenem Kapitalstock K und Nachfrageniveau X. Der maximale Wert des Unternehmens W, bei einem Kapitalstock $K(0) = k$ und einem Nachfrageniveau $X(0) = x$ zum Zeitpunkt 0, errechnet sich aus dem diskontierten Strom der Nettogewinne bei optimaler Wahl des Kapitalstocks. Es gilt

$$W(k,x) = \max_{\{K(t)|K(0)=k\}} E\left[\int_0^\infty e^{-\rho t}\pi(K(t), X(t))dt - \int_0^\infty e^{-\rho t} c_K dK(t)|X(0) = x\right]. \tag{3.21}$$

Die Kosten einer Kapitalerhöhung betragen c_K pro Einheit Kapital. Da die Kosten der Kapitalerhöhung linear in dK sind,[126] handelt es sich hier um ein singuläres Kontrollproblem. Eine Erhöhung des Kapitalstocks findet nur zu einzelnen Zeitpunkten statt. Die Menge dieser Zeitpunkte hat das Maß Null. Die mathematische Modellierung singulärer Kontrollprobleme ist ausgesprochen schwierig.[127]
Eine andere Möglichkeit, das Optimierungsproblem zu lösen, wurde von Pindyck entwickelt.[128] Pindyck zerlegt den Wert des Unternehmens in die zwei Komponenten[129]

$$\tilde{W}(K, X) = V(K, X) + F(K, X).$$

[125] Die Ergebnisse, die in diesem Abschnitt skizziert wurden, sind erst kürzlich mathematisch präzise bewiesen worden. Vgl. Baldursson und Karatzas (1997). Sie verwenden neuere Verfahren der stochastischen Analysis, die von Karoui und Karatzas (1991) entwickelt wurden.

[126] dK ist die Veränderung des Kapitalstocks, also entweder ist $dK = 0$ oder $dK > 0$. Eine Kapitalverminderung ist nicht möglich, da die Investitionen irreversibel sind und Abschreibungen unberücksichtigt bleiben.

[127] Im Abschnitt A.4.2 des Anhangs werden singuläre Kontrollprobleme heuristisch erläutert.

[128] Vgl. Pindyck (1988). Vgl. auch die präzisere Darstellung in He und Pindyck (1992).

[129] Im Gegensatz zur Gleichung 3.21, in der die Kapitalkosten schon berücksichtigt wurden, wird hier der Bruttowert des Unternehmens betrachtet. Deshalb wird statt W die Bezeichnung $(\tilde{W})$ verwendet. In He und Pindyck (1992) wird W einmal als Bruttowert und einmal als Nettowert verwendet, was zumindest verwirrend ist.

Hierbei ist V der Wert des installierten Kapitals und F der Wert der „Option", den Kapitalstock zu erhöhen. Wenn der Kapitalstock aus diskreten Kapitaleinheiten besteht und n Einheiten installiert sind, gilt für W

$$\tilde{W} = \triangle V(1) + \triangle V(2) + \cdots + \triangle V(n) + \triangle F(n+1) + \triangle F(n+2) + \ldots,$$

$\triangle V(1)$ ist der Wert der ersten installierten Kapitaleinheit und $\triangle V(n)$ der Wert der n-ten installierten Kapitaleinheit. $\triangle F(n+1)$ ist der Wert der Option, eine weitere Kapitaleinheit zu installieren. Genauso $\triangle F(n+2)$, $\triangle F(n+3)$, usw. Es folgt

$$\tilde{W} = \sum_{i=1}^{n} \triangle V(i) + \sum_{i=n+1}^{\infty} \triangle F(i).$$

Sind die einzelnen Kapitaleinheiten infinitesimal klein und berücksichtigt man die Abhängigkeit des Unternehmenswerts von dem Niveau der Nachfrage x, so lässt sich $\tilde{W}$ in der Form

$$\tilde{W} = \int_0^K \triangle V(z, X)dz + \int_K^{\infty} \triangle F(z, X)dz, \tag{3.22}$$

schreiben.

Fragt man, ausgehend von einem Kapitalstock von null, nach dem optimalen Kapitalstock K^*, so ist der Nettounternehmenswert (Bruttounternehmenswert minus Kapitalkosten)[130]

$$W(K, X) = V(K, X) + F(K, X) - c_K K, \tag{3.23}$$

zu maximieren. Die Bedingung erster Ordnung erhält man durch nullsetzen der Gleichung 3.23 unter Berücksichtigung von Gleichung 3.22. Es folgt

$$\triangle V(K^*, X) = c_K + \triangle F(K^*, X).$$

Der optimale Kapitalstock K^* ist dann erreicht, wenn der Wert einer zusätzlichen Kapitaleinheit $\triangle F(K^*, X)$ gleich den Kosten einer zusätzlichen Kapitaleinheit ist. Die Kosten setzen sich aus den Kapitalkosten c_K und den Opportunitätskosten $\triangle V(K^*, X)$ zusammen. $\triangle F(K^*, X)$ ist der Wert der Option, eine zusätzliche Kapitaleinheit zu installieren. Steigt das Niveau der Nachfrage X, dann steigt sowohl der Wert einer zusätzlichen (installierten) Kapitaleinheit, als auch der Wert der Option die zusätzliche Kapitaleinheit erst später zu installieren (Option zu warten). Das singuläre Kontrollproblem kann daher als Sequenz von Stoppproblemen interpretiert werden. Dieser Zusammenhang wurde kürzlich in der mathematischen Literatur bewiesen.[131]

---

130 Man setzt $V(K, X) = \int_0^K \triangle V(z, X)dz$ und $F(K, X) = \int_K^{\infty} \triangle F(z, K)dz$.

131 Vgl. Boetius und Kohlmann (1998).

Die Ergebnisse, die sich aus der Frage nach der optimalen zeitlichen Wahl eines einzelnen Investitionsprojektes ergeben, lassen sich daher auf die Frage nach der optimalen graduellen Kapazitätsexpansion übertragen.
Abel und Eberly haben eine weitere Verallgemeinerung eingeführt.[132] Sie erlauben in ihrem Ansatz die Möglichkeit der Kapitalverminderung. Investitionen sind dann nicht mehr irreversibel. Die Reduktion des Kapitalstocks ist im Modell von Abel und Eberly mit Verlusten verbunden, da der Verkaufspreis von Kapitalgütern per Annahme geringer ist, als der Kaufpreis. Sie zeigen, dass der Kapitalstock bei steigender Nachfrage erst dann erhöht wird, wenn die Nachfrage einen bestimmten oberen Schwellenwert überschritten hat. Bei einem Nachfragerückgang wird der Kapitalstock erst vermindert, wenn die Nachfrage einen unteren Schwellenwert unterschritten hat. Innerhalb der Schwellenwerte ist der Bereich der Inaktivität; der Kapitalstock bleibt unverändert. Abel und Eberly haben gezeigt, dass eine Zunahme der Unsicherheit den Bereich der Inaktivität vergrößert.

3.4 Zusammenfassung

Im Abschnitt 3.1.1 wurde die Analogie zwischen amerikanischen Finanzoptionen und irreversiblen Investitionsentscheidungen dargelegt. Die Berücksichtigung der Möglichkeit, eine Entscheidung zeitlich zu verzögern, ist für eine optimale Entscheidung von großer Bedeutung. Im Abschnitt 3.1.2 wurde dieser Zusammenhang am Beispiel des Abbaus natürlicher Ressourcen diskutiert. Das im Abschnitt 3.1.3 entwickelte Zwei-Perioden-Modell erlaubt eine formale Betrachtung der zeitlichen Wahl eines Investitionsprojekts. Es wurde gezeigt, dass der „Wert des wartens" mit zunehmender Unsicherheit steigt.
Im Abschnitt 3.2.1 wurde das McDonald-Siegel Modell skizziert. In diesem Modellrahmen wird die Mathematik der Finanzoptionen auf die Analyse von Realoptionen übertragen. Dieser Modellrahmen bildet die Basis der Analyse von Wechselkursunsicherheit in Abschnitt 4.2. In den Abschnitten 3.2.2 und 3.2.3 werden die Investitionsentscheidungen im Monopol und bei vollkommener Konkurrenz betrachtet. Im Falle der vollkommenen Konkurrenz besitzt die Option eine Investition zeitlich zu verzögern für das einzelne Unternehmen keinen Wert mehr, da bei einer Verzögerung der Investition sofort eine Konkurrent die Investition tätigen würde. Betrifft die Unsicherheit aber in einer Industrie alle Konkurrenten gleich, so werden alle gemeinsam die Investitionsentscheidungen verzögern. Die Realoption wirkt dann auf Industrieebene.
Abschließend (Abschnitt 3.3) wurde skizziert, wie sich die Ergebnisse auf den Fall der graduellen Kapazitätserweiterung übertragen lassen.

[132] Vgl. Abel und Eberly (1996).

Kapitel 4

Investitionen und Wechselkursunsicherheit

4.1 Wechselkursschwankungen und Pricing to Market

4.1.1 Stilisierte Fakten zur Wechselkursschwankung

In einem Überblick über die stilisierten Fakten der nominalen Wechselkurse, arbeitete de Vries[133] 16 verschiedene Fakten heraus. Vier dieser Fakten, die für die folgenden Untersuchungen relevant sind, werden hier dargestellt.[134]

Fakt 1 (Unit-Root Eigenschaft)

Beschreibt man den Wechselkurs e_t durch einen AR(1) Prozess der Form[135]

$$e_t = \lambda e_{t-1} + \epsilon_t, \tag{4.1}$$

wobei e_t eine Sequenz unabhängiger Zufallsvariablen mit gleicher Verteilung ist, stellt sich die Frage nach dem Parameterwert λ. Ist $\lambda = 1$, dann spricht man von einem Unit-Root Prozess. Die Veränderungen des Wechselkurses $e_t - e_{t-1}$ sind dann durch die Störterme ϵ_t gegeben. Die Wechselkursveränderungen sind nicht vorhersagbar. Der Wechselkurs ergibt sich als Summe der vergangenen stochastischen Wechselkursänderungen. Man spricht daher von einem Random Walk.[136] Der Begriff Unit-Root wird deutlicher, wenn ein AR(p) Prozess der Form

$$e_t = \lambda_1 e_{t-1} + \lambda_2 e_{t-2} + \cdots + \lambda_p e_{t-p} + \epsilon_t,$$

133 Vgl. de Vries (1994).

134 Die Fakten 1 und 2 rechtfertigen die Modellierung der Wechselkursunsicherheit durch Brownsche Bewegungen in Abschnitt 4.2. Die Fakten 3 und 4 legen die Untersuchung der nominellen Wechselkurse mit Hilfe von GARCH Modellen in Abschnitt 6.1.2 nahe. Die hier dargestellten Fakten 1-4 entsprechen den Fakten 1, 16, 10, und 12 in de Vries (1994).

135 Es wird der natürliche Logarithmus des Wechselkurses E_t betrachtet. Es gilt daher $e_t = \log(E_t)$.

136 Zum Random Walk siehe den Abschnitt A.2.5 im Anhang.

betrachtet wird. Dieser Prozess enthält eine Random Walk Komponente, wenn eine Nullstelle des charakteristischen Polynoms

$$z^p - \lambda_1 z^{p-1} - \cdots - \lambda_p = 0$$

den Wert 1 annimmt.[137] Daher der Name Unit Root. Empirische Untersuchungen haben gezeigt, dass Wechselkurse die Unit Root Eigenschaft haben.[138]
Es gibt eine theoretische Erklärung für die Unit Root Eigenschaft. Schlagen sich auf den Finanzmärkten, dass heißt auch auf den Devisenmärkten, alle kursrelevanten Informationen unmittelbar in den Kursen nieder, werden sich die Kurse nur durch das Eintreten von Neuigkeiten verändern. Da das Eintreten von Neuigkeiten zufällig ist, kann die Kursentwicklung nicht prognostiziert werden. Man nennt diesen Zusammenhang Kapitalmarkteffizienz oder Informationseffizienz der Kapitalmärkte.
Die Nichtprognostizierbarkeit ist eine Konsequenz der Arbitragefreiheit. Wären die Kurse prognostizierbar, würden Arbitrageoperationen stattfinden.[139]
In Gleichung 4.1 sind die Störterme ϵ_t unabhängig und identisch verteilt. Dies widerspricht dem Fakt 3, da identisch verteilte ϵ_t keine zeitlich variierenden Varianzen haben können. Eine Erweiterung der Random Walk Hypothese, die Martingal Hypothese, hebt diese Einschränkung auf. Die Martingal Hypothese behauptet, dass die Wechselkurse die Martingaleigenschaft haben. Ein stochastischer Prozess e_t ist ein Martingal, wenn

$$E(e_{t+1}|I_t) = e_t$$

gilt. $E(e_{t+1}|I_t)$ ist der bedingte Erwartungswert des Kurses e_{t+1} unter der Informationsmenge I_t. Die Informationsmenge I_t enthält alle relevanten Informationen, einschließlich e_t, die zum Zeitpunkt t vorhanden sind. Die Martingal Hypothese besagt nun, dass unter Berücksichtigung aller Informationen für den Wechselkurs von morgen der Wert des Kurses von heute vorausgesagt wird. Die Wechselkurse verhalten sich daher wie Martingale. Dies ist nichts anderes als die Nichtprognostizierbarkeit der Wechselkurse. Ein Random Walk ist ein Spezialfall eines Martingals, mit dem Unterschied, dass Martingale Volatilitätscluster (Fakt 3) aufweisen können.

[137] Vgl. Maddala und Kim (1998), S. 13-14.

[138] Vgl. de Vries (1994), S.350-352.

[139] Die Ausführungen zur Kapitalmarkteffizienz sind hier nur sehr oberflächlich gehalten. So sind z.B. nicht genutzte Arbitragemöglichkeiten bei Vorliegen von Transaktionskosten denkbar, ohne dass der Kapitalmarkt ineffizient sein muss. Dies könnte zu einer Prognostizierbarkeit der Kurse führen. Desweiteren können Risikopräferenzen Einfluss auf Arbitrageoperationen haben. Auf die riesige Literatur zur Informationseffizienz kann hier nicht eingegangen werden. Trotz aller Bedenken im Detail stellt die naive Random Walk Hypothese so etwas wie ein „benchmark" des Wechselkursverhaltens dar, vgl. Frenkel und Rose (1995), S. 1691.

Fakt 2 (Keine fundamentalen Faktoren)

Dieser Fakt hängt unmittelbar mit Fakt 1 zusammen. Er besagt, dass es mit strukturellen Wechselkursmodellen, die auf fundamentale Faktoren, wie z.B. Kaufkraftparitäten oder Geldmengen, basieren, sehr schwer (oder unmöglich) ist naive Random Walk Modell in den Prognoseleistungen zu schlagen.

Fakt 3 (Volatilitätscluster)

In Gleichung 4.1 wurde angenommen, dass die ϵ_t identisch verteilt sind. Diese schließt aus, dass die Varianz von e_t im Zeitablauf schwankt. Dies steht im Widerspruch zur Empirie. Es zeigen sich in Wechselkursreihen sogenannte Volatilitätscluster, dass heißt es gibt Phasen mit hoher Volatilität der Kurse und Phasen mit niedriger Volatilität. Dieses Verhalten ist sehr gut durch GARCH Modelle beschreibbar.[140]

Fakt 4 (Keine Kaufkraftparität)

Wenn P_t das Preisniveau im Inland (in inländischer Währung) und P_t^* das Preisniveau im Ausland (in ausländischer Währung) ist und E der nominale Wechselkurs (in Preisnotierung), dann besagt die (absolute) Kaufkraftparitätentheorie, dass

$$P_t = E_t P_t^*,$$

oder in logarithmischer Schreibweise mit $p_t = \log(P_t)$ und $p_t^* = \log(P_t^*)$ gilt

$$p_t = e_t + p_t^*.$$

Sie ist unmittelbar aus dem Gesetz der Preisgleichheit ableitbar. Das Gesetz der Preisgleichheit behauptet, dass die Preise gleicher Güter in unterschiedlichen Ländern umgerechnet in eine Währung gleich sind. Als Begründung für das Gesetz der Preisgleichheit werden internationale Güterarbitrage herangezogen.

Definiert man den realen Wechselkurs Q wie folgt

$$Q = \frac{E_t P_t^*}{P_t},$$

dann sieht man, dass die Gültigkeit der absoluten Kaufkraftparität einen realen Wechselkurs von 1 impliziert. Die Schwankungen des realen Wechselkurses wären dann unabhängig von den Schwankungen des nominalen Wechselkurses. Empirisch zeigt sich aber, dass realer und nominaler Wechselkurs praktisch gleich schwanken.[141] Die Kaufkraftparitätentheorie ist, zumindest für die kurze und mittlere Frist (bis zu 10 Jahren), widerlegt.

Ein wichtiger Grund für das Versagen der Kaufkraftparitätentheorie liegt im Vorliegen internationaler Marktsegmentierung.[142] Dies führt unmittelbar zum nächsten Abschnitt.

[140] Im Abschnitt 6.1.1 werden die GARCH Modelle erläutert.

[141] Vgl. Hallwood und MacDonald (1994), S. 126-128.

[142] Vgl. Rogoff (1996), S. 664-665.

4.1.2 Pricing to Market

Unter „pricing to market" versteht man, ein bestimmtes Preissetzungsverhalten international agierender Unternehmen. Gemeint ist ein Unternehmen, welches national unterschiedliche Märkte bedient, und nicht nur als Mengenanpasser agiert, sondern je nach Marktlage unterschiedliche Preise setzt.[143] Dieser Ansatz ist nicht mit vollkommener Konkurrenz vereinbar und berücksichtigt daher explizit Marktunvollkommenheit. Das Standardmodell der pricing to market Literatur geht davon aus, dass das Unternehmen in jedem nationalen Markt einer anderen Nachfragekurve gegenübersteht. Ein gewinnmaximierendes Unternehmen betreibt dann internationale Preisdiskriminierung und setzt die Preise auf den nationalen Märkten nach der entsprechenden Nachfrageelastizität. Dies ist nur möglich, wenn die Märkte segmentiert sind. Die Segmentierung kann natürlich sein oder aber, z.B. durch internationale Produktdifferenzierung, vom Unternehemen bewusst erzeugt worden sein.

4.2 Die Auswirkung der Wechselkursunsicherheit

4.2.1 Das Modell

Im folgenden wird ein Modell entwickelt, um den Einfluss von Wechselkursschwankungen auf das Investitionsverhalten zu untersuchen. Ein inländisches Unternehmen besitzt die Möglichkeit, eine bestimmte Variante eines Produktes (z.B. eine spezielle Computerkomponente) zu produzieren. Das Unternehmen muss, um sein Produkt auch im Ausland anbieten zu können, eine einmalige Investition (Bau einer neuen Fabrik) in der Höhe I tätigen. Das Unternehmen produziert nur im Inland. Das Produkt wird zu konstanten Grenzkosten c hergestellt. Die Nachfrage im Ausland ist isoelastisch mit einer Nachfrageelastizität ϵ. Die Nachfragefunktion lautet[144]

$$y = p^{-\epsilon} D.$$

Die nachgefragte Menge y hängt vom Preis p und vom Niveauparameter D ab. Das Unternehmen setzt den Preis p im Ausland in ausländischer Währung. Die inverse Nachfragefunktion lautet $p = y^{-1/\epsilon} D^{1/\epsilon}$. Das Unternehmen betreibt internationale Preisdiskriminierung[145] und setzt, da die Grenzkosten c konstant sind, den Preis p im Ausland

[143] Eine klassische Untersuchung, die am Beispiel Japans pricing to market Verhalten aufzeigt, ist Marston (1990). Einen Überblick über die umfangreiche Literatur dieses Gebietes bieten Goldberg und Knetter (1997).

[144] Eine isoelastische Nachfragefunktion ist analytisch einfach zu handhaben und wird hier deshalb verwendet.

[145] Diese entspricht dem pricing to market aus dem vorherigen Abschnitt.

so hoch, dass der Gewinn auf diesem Teilmarkt maximiert wird. Der Gewinn Π ergibt sich aus dem Umsatz py in ausländischer Währung, der mit dem Wechselkurs[146] E in inländische Währung umgerechnet wird, abzüglich der Produktionskosten cy. Es gilt somit

$$\Pi = Epy - cy.$$

Verwendet man die inverse Nachfragefunktion, so folgt

$$\Pi = Ey^{1-1/\epsilon}D^{1/\epsilon} - cy. \tag{4.2}$$

Die Bedingung erster Ordnung für ein Gewinnmaximum lautet

$$\Pi' = \frac{\epsilon - 1}{\epsilon} ED^{1/\epsilon}y^{-1/\epsilon} - c = 0,$$

und ergibt umgestellt die gewinnmaximale Produktionsmenge y^*

$$y^* = \left(\frac{\epsilon}{\epsilon - 1}\right)^{-\epsilon} E^{\epsilon}Dc^{-\epsilon}.$$

Die Preiselastizität der Nachfrage ϵ muss größer als eins sein, sonst wäre die optimale Produktionsmenge negativ.

Einsetzen von y^* in die Gleichung 4.2 und Umstellungen ergeben die Gewinnfunktion

$$\Pi = \left((\epsilon - 1)^{\epsilon-1}\epsilon^{-\epsilon}c^{1-\epsilon}\right) E^{\epsilon}D. \tag{4.3}$$

Der Gewinn hängt somit vom Wechselkurs E und dem Niveauparameter D, sowie den Grenzkosten c und der Preiselastizität ϵ ab. Da die Grenzkosten c und die Preiselastizität ϵ als konstant angenommen werden, kann die Gewinnfunktion auch als $\Pi = kZ$, mit $k = (\epsilon - 1)^{\epsilon-1}\epsilon^{-\epsilon}c^{1-\epsilon}$ und $Z = E^{\epsilon}D$, geschrieben werden. Da $\epsilon > 1$ ist, ist der Gewinn eine konvexe Funktion des Wechselkurses.

Wird ab einem Zeitpunkt t produziert, dann fällt ab diesem Zeitpunkt der Gewinn Π unendlich lange an. Es ist daher nötig, den Gegenwartswert V des Gewinnstroms zum Zeitpunkt t zu ermitteln. Dieser Wert ist abhängig vom Wert Z zum Zeitpunkt t, $Z(t) = z$. Er lautet[147]

$$V(z) = E_t \int_t^{\infty} \Pi(Z(s))e^{-\rho(s-t)}ds. \tag{4.4}$$

146 Der Wechselkurs E wird in Preisnotierung verwendet. Er gibt den Preis einer Einheit ausländischer Währung in Einheiten inländischer Währung an. Steigt E, so bedeutet dies eine Abwertung der inländischen Währung.

147 E_t steht für den Erwartungswert zum Zeitpunkt t, das heißt, dass alle zum Zeitpunkt t vorliegenden Informationen bei der Erwartungswertbildung berücksichtigt werden.

Hierbei ist ρ die Diskontrate. Es müssen nun Annahmen über die Entwicklung des Nachfrageniveaus D und des Wechselkurses E getroffen werden. Da die Untersuchung von Wechselkursunsicherheit im Vordergrund der Betrachtungen steht, wird angenommen, dass sich die Nachfrage deterministisch erhöht. Die Veränderung der Nachfrage ist daher

$$dD = \alpha D dt.$$

Die Nachfrage wächst mit der Rate α. Der Wechselkurs entwickelt sich stochastisch ohne Trend[148] mit

$$dE = \sigma E dW.$$

Die Höhe von σ gibt die Stärke der Wechselkursschwankungen an, da sie die Gewichtung der Zuwächse dW des Wienerprozesses W bestimmt. Die Variable Z ist eine Funktion der Variablen E und D mit $Z = Z(E, D) = E^{\epsilon} D$. Unter Verwendung der mehrdimensionalen Ito-Regel[149] folgt

$$dZ = \frac{\partial Z}{\partial E} dE + \frac{\partial Z}{\partial D} dD + \frac{1}{2}\left(\frac{\partial^2 Z}{\partial E^2}(dE)^2 + \frac{\partial^2 Z}{\partial D^2}(dD)^2 + 2\frac{\partial^2 Z}{\partial E \partial D} dE dD\right).$$

Mit Hilfe der Ausdrücke $(dE)^2 = \sigma^2 E^2 dt$, $(dD)^2 = 0$ und $(dE)(dD) = 0$ folgt

$$\begin{aligned} dZ &= \epsilon E^{\epsilon-1} D \sigma E dW + E^{\epsilon} \alpha D dt + \frac{1}{2}\epsilon(\epsilon - 1) E^{\epsilon-2} D \sigma^2 E^2 dt \\ &= (\alpha + \frac{1}{2}\epsilon(\epsilon - 1)\sigma^2) Z dt + \epsilon \sigma Z dW. \end{aligned}$$

Die Variable Z folgt daher einer geometrischen Brownschen Bewegung

$$dZ = \mu_Z Z dt + \sigma_Z Z dW,$$

mit $\mu_Z = \alpha + \frac{1}{2}\epsilon(\epsilon - 1)\sigma^2$ und $\sigma_Z = \epsilon\sigma$. Es lässt sich zeigen, dass für $s > t$

$$E_t(Z(s)) = Z(t) \exp(\alpha + \frac{1}{2}\epsilon(\epsilon - 1)\sigma^2)(s - t))$$

gilt.[150] Unter Anwendung des Satzes von Fubini[151] kann man in Gleichung 4.4 den Erwar-

[148] Der Wechselkurs ist nicht prognostizierbar und wird, konform zu den stilisierten Fakten des Wechselkursverhalten (Abschnitt 4.1.1), als Brownsche Bewegung (kontinuierliches Pendant zum Random Walk) modelliert.

[149] Zur mehrdimensionalen Ito-Regel vgl. Abschnitt A.3.3 im Anhang.

[150] Vgl. Øksendal (1995), S.59-61.

[151] Vgl. Williams (1991), Kapitel 8.

tungswertoperator unter das Integral ziehen und erhält so[152]

$$\begin{aligned} V(Z(t)) = V(z) &= k \int_t^{\infty} E_t(Z(s)) e^{-\rho(s-t)} ds \\ &= kz \int_t^{\infty} e^{(\alpha + \frac{1}{2}\epsilon(\epsilon-1)\sigma^2)(s-t)} e^{-\rho(s-t)} ds \\ &= \frac{zk}{\rho - \alpha - \frac{1}{2}\epsilon(\epsilon-1)\sigma^2}. \end{aligned}$$

Man sieht, dass eine höhere Wechselkursvolatilität, also ein größeres σ zu einem höheren Gegenwartswert der Gewinne führt. Dieses Resultat ist eine Konsequenz der Konvexität von Π bezüglich E, und aus dem Hartmann-Modell bereits bekannt.

Da die Investition (Bau der Fabrik) als irreversibel angenommen wird, investiert das Unternehmen nicht sofort, wenn der Gegenwartswert der Gewinne V gleich den Investitionskosten I ist, sondern bestimmt den optimalen Investitionszeitpunkt mit Hilfe der dynamischen Programmierung als Stoppproblem. Der Wert der Möglichkeit, das Investitionsprojekt zu realisieren, wird mit W bezeichnet. Dieser Wert kann auch dann positiv sein, wenn der Gegenwartswert der zukünftigen Gewinne V kleiner als die Investitionskosten I ist. Die Gewinnentwicklung könnte sich ja in Zukunft verbessern und die Investition noch profitabel machen. Die Investitionsmöglichkeit ist daher eine Realoption. Diese kann analog zu einer Finanzoption einen positiven Wert haben, auch wenn sie „aus dem Geld“ ist.[153]

Der Wert W der Realoption ergibt sich aus dem Maximierungsproblem

$$W(Z(t)) = \max_{\tau} E_t \left((V(Z(\tau)) - I) \, e^{-\rho(\tau - t)} \right).$$

Die HJB Gleichung für dieses Problem lautet[154]

$$\rho W(Z) = \frac{E\{dW(Z)\}}{dt}.$$

Analog zum McDonald-Siegel-Modell[155] hat die Lösung der HJB Gleichung die Form

$$W(Z) = aZ^{\beta},$$

mit

$$\beta = \frac{1}{2} - \frac{\mu_Z}{\sigma_Z^2} + \sqrt{\left[\frac{\mu_Z}{\sigma_Z^2} - \frac{1}{2}\right]^2 + \frac{2\rho}{\sigma_Z^2}}. \tag{4.5}$$

152 Das Integral hat die Struktur $\int_t^{\infty} e^{(a-\rho)(s-t)} ds$ mit $a = \alpha + \frac{1}{2}\epsilon(\epsilon-1)\sigma^2$. Es folgt $\int_t^{\infty} e^{(a-\rho)(s-t)} ds = e^{-(a-\rho)t} \left[\frac{1}{a-\rho} e^{(a-\rho)s}\right]_t^{\infty}$. Damit das Integral konvergiert, muss $\rho > a$ sein, also ist $a - \rho < 0$. Die obere Grenze der Stammfunktion geht dann gegen null und das Integral nimmt den Wert $\frac{1}{\rho - a}$ an.

153 Vgl. die Ausführungen in Abschnitt 3.1.1.

154 Die Hamilton-Jacobi-Bellman Gleichung (HJB) wird im Abschnitt A.4.1 (des Anhangs) erläutert und im Abschnitt A.4.3 (Anhang) im Zusammenhang mit Stoppproblemen entwickelt.

155 Vgl. Abschnitt 3.2.1.

Um den Koeffizienten a und den optimalen Schwellenwert Z^* zu bestimmen, sind die folgenden Randwertbedingungen zu berücksichtigen

1. $W(0) = 0$

2. $W(Z^*) = V(Z^*) - I$

3. $W'(Z^*) = V'(Z^*)$.

Die erste Randwertbedingung resultiert aus der Tatsache, dass Z einer geometrischen Brownschen Bewegung folgt. Nimmt Z den Wert null an, dann bleibt Z immer null. Es gibt also eine Absorptionsbarriere bei null. Inhaltlich ist diese Eigenschaft wichtig, da sie negative Werte von Z, und damit negative Wechselkurse, ausschließt. Die zweite Randwertbedingung ist intuitiv sehr einleuchtend. Sie fordert, dass im Zeitpunkt der Investition der Wert der Realoption W gleich dem Gegenwartswert des Gewinnstroms, abzüglich der Investitionskosten I, ist. Wäre $W > V - I$, dann würde es sich rentieren, mit der Investition noch zu warten, da die Realisation der Investition ja mit der Aufgabe der Realoption, verbunden ist. Im anderen Fall, bei $W < V - I$, hätte man mit der Realisation zu lange gewartet. Die dritte Randwertbedingung ist die sogenannte „smooth fit“ Bedingung und wird im Anhang erläutert.[156]

Mit $W'(Z^*) = \beta a(Z^*)^{\beta-1}$ und $V'(Z^*) = \frac{k}{\rho-\mu_Z}$ folgt aus der Randwertbedingung 3

$$a = \frac{k(Z^*)^{1-\beta}}{\beta(\rho - \mu_Z)}.$$

Dies ergibt zusammen mit Randwertbedingung 2

$$\begin{aligned} I = V(Z^*) - W(Z^*) &= \frac{kZ^*}{(\rho - \mu_Z)} - \frac{k(Z^*)^{1-\beta}}{\beta(\rho - \mu_Z)}(Z^*)^\beta \\ &= \left(1 - \frac{1}{\beta}\right)\frac{k}{\rho - \mu_Z}Z^*. \end{aligned}$$

Umgestellt nach Z^* folgt

$$Z^* = \frac{\beta}{\beta - 1}\frac{(\rho - \mu_Z)}{k}I.$$

Für das Unternehmen ist es optimal, dann zu investieren, wenn der Profitabilitätsindex Z den Schwellenwert Z^* übersteigt. Wäre der Wechselkurs konstant, dann würde Z deterministisch steigen, da eine deterministische Zunahme der Nachfrage im Ausland angenommen wurde. Die Wechselkursschwankungen führen jedoch zu Gewinnunsicherheit

156 Vgl. Abschnitt A.4.3 im Anhang.

und generieren daher einen Optionswert. Die Realoption besteht in der zeitlichen Wahl der Investition. Schreibt man die letzte Gleichung in der Form

$$\frac{kZ^*}{\rho - \mu_Z} = \frac{\beta}{\beta - 1} I,$$

sieht man, dass die linke Seite der Gleichung den Gegenwartswert der Gewinne repräsentiert. Da $\frac{\beta}{\beta-1} > 1$ ist,[157] muss, damit investiert wird, der Gegenwartswert größer als die Investitionskosten I sein.

Um festzustellen wie der Schwellenwert Z^* sich mit steigender Unsicherheit verändert, ist die Analyse des Ausdrucks $\frac{\beta}{\beta-1}(\rho - \mu_Z)$ erforderlich. Wenn σ steigt, dann steigt μ_Z. Dies resultiert aus der konvexen Gewinnfunktion. Ein höheres μ_Z erhöht den Gegenwartswert des Gewinnstroms und führt daher zu einem Investitionsanreiz. Andererseits erhöht die Unsicherheit den Optionswert, dass heißt den Wert der Option die Investition zu verschieben. Verwendet man die Gleichung 4.5 und $\mu_Z = \alpha + \frac{1}{2}\epsilon(\epsilon - 1)\sigma^2$, sowie $\sigma_Z = \epsilon\sigma$ und setzt dies in $\frac{\beta}{\beta-1}(\rho - \mu_Z)$ ein, dann folgt

$$\frac{\left(\rho - \alpha - \frac{(\epsilon-1)\epsilon\sigma^2}{2}\right)\left(\frac{1}{2} - \frac{\alpha + \frac{(\epsilon-1)\epsilon\sigma^2}{2}}{\epsilon^2\sigma^2} + \sqrt{\frac{2\rho}{\epsilon^2\sigma^2} + \left(-\frac{1}{2} + \frac{\alpha + \frac{(\epsilon-1)\epsilon\sigma^2}{2}}{\epsilon^2\sigma^2}\right)^2}\right)}{-\frac{1}{2} - \frac{\alpha + \frac{(-1+\epsilon)\epsilon\sigma^2}{2}}{\epsilon^2\sigma^2} + \sqrt{\frac{2\rho}{\epsilon^2\sigma^2} + \left(-\frac{1}{2} + \frac{\alpha + \frac{(\epsilon-1)\epsilon\sigma^2}{2}}{\epsilon^2\sigma^2}\right)^2}}.$$

Diesem Term sieht man leider nicht auf den ersten Blick an, wie er sich mit σ verändert. Die Abbildung 4.1 zeigt diesen Ausdruck, numerisch bestimmt, in Abhängigkeit von σ. Es wurde $\alpha = 0,02$, $\epsilon = 1,5$ und $\rho = 0.05$ gesetzt.[158] Die Standardabweichung σ variiert von 0 bis 1. Man sieht, dass der Schwellenwert Z^* mit zunehmender Unsicherheit steigt.[159]

Dies bedeutet jedoch nicht, dass auch im Durchschnitt zeitlich später investiert wird. Steigt der Schwellenwert Z^*, dann ist eine höhere Profitabilität erforderlich, um die Investition auszulösen. Dies bedeutet bei einem im Zeitverlauf steigenden Z, ceteris paribus einen späteren Investitionszeitpunkt. Man muss allerdings berücksichtigen, dass mit σ die Schwankungen von Z zunehmen, und daher wäre es denkbar, dass die höhere Schwelle Z^* zeitlich früher übertroffen wird. Dieser Aspekt wird in der Literatur häufig vernachlässigt. Um diese Frage zu analysieren, ist es erforderlich den Erwartungswert der Stoppzeit τ zu bestimmen. Da dies analytisch außerordentlich schwierig, und in den meisten Fällen nur numerisch approximierbar ist, bietet sich eine Monte-Carlo-Simulation des Modells an.

Eine mögliche Erweiterung des Modells soll noch erwähnt werden. Es wird im Modell angenommen, dass das Unternehmen nur einmal investiert, dass heißt einmal eine Fabrik

---

[157] Vgl. Die Ausführungen zum McDonald-Siegel Modell im Abschnitt 3.2.1.

[158] Andere Werte ergeben ähnliche Abbildungen.

[159] Für andere Parameterwerte ergibt sich der gleiche Zusammenhang.

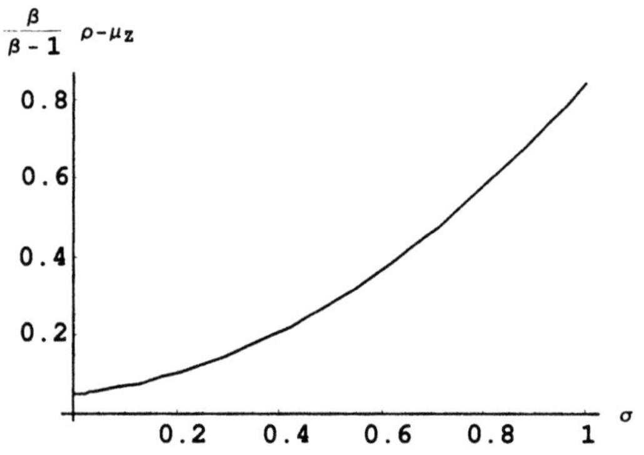

Abbildung 4.1: Der Term $\frac{\beta}{\beta-1}(\rho - \mu_Z)$ in Abhängigkeit von σ

baut und danach beliebig lange und beliebig viel produzieren kann. Eine alternative Modellierung wäre die graduelle Kapazitätserweiterung. Das Unternehmen würde dann bei einer bestehenden Kapazität mit steigenden Grenzkosten produzieren und nach Erreichen eines Schwellenwertes die Kapazität erhöhen. Im Abschnitt 3.3 wurde erwähnt, dass das Problem der graduellen Kapazitätserweiterung als Sequenz von Einzelentscheidungen betrachtet werden kann. Die Kapazitätserweiterungen entsprechen daher (im Prinzip) der Investitionsentscheidung im soeben vorgestellten Modell.

4.2.2 Monte-Carlo-Simulation des Modells

Die Profitabilitätsvariable Z folgt einem Ito-Prozess der Form

$$dZ = \mu_Z Z dt + \sigma_Z Z dW.$$

Die Variable dZ/Z folgt daher einer (gewöhnlichen) Brownschen Bewegung mit

$$\frac{dZ}{Z} = \mu_Z dt + \sigma_Z dW.$$

Um einen Pfad von Z zu simulieren, muss der Prozess diskret formuliert werden. Die diskrete Version lautet

$$\frac{\Delta Z}{Z} = \mu_Z \Delta t + \sigma_Z \Delta W.$$

Der Ausdruck ΔW steht für die Veränderung des Wienerprozesses W im Zeitintervall Δt. Diese Veränderung ist normalverteilt mit Erwartungswert 0 und Varianz Δt ($\Delta W \sim$

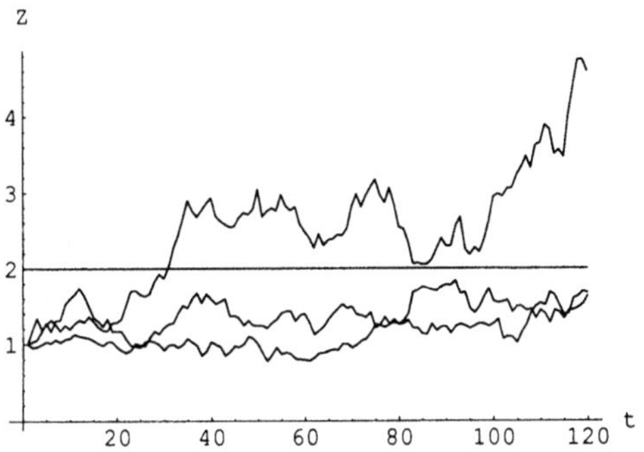

Abbildung 4.2: Drei simulierte Pfade einer geometrischen Brownschen Bewegung

$N(0, \Delta t)$).[160] Generiert man ΔW mit Hilfe einer standard-normalverteilten Zufallsvariablen u ($u \sim N(0,1)$), muss $\Delta W = u\sqrt{\Delta t}$ gesetzt werden. Dies folgt aus $Var(\Delta W) = Var(u\sqrt{\Delta t}) = \Delta t Var(u) = \Delta t$. Die diskrete Version von Z kann daher wie folgt geschrieben werden

$$\frac{\Delta Z}{Z} = \mu_Z \Delta t + u\, \sigma_Z \sqrt{\Delta t}. \tag{4.6}$$

Mit Hilfe dieser Gleichung lassen sich Pfade von Z simulieren, wenn Realisationen der standard-normalverteilten Zufallsvariablen u simuliert werden.
In Computersimulationen werden sogenannte Pseudo-Zufallszahlen Generatoren verwendet.
Diese Generatoren „errechnen" mit speziellen Algorithmen Zahlenreihen, die möglichst viele statistische Eigenschaften haben, die echten Zufallszahlen entsprechen.
In der folgenden Simulation wird der in dem Mathematikprogramm Mathematica 3.0 integrierte Zufallsgenerator verwendet. Dieser Generator generiert unabhängige, auf dem Interval $(0,1)$ gleichverteilte, Zufallsvariablen (abgekürzt $U(0,1)$) und hat sehr gute Eigenschaften.[161] Um aus unabhängigen $U(0,1)$ Zufallsvariablen unabhängige normalverteilte Zufallsvariablen zu generieren, wird die Methode von Box und Muller verwendet. Sie besagt: sind y_1 und y_2 unabhängige $U(0,1)$ Zufallsvariablen, dann ist die Variable z, die aus der Transformation $z = \sqrt{-2\ln(y_1)}\cos(2\pi y_2)$ hervorgeht, standard-normalverteilt.[162]
Mit Hilfe der Formel aus Gleichung 4.6 lassen sich nun Pfade einer geometrischen Brownschen Bewegung simulieren.

160 Vgl. mathematischer Anhang S. 148.
161 Vgl. Belsley (1996), S. 376-380.
162 Vgl. Fishman (1996), S. 190-191.

Die Abbildung 4.2 zeigt drei simulierte Pfade von Z. Der Startwert ist $Z(0) = 1$. Die horizontale Linie bei $Z = 2$ zeigt beispielhaft einen Schwellenwert Z^*. Erreicht Z den Wert Z^*, ist es optimal zu investieren. Wenn die Varianz der Wechselkurse σ^2 steigt, entstehen zwei Effekte. Erstens steigt die Wachstumsrate und die Varianz von Z, da $\mu_Z = \alpha + \frac{1}{2}\epsilon(\epsilon - 1)\sigma^2$ und $\sigma_Z = \epsilon\sigma$ gilt.[163] Die höhere Wachstumsrate von Z führt, ceteris paribus, zu einer früheren Investition, da Z^* im Durchschnitt früher erreicht wird. Dieser Effekt tritt nur bei $\epsilon > 1$, also einer konvexen Gewinnfunktion auf. Dies ist der Effekt der Jensenschen Ungleichung (Abschnitt 2.3.1). Die stärkere Streuung von Z könnte auch zu einer früheren Investition führen, wenn als Konsequenz der Schwellenwert Z^* früher erreicht wird.

Zweitens führt die zunehmende Varianz der Wechselkurse aber auch zu einem Anstieg von Z^*. Dies ist der Optionseffekt. Die Realoption mit der Investitionsentscheidung noch zu warten, gewinnt mit zunehmender Unsicherheit an Wert. Da die Realisierung der Investition einer Ausübung (und damit Vernichtung) der Realoption entspricht, erhöhen sich die Opportunitätskosten der Investition. Die Investition wird verzögert. Welcher der Effekte dominiert, kann nur mit Hilfe einer Simulation ermittelt werden. In der Simulation wurde ein Zeithorizont von 10 Jahren betrachtet. Ein Pfad wurde mit 120 Punkten approximiert. Jeder Punkt entspricht daher einem Monat. Die Investitionskosten wurden mit $I = 10$ angenommen und der Startwert des Profitabilitätsindex wurde auf $Z(0) = 1$ gesetzt. Die restlichen Parameter sind auf die Werte $\alpha = 0,03, \rho = 0,05, \epsilon = 1,5$ und $k = 1$ gesetzt worden. Die Tabelle 4.1 zeigt die Ergebnisse der Monte Carlo Simulation. Es wurde mit einer Standardabweichung $\sigma = 0,23$ begonnen. Der Schwellenwert Z^* beträgt bei dieser Standardabweichung $1,1$. Bei einer niedrigeren Standardabweichung wäre der Wert Z^* kleiner als 1 und es würde bei einem Startwert $Z(0) = 1$ sofort investiert werden. Eine Simulation wäre überflüssig.

Mit $\sigma = 0,23$ wurden 5000 Pfade simuliert.[164] Für jeden Pfad wurde der erste Zeitpunkt, an dem der Wert Z^* überschritten wurde, registriert. Da bei manchen Pfaden innerhalb des betrachteten Zeitraums (10 Jahre) überhaupt nicht investiert wird, kann der Mittelwert der Investitionszeitpunkte nicht ermittelt werden. Deshalb wird der Median der Investitionszeitpunkte ermittelt. Bei einem σ von $0,23$ ergab sich ein Median von $0,5$ Jahren. Diese entspricht einem Investitionszeitpunkt von 6 Monaten. In 50% der Fälle wurde nach 6 Monaten oder früher investiert und in 50% der Fälle wurde nach 6 Monaten oder später investiert. Der Median der Stichprobe (5000 Simulationen) ist natürlich zufällig. Es wurden daher Konfidenzintervalle zum 90% Niveau ermittelt. Die Konfidenz-

[163] Man beachte, dass $\epsilon > 1$ ist.

[164] Die Programmmodule sind im Anhang beschrieben.

σ	0,23	0,26	0,28	0,3	0,35	0,4
Z^*	1,1	1,23	1,32	1,42	1,69	2
Median	0,5	1,25	1,92	2,58	4,66	7,29
Bootstrap KI	(0,5;0,5)	(1,16;1,33)	(1,75;2,0)	(2,5;2,75)	(4,25;5,08)	(6,75;7,92)

Tabelle 4.1: Ergebnisse der Monte-Carlo-Simulation

intervalle wurden mit Hilfe eines „Bootstrap" bestimmt.[165] Es sind sogenannte Bootstrap Perzentil Intervalle. Aus der Stichprobe der 5000 Zeitpunkte werden hierbei, z.B. 200, neue Stichproben gleichen Umfangs durch Ziehen mit Zurücklegen generiert. Von diesen Bootstrap Medianen wird das 5% Perzentil und das 95% Perzentil ermittelt. Sie bilden die Unter- und Obergrenze des Konfidenzintervalls.
Diese Simulation wurde mit höheren σ Werten erneut durchgeführt. Die Tabelle 4.1 zeigt die Ergebnisse. Mit steigendem σ nimmt der Median der Investitionszeitpunkte zu. Die Investition wird zeitlich verzögert.
Andere Parameterkonstellationen führten zum gleichen Ergebnis. Es ist natürlich denkbar, dass bei bestimmten Parameterkonstellationen oder bei anderen Modellvarianten der positive Effekt der Unsicherheit auf die Investitionen überwiegt. Im empirischen Teil dieser Arbeit wird daher die Wirkung der Unsicherheit auf die Investitionen anhand konkreter volkswirtschaftlicher Daten überprüft.

4.3 Zusammenfassung

In diesem Kapitel wurde ein Modell zur Analyse der Auswirkungen von Wechselkursschwankungen auf das Investitionsverhalten entwickelt. Das Modell aus dem Abschnitt 4.2 basiert auf der Realoptionstheorie. Es wird unterstellt, dass ein Unternehmen, um einen ausländischen Markt bedienen zu können, eine irreversible Investition tätigen muss. Da sie das Monopol für die Produktion einer speziellen Produktvariante besitzt, kann sie die Investition zeitlich verschieben.
Simulationen des Modells ergaben, dass mit zunehmender Unsicherheit die Investition zeitlich verzögert wird. Dies ist ein optimales Verhalten, da der Wert der Realoption (eine Investition zu einem späteren Zeitpunkt zu tätigen) mit der Unsicherheit zunimmt. Es wurde somit gezeigt, dass sich auch bei Risikoneutralität Unsicherheit negativ auf die Investitionstätigkeit auswirken kann. Dies wird im Abschnitt 6.1.2 empirisch anhand von Daten für Deutschland überprüft.

[165] Zum Bootstrap Verfahren vgl. Efron und Tibshirani (1993).

Teil II

Empirie

Kapitel 5

Empirische Untersuchungen in der Literatur

In diesem Kapitel wird ein kurzer Überblick über empirische Arbeiten zum Zusammenhang von Unsicherheit und Investitionen gegeben.[166] Die meisten Untersuchungen arbeiten mit Makrodaten (aggregierte Daten). Im Vordergrund dieses Überblicks stehen die folgenden Punkte:

- Für welches Land und mit welcher Datenbasis wurde die Untersuchung durchgeführt?
- Welche Art von Unsicherheit wurde untersucht und wie wurde die Unsicherheit gemessen?
- Welche zusätzlichen (außer der Unsicherheit) Einflussfaktoren wurden in die Investitionsfunktion mit aufgenommen?
- Welche ökonometrische Methode wurde angewandt?

5.1 Untersuchungen mit Makrodaten

Driver und Moreton (1991)

In der Arbeit von Driver und Moreton werden Quartalsdaten des produzierenden Gewerbes für England[167] für den Zeitraum 1978-1987 verwendet. Die Autoren analysieren die Auswirkungen von Nachfrageunsicherheit und Inflationsunsicherheit. Als Unsicherheitsmaß wird die Streuung von 12 unterschiedlichen Prognosen verwendet. Die Investitionen

[166] Der Überblick erhebt keinen Anspruch auf Vollständigkeit.

[167] Die Begriffe „England“ und „Vereinigtes Königreich“ werden hier synonym verwendet.

werden mit Hilfe eines Fehlerkorrekturmodells modelliert, das einen langfristigen Zusammenhang zwischen den Investitionen und dem erforderlichen Kapitalstock unterstellt. Der erforderliche Kapitalstock wird aus dem Auslastungsgrad der Kapazitäten generiert. Driver und Moreton führen eine Kointegrationsanalyse durch und fundieren damit das verwendete Fehlerkorrekturmodell.[168] Als weitere Einflussgrößen verwenden die Autoren die relativen Kapitalkosten und die Kapitalertragsrate. Sie finden einen signifikant negativen Effekt der Unsicherheit auf die Investitionstätigkeit.

Ferderer (1993)

Ferderer verwendet in seiner Untersuchung Quartalsdaten von 1969 bis 1989 der Ausrüstungsinvestitionen für die USA. Im Vordergrund dieser Untersuchung steht die Analyse von Zinsunsicherheit. Ferderer konstruiert hierzu eine Risikoprämie aus Zinsstrukturdaten. Dieses Risikomaß wird, zusammen mit Tobins q, in einer linearen Mehrfachregression zur Erklärung der Investitonstätigkeit verwendet. Ferderer stellt einen signifikant negativen Effekt seines Risikomaßes auf die Investitionen fest.

Episcopos (1995)

Episcopos untersucht den Einfluss verschiedener Arten von Unsicherheit (Aktienkurs-, Nachfrage-, Zins-, und Inflationsunsicherheiten) auf die Anlageinvestitionen der USA. Er verwendet Quartalsdaten für den Zeitraum 1948-1993. Zusätzlich betrachtet er eine allgemeine Unsicherheit der wirtschaftlichen Entwicklung. Hierzu wird ein Index aus verschiedenen vorauseilenden Indikatoren verwendet. Als Maß der Unsicherheit verwendet Episcopos bedingte Varianzen, die aus GARCH Modellen resultieren .[169] Mit Hilfe einer linearen Mehrfachregression wird die Wachstumsrate der Anlageinvestitionen durch die Wachstumsrate des Realzinses, der Wachstumsrate des Bruttoinlandsprodukts und den Unsicherheitsmaßen erklärt. Für jede Unsicherheitsart wurde eine getrennte Analyse durchgeführt. Alle Unsicherheit haben einen negativen Effekt auf die Wachstumsrate der Anlageinvestitionen.

Glezakos und Nugent (1996)

In der Arbeit von Glenzakos und Nugent wird der Einfluss der Unsicherheit der relativen Preise untersucht. Analysiert werden die Anlageinvestitionen der USA im Zeitraum von 1960 bis 1990. Als Maß der Unsicherheit konstruieren die Autoren einen Index, der die Abweichungen der Preise einzelner Güter vom Preisindex misst. Die Autoren schätzen zusätzlich ein Prognosemodell für die Inflationsrate und ermitteln die Abweichung der tatsächlichen von der geschätzten Inflationsrate. Diese Abweichung verwenden sie als Maß für die unerwartete Inflationsentwicklung. Die Investitionen werden in einer linearen

168 Die Methodik der Kointegrationsanalyse und der Fehlerkorrekturmodelle wird im Abschnitt 6.2.1 erläutert.

169 GARCH Modelle werden im Abschnitt 6.1.1 erklärt.

Mehrfachregression durch Tobins q, dem Realzins, einem Reallohnindex, sowie dem cash flow erklärt. Zusätzlich wurde das Unsicherheitsmaß der relativen Preise und die unerwartete Inflationentwicklung in die Regressionsgleichung aufgenommen. Die Regression zeigt einen positiven Effekt einer unerwarteten Inflationssteigerung auf die Investitionstätigkeit. Die Zunahme der Unsicherheit der relativen Preise hat hingegen einen negativen Einfluss auf die Investitionstätigkeit.

Ghosal und Loungani (1996)

Ghosal und Loungani untersuchen die Wirkung von Preisunsicherheit auf das Investitionsverhalten. Sie betrachten die Investitionen von verschiedenen 254 industriellen Branchen des produzierenden Gewerbes der USA von 1972 bis 1989. Die Autoren modellieren einen autoregressiven Ansatz zur Prognose der Entwicklung der Erzeugerpreise. Die Abweichungen der tatsächlichen Preise von den prognostizierten Preisen ergeben die Prognosefehler. Die Autoren verwenden die Varianz der Prognosefehler als Maß für die Preisunsicherheit. Die Investitionen werden durch die Verkäufe der jeweiligen Branche, der Preisunsicherheit und der Kapazitätsauslastung des gesamten produzierenden Gewerbes, erklärt. Mit einer linearen Mehrfachregression wird dieser Zusammenhang analysiert. Es wurde ein signifikant negativer Zusammenhang zwischen dem Maß der Preisunsicherheit und den Investitionen diagnostiziert.

Darby et al. (1999)

Darby und ihre Koautoren analysieren den Einfluss von Wechselkursunsicherheiten auf die Investitionen für die Länder USA, Deutschland, Frankreich, Italien und England. Der Beobachtungszeitraum beginnt 1976 und endet je nach betrachteten Land zwischen 1990 und 1996. Verwendet werden Quartalsdaten. Als Maß für die Wechselkursunsicherheit benutzen die Autoren die Standardabweichung der Wachstumsraten der realen gewogenen Wechselkurse der jeweils letzten 8 Quartale. Die Investitionen werden mit Hilfe eines Fehlerkorrekturmodells modelliert. Das postulierte Fehlerkorrekturmodell wurde nicht mir einer Kointegrationsanalyse fundiert. Für alle betrachteten Länder konnte ein negativer Einfluss der Wechselkursunsicherheit auf das Investitionsverhalten nachgewiesen werden.

5.2 Untersuchungen mit Unternehmensdaten

In diesem Abschnitt werden zwei Arbeiten vorgestellt, die mit Hilfe von Unternehmensdaten den Zusammenhang zwischen Unsicherheit und Investitionen untersuchen. Die Analyse von Unternehmensdaten ist von großer Bedeutung, da nur mit Unternehmensdaten die Möglichkeit besteht bestimmte Aspekte einer Theorie zu testen. Z.B. basiert die Theorie der Realoptionen, die den Wert des wartens im Vordergrund der Betrachtung stellt, auf der Irreversibilität der Investitionen. Nur mit Unternehmensdaten ist es möglich zu überprüfen, ob die Irreversibilität einen Einfluss auf den Zusammenhang zwischen Unsicherheit und Investitionen hat.

Leahy und Whited (1996)

Leahy und Whited verwenden in ihrer Analyse Unternehmensdaten aus den USA. Der Datensatz enthält Angaben zu 772 Unternehmen für die Jahre 1981-1987. Es handelt sich um einen Paneldatensatz. In Paneldatensätzen sind sowohl Querschnitts- als auch Längsschnittsinformationen vorhanden. Die Untersuchung solcher Datensätze erfordert spezielle ökonometrische Methoden, die von den Autoren auch verwendet werden. Als Maß für die allgemeine Unternehmensunsicherheit verwenden die Autoren die Varianzen der Aktienkurse der jeweiligen Unternehmen. Die Untersuchung findet einen negativen Zusammenhang zwischen Aktienkursschwankungen und Investitionen.

Guiso und Parigi (1999)

Die Untersuchung von Guiso und Parigi versucht, die Bedeutung der Irreversibilität für den Zusammenhang von Unsicherheit und Investitionen, zu überprüfen. Sie führen eine Querschnittsanalyse für das Jahr 1993 mit Daten von 549 italienischen Unternehmen durch. Als Maß für die Unsicherheit verwenden sie die Ergebnisse von Befragungen der Unternehmensleitungen über die Nachfrageentwicklung. Die Unternehmen werden in Gruppen mit unterschiedlichen Grad der Irreversibilität eingeteilt. Diese Einteilung erfolgt nach dem Zugang der Unternehmen zum Markt für gebrauchte Kapitalgüter. Es wurde ein negativer Zusammenhang zwischen Unsicherheit und Investitionen festgestellt, der für Unternehmen mit hoher Irreversibilität stärker ausgeprägt ist. Dies kann als Indiz für die Bedeutung der Irreversibilität, und damit der Theorie der Realoptionen, zur Erklärung des Einflusses der Unsicherheit auf das Investitionsverhalten, gedeutet werden.

5.3 Zusammenfassung

Alle betrachteten Untersuchungen haben einen negativen Effekt der jeweils untersuchten Unsicherheit auf die Investitionen gefunden. Die einzelnen Arbeiten werden in der Tabelle 5.1 auf Seite 89 nochmals anhand der eingangs genannten Merkmale zusammengefasst. Diese Tabelle zeigt welche Art von Unsicherheit untersucht wurde und welches Maß für die Unsicherheit verwendet wurde. Außerdem wird die verwendete ökonometrische Methode angegeben.

Verfasser	Land und Untersuchungszeitraum	Art der Unsicherheit	Unsicherheitsmaß	Ökonometrische Methode
Driver/Moreton (1991)	England 1978-1987	Nachfrage- und Inflationsunsicherheit	Prognoseunterschiede	Kointegrationsanalyse, Fehlerkorrekturmodell
Ferderer (1993)	USA 1969-1989	Zinsunsicherheit	Risikoprämie in Zinsstruktur	Regressionsanalyse
Episcopos (1995)	USA 1948-1993	Aktienkurs-, Nachfrage-, Inflation-, und Zinsunsicherheit	GARCH Modelle	Regressionsanalyse
Glezakos/Nugent (1996)	USA 1960-1990	Unsicherheit der relativen Preise	Abweichung der einzelnen Preise vom Preisindex	Regressionsanalyse
Ghosal/Loungani (1996)	USA 1972-1989	Preisunsicherheit	Prognosefehler	Regressionsanalyse
Darby usw. (1999)	verschiedene Länder	Wechselkursunsicherheit	Varianz	Fehlerkorrekturmodell
Leahy/Whited (1996)	USA 1981-1987	Allgemeine Unsicherheit	Aktienkursschwankungen	Panel Modell
Guiso/Parigi (1999)	Italien 1993	Nachfrageunsicherheit	Subjektive Einschätzung	Regressionsanalyse

Tabelle 5.1: Übersicht unterschiedlicher Studien zur Wirkung von Unsicherheit auf das Investitionsverhalten

Kapitel 6

Eine empirische Untersuchung für die BRD

6.1 Die Modellierung von Volatilitäten mit GARCH Modellen

6.1.1 GARCH Modelle

Wenn eine ökonomische Zeitreihe stark schwankt, dann ist zu erwarten, dass eine große Unsicherheit über die zukünftige Entwicklung der Zeitreihe vorliegt. Für die Unsicherheit über die zukünftige Entwicklung der Zeitreihe ist aber nicht die Volatilität der Zeitreihe an sich, sondern die Volatilität des Prognosefehlers relevant. Man betrachtet z.B. einen AR(1) Prozess der Form[170]

$$y_t = c + \phi_1 y_{t-1} + \epsilon_t. \tag{6.1}$$

Hierbei folgt ϵ_t einem „white noise" Prozess mit

$$E(\epsilon_t) = 0$$

$$E(\epsilon_t \epsilon_s) = \begin{cases} \sigma^2 & \text{für } t = s \\ 0 & \text{sonst .} \end{cases}$$

Dieser AR(1) Prozess ist stationär, wenn $-1 < \phi_1 < 1$ gilt. Je nach Größe und Vorzeichen von ϕ_1 schwankt die Zeitreihe y_t unterschiedlich stark. Die Prognoseunsicherheit ist unabhängig von ϕ_1 und nur durch die Varianz σ^2 des Störterms ϵ_t gegeben. Um dies

170 Die folgenden Ausführungen lassen sich problemlos auf einen AR(m) Prozess der Form $y_t = c + \phi_1 y_{t-1} + \phi_2 y_{t-2} + \cdots + \phi_m y_{t-m}$ übertragen. Zur Vereinfachung der Argumentation wird nur der AR(1) Fall betrachtet.

zu zeigen, muss der Erwartungswert von y_{t+1} berechnet werden. Es muss zwischen dem unbedingten und dem bedingten Erwartungswert unterschieden werden. Der bedingte Erwartungswert zum Zeitpunkt t berücksichtigt alle Informationen der Zeitreihe, die bis zum Zeitpunkt t beobachtet wurden. Es gilt[171]

$$E(y_{t+1}|\underline{y_t}) = c + \phi_1 y_t.$$

Man würde also den Wert $c + \phi_1 y_t$ als Prognose für y_{t+1} wählen.[172] Die Varianz des Prognosefehlers ist ein Maß für die Prognoseunsicherheit. Sie ist

$$E\left((y_{t+1} - c - \phi_1 y_t)^2|\underline{y_t}\right) = E(\epsilon_{t+1}^2) = \sigma^2,$$

und entspricht der bedingten Varianz von y_{t+1}

$$Var(y_{t+1}|\underline{y_t}) = E\left((y_{t+1} - c - \phi_1 y_t)^2|\underline{y_t}\right) = E(\epsilon_{t+1}^2).$$

Wenn $|\phi_1| < 1$ gilt, ist der Prozess y_t stationär und der unbedingte Erwartungswert ist zeitinvariant ($E(y_t) = E(y_{t-1}) = \cdots = \mu$). Aus $E(y_t) = c + \phi_1 E(y_{t-1}) + E(\epsilon_t)$ folgt dann $\mu = \frac{c}{1-\phi_1}$. Die unbedingte Prognose von y_{t+1} ist daher μ. Betrachtet man die Varianz der unbedingten Prognose[173]

$$Var(y_{t+1}) = E\left(\left(y_{t+1} - \frac{c}{1-\phi_1}\right)^2\right) = E\left((\epsilon_{t+1} + \phi_1\epsilon_t + {\phi_1}^2\epsilon_{t-1} + \ldots)^2\right) = \frac{\sigma^2}{1-{\phi_1}^2}$$

so sieht man, dass $\frac{\sigma^2}{1-{\phi_1}^2} > \sigma^2$ gilt. Die Varianz der unbedingten Prognose ist höher, als die Varianz der bedingten Prognose. Dies ist intuitiv sofort einsichtig, da bei der bedingten Prognose (bedingter Erwartungswert) alle Informationen der Realisation des Prozesses $\{y_t\}$, die zum Zeitpunkt t vorhanden sind, berücksichtigt werden.

Bis zur Arbeit von Engle (1982) wurde implizit angenommen, dass die Varianz der bedingten Prognose im Zeitablauf gleich ist. Dies bedeutet, dass die Prognose der zukünftigen Entwicklung der Zeitreihe immer gleich unsicher ist. Es ist aber denkbar, dass es Phasen mit hoher Prognoseunsicherheit und Phasen mit niedriger Prognoseunsicherheit gibt. Die bedingte Varianz des Prognosefehlers

$$Var(\epsilon_t|\underline{\epsilon_{t-1}}) = h_t,$$

[171] Aus Gleichung 6.1 folgt $y_{t+1} = c + \phi_1 y_t + \epsilon_{t+1}$. $\underline{y_t}$ steht für $(y_t, y_{t-1}, y_{t-2} \ldots)$, also alle Informationen, die zum Zeitpunkt t angefallen (realisiert) sind. Da y_t zum Zeitpunkt t bekannt ist und $E(\epsilon_{t+1}) = 0$ ist, folgt aus $E(y_{t+1}|\underline{y_t}) = E(c + \phi_1 y_t + \epsilon_{t+1}|\underline{y_t})$ die Aussage $E(y_{t+1}|\underline{y_t}) = c + \phi_1 y_t$.

[172] Der bedingte Erwartungswert liefert eine Prognose mit dem geringsten mittleren quadratischen Prognosefehler und zeichnet sich daher von anderen Prognoseverfahren aus. Vgl. Hamilton (1994), S.72-73.

[173] Durch rekursives Einsetzen und Grenzwertbildung lässt sich zeigen, dass $y_{t+1} = \frac{c}{1-\phi_1} + \epsilon_{t+1} + \phi_1\epsilon_t + {\phi_1}^2\epsilon_{t-1} + \ldots$ gilt.

wäre dann zeitabhängig. Diese bedeutet aber nichts anderes, als dass der Störterm in der Prognosegleichung heteroskedastisch ist. Eine Möglichkeit die bedingte Varianz zu modellieren, besteht darin, sie von den Prognosefehlern der Vergangenheit abhängig zu machen. Diese Methode wurde 1982 von Engle entwickelt und ist als ARCH Modell (Autoregressive Conditional Heteroskedasticity) bekannt.[174] Engle modelliert ϵ_t wie folgt ($h_t = \alpha_0 + \alpha_1 \epsilon_{t-1}^2$)

$$\epsilon_t = v_t \sqrt{\alpha_0 + \alpha_1 \epsilon_{t-1}^2} = v_t \sqrt{h_t}.$$

Hierbei gilt $E(v_t) = 0$, $E(v_t^2) = 1$ und $E(v_s v_t) = 0$ wenn $t \neq s$. Die bedingte Varianz von ϵ_t ist dann

$$Var(\epsilon_t | \underline{\epsilon_{t-1}}) = E(\epsilon_t^2 | \underline{\epsilon_{t-1}}) = E(v_t^2)(\alpha_0 + \alpha_1 \epsilon_{t-1}^2) = \alpha_0 + \alpha_1 \epsilon_{t-1}^2 = h_t.$$

Betrachtet man nun das AR(1)-Modell aus Gleichung 6.1 und unterstellt das obige ARCH Modell für die Störterme ϵ_t, dann ist der bedingte Erwartungswert für y_{t+1} weiterhin $E(y_{t+1} | \underline{y_t}) = c + \phi_1 y_t$. Die bedingte Varianz lautet dann

$$Var(y_{t+1} | \underline{y_t}) = E\left((y_{t+1} - c - \phi_1 y_t)^2\right) = E(\epsilon_{t+1}^2 | \underline{y_t}) = \alpha_0 + \alpha_1 \epsilon_t^2.$$

Die Parameter α_0, α_1 müssen positiv sein, um eine negative Varianz auszuschließen. Ist der Prognosefehler der Periode t (ϵ_t) groß, dann steigt die Varianz von ϵ_{t+1}, und damit die Wahrscheinlichkeit dass ein großer Prognosefehler in der Periode $t+1$ eintritt. Das eben vorgestellte Modell ist ein AR(1)-ARCH(1) Modell. Eine naheliegende Verallgemeinerung ist das ARCH(p) Modell. Die bedingte Varianz hängt hier noch von $\epsilon_{t-2}^2, \epsilon_{t-3}^2, \ldots, \epsilon_{t-p}^2$ ab. Es gilt weiterhin $\epsilon_t = v_t \sqrt{h_t}$, aber mit

$$h_t = \alpha_0 + \sum_{i=1}^{p} \alpha_i \epsilon_{t-i}^2.$$

Eine weitere, in der ökonometrischen Praxis sehr erfolgreiche, Erweiterung wurde von Bollerslev entwickelt.[175] Die bedingte Varianz hängt in diesem Ansatz nicht nur von den Prognosefehlern der Vergangenheit, sondern auch von den eigenen Vergangenheitswerten ab. Die Gleichung für die bedingte Varianz h_t enthält daher autoregressive Terme und lautet

$$h_t = \alpha_0 + \sum_{i=1}^{p} \alpha_i \epsilon_{t-i}^2 + \sum_{i=1}^{q} \beta_i h_{t-i}.$$

[174] Vgl. Engle (1982). Eine einfache und anschauliche Darstellung des ARCH Modells und seiner Erweiterungen gibt das Kapitel 3 in Enders (1995). Ausführlicher ist die Darstellung in Hamilton (1994), Kapitel 21 oder das Buch von Gouriroux (1997). Einen kurzen Überblick liefern Diebold und Lopez (1995).

[175] Vgl. Bollerslev (1986).

Man spricht von einem GARCH Modell (Generalized Autoregressive Conditional Heteroskedasticity). In der Praxis erwies sich insbesondere das GARCH(1,1) Modell (p=1 und q=1) als gute Parametrisierung.
Im folgenden wird kurz auf die Schätzung von ARCH/GARCH Modellen eingegangen. Es wird das AR(1)-ARCH(1) Modell betrachtet. ARCH/GARCH Modelle werden üblicherweise mit der Maximum-Likelihood-Methode geschätzt. Die ML-Methode erfordert eine Verteilungsannahme. Unter der Annahme, dass die Störterme v_t unabhängig identisch N(0,1) verteilt sind,[176] lautet die bedingte Verteilung von y_t

$$f(y_t|\underline{y_{t-1}}) = \frac{1}{\sqrt{2\pi h_t}} \exp\left(\frac{-(y_t - c - \phi_1 y_{t-1})^2}{2h_t}\right),$$

mit

$$h_t = \alpha_0 + \alpha_1(y_{t-1} - c - \phi_1 y_{t-2})^2.$$

Die Likelihoodfunktion lautet dann

$$L(c, \phi_1, \alpha_0, \alpha_1|\underline{y_0}) = \prod_{t=1}^{T} f(y_t|\underline{y_{t-1}}).$$

Die Loglikelihoodfunktion ist

$$\begin{aligned}\mathcal{L}(c, \phi_1, \alpha_0, \alpha_1|\underline{y_0}) &= \log L = \sum_{t=1}^{T} \log f(y_t|\underline{y_{t-1}}) \\ &= -\frac{T}{2}\log(2\pi) - \frac{1}{2}\sum_{t=1}^{T}\log h_t - \frac{1}{2}\sum_{t=1}^{T}(y_t - c - \phi_1 y_{t-1})^2/h_t.\end{aligned}$$

Diese Funktion wird mit Hilfe numerischer Optimierungsverfahren in Abhängigkeit der Parameter $c, \phi_1, \alpha_0, \alpha_1$ maximiert. Die Parameter, bei welchen die Funktion $\mathcal{L}$ das Maximum annimmt sind die Schätzwerte $\hat{c}, \hat{\phi_1}, \hat{\alpha_0}, \hat{\alpha_1}$.
Ist die Annahme der Normalverteilung nicht erfüllt, dann kann unter bestimmten Annahmen das eben beschriebene Verfahren dennoch angewendet werden. Man nennt diese Vorgehensweise dann Pseudo-Maximum-Likelihood Methode. Die Schätzer dieses Verfahrens sind konsistent und asymptotisch normalverteilt.[177]
Im Abschnitt 4.2 des theoretischen Teils dieser Arbeit wurde die Gewinnunsicherheit eines Unternehmens durch einen Profitabilitätsindex Z modelliert. Dieser Profitabilitätsindex Z wurde als Ito-Prozess der Form

$$dZ = \mu(Z)dt + \sigma(Z)dW,$$

[176] N(0,1) bedeutet normalverteilt mit Erwartungswert $\mu = 0$ und Standardabweichung $\sigma = 1$.

[177] Zur schwierigen Frage der Asymptotik von Pseudo-Maximum-Likelihood Verfahren vgl. Gouriroux und Monfort (1995), Kapitel 8. Die Anwendung dieser Methode auf GARCH Modelle wird in Gouriroux (1997), Kapitel 4 dargestellt.

Dependent Variable: LOG_KURS_US				
Method: ML - ARCH				
Sample(adjusted): 1968:03 1994:12				
Included observations: 322 after adjusting endpoints				
Convergence achieved after 5 iterations				
Variable	Coefficient	Std. Error	t-Statistic	Prob.
LOG_KURS_US(-1)	1.285942	0.060664	21.19776	0.0000
LOG_KURS_US(-2)	-0.289462	0.060480	-4.786091	0.0000
	Variance Equation			
C	2.61E-05	1.01E-05	2.594110	0.0095
ARCH(1)	0.092464	0.027921	3.311637	0.0009
GARCH(1)	0.869684	0.035400	24.56754	0.0000
$R^2 = 0.992102$				

Tabelle 6.1: AR(2)-GARCH(1,1) Modell für den Wechselkurs USA-Deutschland

spezifiziert. Analog zu den Ausführungen zum AR(m)-GARCH(p,q) Modell gibt es einen prognostizierbaren Teil der Entwicklung von Z, nämlich $\mu(Z)dt$ und einen nichtprognostizierbaren Teil $\sigma(Z)dW$. Die Höhe von $\sigma(Z)$ bestimmt daher die Höhe des (erwarteten) Prognosefehlers. Es lässt sich nun zeigen, dass GARCH Modelle bei zunehmend kleiner werdenden Zeitintervallen gegen Ito-Prozesse konvergieren.[178] Die GARCH Modelle in diskreter Zeit stellen daher eine Approximation der Ito-Prozesse in stetiger Zeit dar. Es ist daher sinnvoll, für die empirische Untersuchung des Einflusses der Wechselkursunsicherheit auf das Investitionsverhalten, GARCH Modelle als Unsicherheitsindikatoren zu verwenden.

6.1.2 Wechselkursunsicherheit

Im folgenden werden die Ergebnisse einer GARCH-Modellierung der Wechselkursunsicherheiten, für die bilateralen Wechselkurse (Devisenkurse) der Länder USA, Kanada, Japan, England (Vereinigtes Königreich), Frankreich und Italien, dargestellt. Die Kurse beziehen sich jeweils auf Deutschland und sind in DM notiert.[179] Die Tabelle 6.1 zeigt die Schätzergebnisse eines AR(2)-GARCH(1,1) Modells für den US Wechselkurs.[180] Es sind zwei Lags im Schätzansatz berücksichtigt worden, da Lags ab der Ordnung 3 sich als

---

178 Vgl. Gouriroux (1997), Abschnitt 5.2.

179 Die Zeitreihen auf Monatsbasis (Devisenkurse an der Frankfurter Börse, Kassa-Mittelkurse) stammen aus dem Segment 952 des elektronischen Zeitreihendienstes des Statistischen Bundesamts (Statis-Bund).

180 Die Wechselkurse wurden logarithmiert. Diese, in der Literatur übliche übliche, Vorgehensweise verhindert Probleme die sich aus dem Paradoxon von Siegel ergeben. Vgl. de Vries (1994), S. 350. Die Differenzen logarithmierter Werte entsprechen ungefähr Zuwachsraten.

insignifikant herausgestellt haben. Die Summe der Koeffizienten von LOG_KURS_US(-1) und LOG_KURS_US(-2) ergibt Eins. Der logarithmierte Wechselkurs ist daher ein Unit-Root Prozess. Er enthält also eine Random Walk Komponente. Dies entspricht den im Abschnitt 4.1.1 dargestellten stilisierten Fakten. In der Tabelle 6.1 sind auch die Koeffizienten der Varianzgleichung $h_t = \alpha_0 + \alpha_1 \epsilon_{t-1}^2 + \beta_1 h_{t-1}$ wiedergegeben. Die Parameter C, ARCH(1) und GARCH(1) entsprechen den Parametern α_0, α_1 und β_1. Die anderen Wechselkurse wurden ebenfalls als AR(2)-GARCH(1,1) Modelle geschätzt. Die Ergebnisse sind sehr ähnlich, sodass im folgenden nur die bedingten Varianzen wiedergegeben werden.

Die Abbildung 6.1 zeigt die aktuellen und die durch das Modell erklärten Werte, sowie die Residuen der Regression. Die Abbildung 6.2 zeigt die bedingte Varianz h_t. Sie ist ein Maß für die Wechselkursunsicherheit, bzw. die Wechselkursvolatilität. Es fällt auf, dass die Wechselkursvolatilität nach 1972 stark zunimmt. Dies resultiert aus dem Zusammenbruch des Systems von Bretton Woods. Die Abbildungen 6.3 und 6.4 zeigen die bedingten Varianzen der Wechselkurse für Japan und Kanada.[181] Es ist auch hier der Bretton Woods Effekt zu sehen. Auffallend ist, dass für alle drei Länder nach 1972 keine eindeutige Tendenz zur Verminderung der Wechselkursvolatilitäten zu sehen ist.

Die Abbildungen 6.5, 6.6 und 6.7 zeigen die bedingten Varianzen der GARCH Modell für die Länder England, Frankreich und Italien. Der Bretton Woods Effekt ist auch bei diesen Ländern zu sehen. Im Unterschied zu USA, Kanada und Japan zeigt sich aber eine Tendenz zur Verminderung der Wechselkursvolatilitäten. Dieser Rückgang ist besonders für Frankreich und Italien zu sehen und eine Konsequenz des Europäischen Währungssystems (EWS). Die EWS Krise 1992 hat sich am stärksten in den Wechselkursschwankungen Italien (Abb. 6.7) und England (Abb. 6.5) ausgewirkt.

6.2 Der Einfluss der Wechselkursunsicherheit

6.2.1 Spezifikation und Schätzung der Investitionsfunktion

Um den Einfluss der im vorherigen Abschnitt ermittelten Volatilitätsmaße auf das Investitionsverhalten zu überprüfen, muss zunächst eine Investitionsfunktion modelliert und geschätzt werden. Würde man die Investitionen allein durch ein Volatilitätsmaß erklären, wäre unklar, ob das Ergebnis nicht auf einer Fehlspezifikation beruht. Um solche Fehler zu vermeiden, wird im folgenden eine Investitionsfunktion modelliert, in der die wichtigsten

[181] Die Wechselkursschwankungen beziehen sich immer auf die Deutsche Mark. GARCH_US ist ein Maß für die Wechselkursschwankungen des Dollars in Bezug auf die Deutsche Mark. GARCH_JA ist ein Maß für die Wechselkursschwankungen des japanischen Yen in Bezug auf die Deutsche Mark, usw.

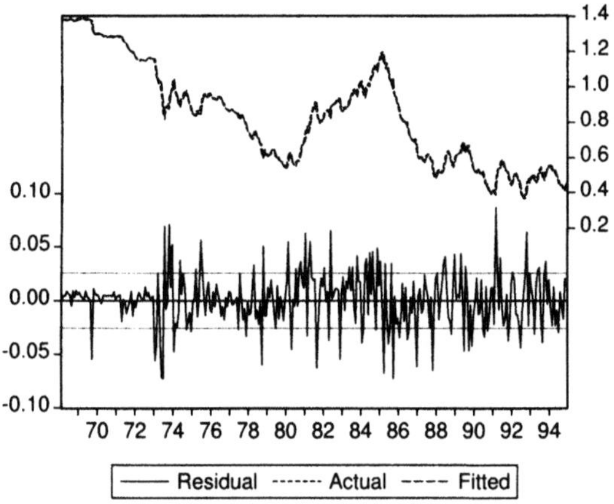

Abbildung 6.1: Residuen des AR(2)-GARCH(1,1) Modells

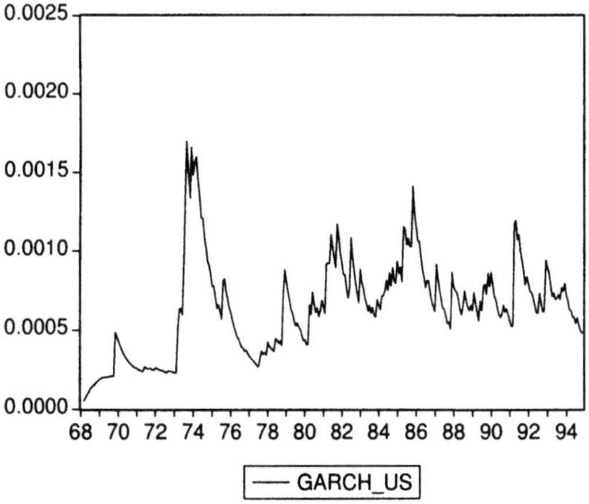

Abbildung 6.2: Wechselkursvolatilität (USA)

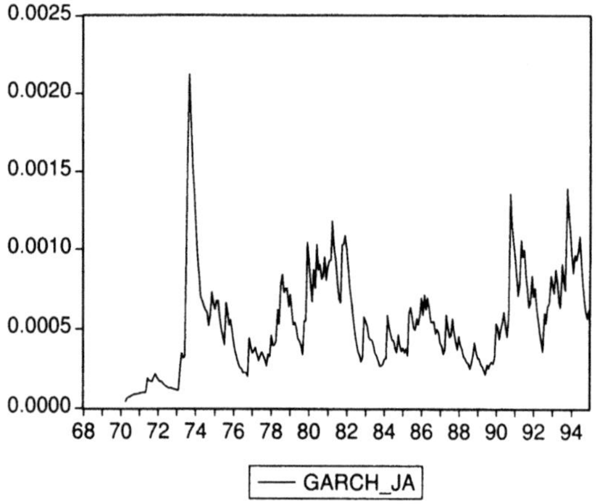

Abbildung 6.3: Wechselkursvolatilität (Japan)

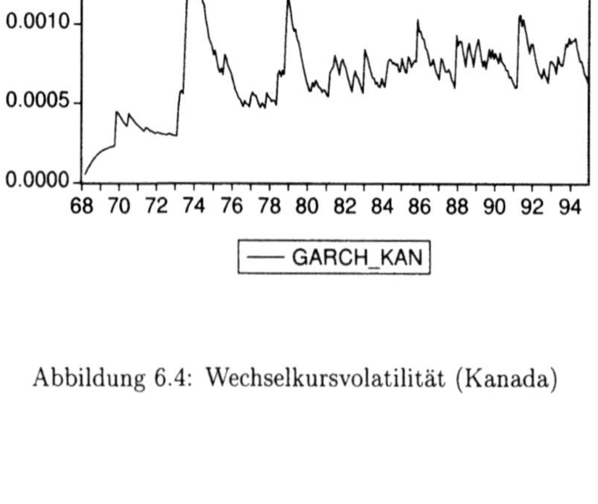

Abbildung 6.4: Wechselkursvolatilität (Kanada)

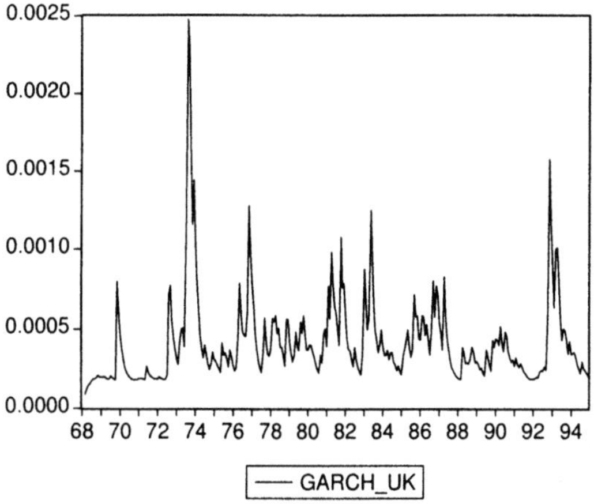

Abbildung 6.5: Wechselkursvolatilität (England)

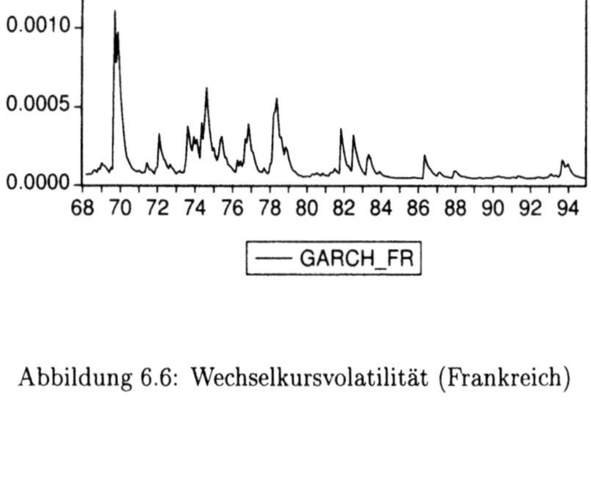

Abbildung 6.6: Wechselkursvolatilität (Frankreich)

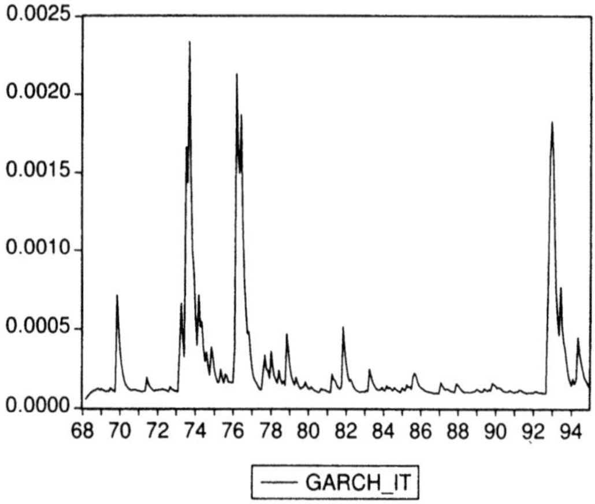

Abbildung 6.7: Wechselkursvolatilität (Italien)

theoretischen Einflussfaktoren berücksichtigt werden und die statistischen Stabilitätstests genügt.

Die verwendeten Zeitreihen

Die im theoretischen Teil dieser Arbeit vorgestellten Investitionstheorien, die Akzelerator Theorie und die q-Theorie, legen eine Outputvariable (Produktion) und eine q-Variable als erklärende Einflussgrößen zur Aufnahme in die Investitionsgleichung nahe.
Für die Investitionen und die Produktion werden Quartalsdaten der Volkswirtschaftlichen Gesamtrechnung verwendet.[182] Die Daten beziehen sich auf das Gebiet der früheren Bundesrepublik Deutschland von 1968 bis 1994. Die Abbildung 6.8 zeigt den Verlauf der logarithmierten Bruttoanlageinvestitionen (I_ANL). Die Daten werden, wie in zeitreihenökonometrischen Untersuchungen üblich, in logarithmierter Form untersucht. Wie weiter unten gezeigt wird, sind die ersten Differenzen der logarithmierten Größen stationär. Die logarithmierten Größen sind daher I(1) Variablen. Da die Differenzen von logarithmierten Größen approximativ Wachstumsraten entsprechen, impliziert dies stationäre Wachstumsraten. Die Wachstumsraten verändern sich daher stochastisch um einen festen Wert (durchschnittliche Wachstumsrate).[183] Als Produktions- oder Outputvaria-

[182] Die Zeitreihen sind dem Segment 991 (Werte in laufenden Preisen) und dem Segment 2281 (Werte in Preisen von 1991) des elektronischen Zeitreihendienstes des Statistischen Bundesamtes entnommen. Die Internetadresse ist: http://www.statistik-bund.de.

[183] Zur genaueren Diskussion der Logarithmierung makroökonomischer Zeitreihen vgl. Banerjee et al.

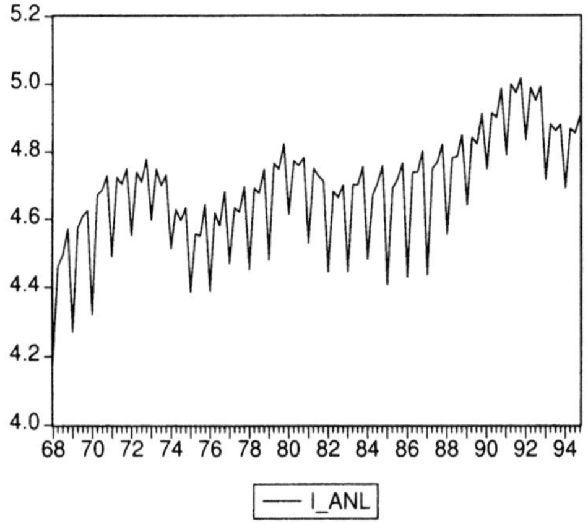

Abbildung 6.8: Anlageinvestitionen

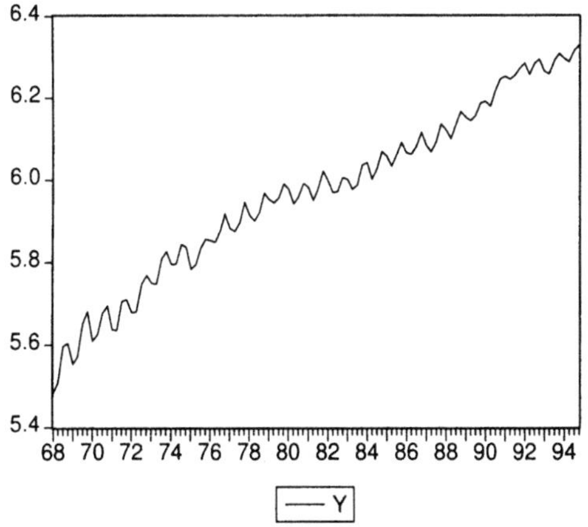

Abbildung 6.9: Produktion

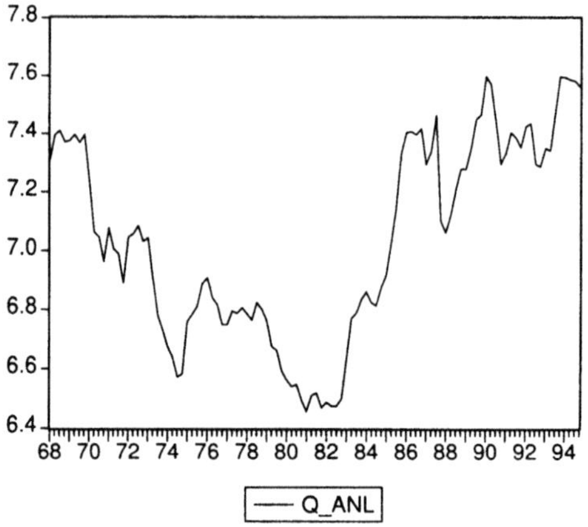

Abbildung 6.10: Tobins q der Anlageinvestitionen

ble wurde das Bruttoinlandsprodukt (BIP) abzüglich der Investitionen verwendet. Da die Investitionen Bestandteil des BIP sind, wurden die Investitionen abgezogen.

Die Abbildung 6.9 zeigt den Verlauf der logarithmierten Produktionsvariable, sie wird mit Y bezeichnet. Als Proxy für Tobins q wird häufig ein realer Aktienkursindex verwendet.[184] Er ist das Verhältnis eines Aktienkursindex zum Preisindex der Investitionsgüter. Als Aktienkursindex wird hier ein rückverketteter DAX-Index verwendet.[185] Als Preisindex der Investitionsgüter wird der implizite Deflator (Verhältnis aus nomineller und realer Größe) der Investitionen verwendet. Die so errechnete q Variable ist in Abbildung 6.10 zu sehen.

Betrachtet man die Zeitreihen der Anlageinvestitionen (Abbildung 6.8) und der Produktion (Abbildung 6.9), dann sieht man, dass die Zeitreihen trendbehaftet sind.

Unit-Root Tests

Es ist seit langem bekannt, dass eine Regressionsanalyse mit trendbehafteten Zeitreihen zu einer Scheinkorrelation führen kann. Man spricht auch von einer „spurious regression".[186] Die üblichen statistischen Tests einer Regressionsanalyse erfordern, dass die untersuchten

(1993), S. 192-199.

184 Vgl. Döpke (1994), S. 341 und Funke (1992), S.93-95.

185 Der Index ist der CD-ROM „Fünfzig Jahre Deutsche Mark" der Deutschen Bundesbank (veröffentlicht im Verlag Vahlen, München 1998) entnommen. Die Zeitreihe hat auf der CD-ROM die Nummer WU 3141.

186 Vgl. Enders (1995), S.216-221.

Zeitreihen stationär sind. Eine Zeitreihe ist (schwach) stationär, wenn das erste und das zweite Moment zeitinvariant ist. Dies ist bei trendbehafteten Zeitreihen nicht der Fall, da der Erwartungswert (erstes Moment) sich im Zeitverlauf verändert.[187]
Um eine nichtstationäre Zeitreihe in eine stationäre Zeitreihe zu transformieren, gibt es im wesentlichen zwei unterschiedliche Methoden. Die erste ist die Trendbereinigung und die zweite Methode ist die Differenzierung der Zeitreihe. Die erste Methode ist adäquat, wenn die Zeitreihe y_t approximativ in der Form

$$y_t = f(t) + \epsilon_t,$$

darstellbar ist. Hierbei ist ϵ_t eine Folge unkorrelierter identisch verteilter Störterme und $f(t)$ eine (deterministische) Funktion der Zeit. Die zweite Methode ist adäquat, wenn die Zeitreihe ein Unit-Root Prozess ist. Die einfachste Form eines Unit-Root Prozesses ist

$$y_t = \mu + y_{t-1} + \epsilon.$$

Kann ein Unit-Root Prozess durch Bildung der ersten Differenzen stationarisiert werden, spricht man von einem $I(1)$ Prozess. Ein stationärer Prozess wird mit $I(0)$ bezeichnet. Um $I(1)$ Reihen von $I(0)$ Reihen zu unterscheiden ist ein Unit-Root Test durchzuführen. Die hier vorliegenden Zeitreihen zeigen aber, abgesehen von der q-Variablen, neben einem Trend eine weitere Besonderheit. Aus den Abbildungen 6.9 (Produktion) und 6.8 (Anlageinvestitionen) erkennt man eine stark ausgeprägte Saisonalität. Insbesondere die Anlageinvestitionen schwanken im Jahresverlauf recht stark. Betrachtet man die Anlageinvestitionen getrennt nach Ausrüstungsinvestitionen (Abbildung 6.11) und nach Bauinvestitionen (Abbildung 6.12), so zeigen sich stärkere Schwankungen bei den Bauinvestitionen. Es sind deutliche Einbrüche der Bauinvestitionen in den Winterquartalen zu beobachten.

Will man die saisonalen Schwankungen nicht mit einem Saisonbereinigungsverfahren herausfiltern, dann muss man die saisonalen Schwankungen im Schätzansatz berücksichtigen.[188] Im Anhang B (Abschnitt B.1) wird mit Hilfe eines geeigneten Tests gezeigt, dass es bei den vorliegenden Zeitreihen angemessen ist, eine konstante Saisonfigur zu unterstellen. Die Saisonalität wird daher mit Hilfe saisonaler Dummy-Variablen modelliert. Um festzustellen, ob die Zeitreihen I(1) Variablen sind, wird ein so genannter Augmented-Dickey-Fuller Test (ADF) durchgeführt. Zuerst werden für die jeweiligen Zeitreihen Gleichungen der Form

$$y_t = \delta_1 D_{1t} + \delta_2 D_{2t} + \delta_3 D_{3t} + \delta_4 D_{4t} + \hat{y}_t$$

[187] Einen kurzen Überblick über die korrekte Analyse nichtstationärer Zeitreihen bietet Banerjee (1995). Ausführlich wird das Thema in Hamilton (1994) und in Enders (1995) behandelt.

[188] Einen kurze Einführung in die Modellierung von Saisonalitäten bietet Franses (1996b). Ausführlich wird die Problematik in Franses (1996a) behandelt.

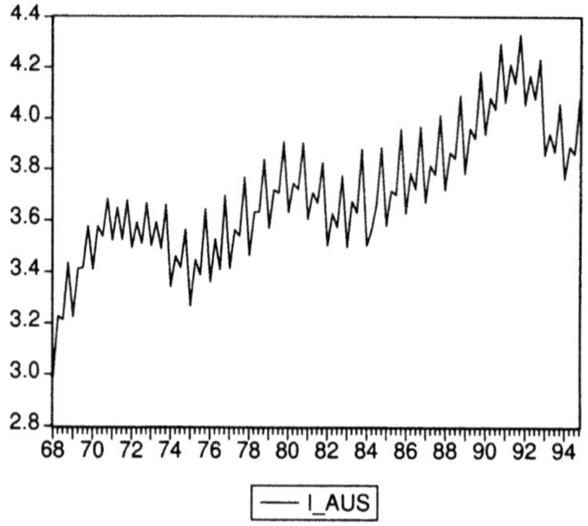

Abbildung 6.11: Ausrüstungsinvestitionen

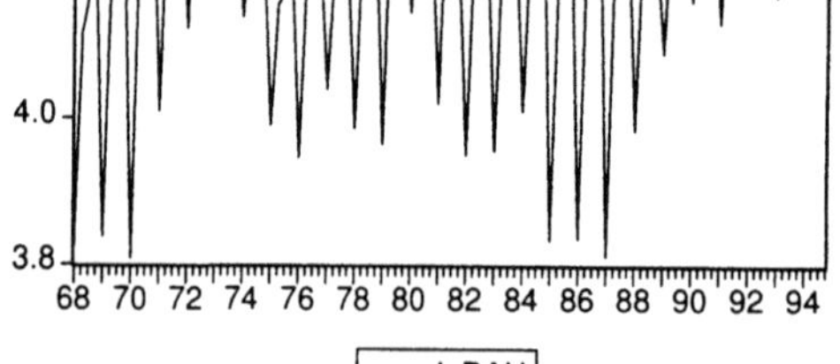

Abbildung 6.12: Bauinvestitionen

	Originalreihen	Erste Differenzen
Y	-2,63	-3,85**
I_ANL	-3,04	-3,21**
I_AUS	-3,62**	-3,10**
I_BAU	-2,30	-4,30**
Q_ANL	-2,33	-4,66**
Q_AUS	-2,11	-4,75**
Q_BAU	-2,50	-4,59**

Tabelle 6.2: ADF Testergebnisse

geschätzt, und dann mit den Residuen $\hat{y}_t$[189] ein ADF Test durchgeführt.[190] Die Testwerte des ADF Tests sind die t-Werte des Parameters γ in der Gleichung

$$\Delta\hat{y}_t = \gamma\hat{y}_{t-1} + \alpha T_t + \sum_{i=1}^{4} \beta_i \Delta\hat{y}_{t-i} + \epsilon_t.$$

Die Nullhypothese der Nichtstationarität (Unit-Root) enstpricht $\gamma = 0$. Die Gegenhypothese der Stationarität entspricht $\gamma < 0$. Die Tabelle 6.2 enthält die Ergebnisse des jeweiligen Tests.[191] Die Ergebnisse zeigen, dass bis auf die Ausrüstungsinvestitionen die Unit-Root Hypothese in den Originalreihen nicht verworfen werden können. In den ersten Differenzen können die Unit-Root Hypothese verworfen werden. Die Zeitreihen sind daher I(1) Reihen. Die Testergebnisse für die Ausrüstungsinvestitionen deuten darauf hin, dass die Ausrüstungsinvestitionen trendstationär sind. Eine Analyse der Residuen der ADF Gleichungen ergab aber, dass die Residuen im ADF Test der Ausrüstungsinvestitionen heteroskedastisch sind.[192] In diesem Fall ist es sinnvoller, den Phillips-Perron Test einzusetzen, da dieser bei heteroskedastischen Residuen angewendet werden darf.[193] Bei einer Überprüfung der Ausrüstungsinvestitionen mit dem Phillips-Perron Test konnte die Unit-Root Nullhypothese nicht verworfen werden.

Es werden daher alle hier untersuchten Zeitreihen als I(1) Reihen betrachtet.[194]

[189] Dies sind die Zeitreihenwerte ohne Saisonalität.

[190] Zur Legitimität dieser Vorgehensweise vgl. Enders (1995) S. 229-230. Im Kapitel 4 dieses Buches ist eine einfache Einführung in den ADF Test zu finden.

[191] Der Test wurde mit dem Programm Eviews durchgeführt. Die kritischen Werte betragen -3,45 (5% Niveau) und -3,15 (10%) Niveau beim des der Originalreihen. Beim Test der ersten Differenzen wurde kein Zeittrend in der ADF Gleichung verwendet, da die ersten Differenzen keinen Trendverlauf aufweisen. Die kritischen Werte betragen dann -2,89 (5% Niveau) und -2,58 (10%).

[192] Es wurde ein White Test auf Heteroskedastie durchgeführt.

[193] Vgl. Enders (1995), S. 239-243 und Hamilton (1994), Kapitel 17 Abschnitt 6.

[194] Differenziert man eine trendstationäre Zeitreihe, so spricht man von Überdifferenzierung. Differenziert man hingegen eine I(1) (Unit-Root) Zeitreihe nicht, spricht man von Unterdifferenzie-

Sind die betrachteten Zeitreihen integriert vom Grade 1, also I(1) Variablen, dann ist eine Analyse der ersten Differenzen ohne Probleme möglich. Hierbei verliert man aber Informationen bezüglich der Niveauwerte. Eine gute Alternative stellt daher ein Fehlerkorrekturmodell dar.[195]

Kointegrationstest und Fehlerkorrekturmodell

Für die Zeitreihen y_t und x_t sieht ein Fehlerkorrekturmodell wie folgt aus

$$\triangle y_t = \alpha_0 + \alpha_1(y_t - \beta x_t) + \triangle x_t + \epsilon_t.$$

Die Veränderungen von y_t werden mit den Veränderungen von x_t und den Abweichungen vom langfristigen Gleichgewicht $y_t - \beta x_t$ erklärt. Diese Modellierung ist aber nur dann legitim, wenn der Fehlerkorrekturterm $y_t - \beta x_t$ stationär ist. Dieser ist eine Linearkombination von y_t und x_t. Man sagt, dass eine Gruppe von I(1) Variablen kointegriert ist, wenn eine stationäre Linearkombination existiert. Inhaltlich bedeutet dies einen langfristigen Zusammenhang zwischen kointegrierten Variablen. Wenn mehr als zwei Variablen betrachtet werden, ist es möglich, dass mehr als eine Kointegrationsbeziehung existiert. In diesem Fall müsste ein Mehrgleichungverfahren verwendet werden. Im Abschnitt B.2 des Anhangs B wird mit Hilfe des Johansen-Tests gezeigt, dass zwischen den Variablen I_ANL, Y und Q_ANL genaue eine Kointegrationsbeziehung existiert.[196]

Da nur eine Kointegrationsbeziehung existiert, kann in der weiteren Analyse ein Eingleichungsverfahren verwendet werden. Naheliegend ist das zweistufige Verfahren von Engle und Granger.[197] Betrachtet man die Variablen y_t, x_t und z_t, dann wird in der ersten Stufe die Kointegrationsgleichung

$$y_t = \beta_0 + \beta_1 x_t + \beta_2 z_t + \delta \mathbf{D}_t + \epsilon_t$$

geschätzt. Die saisonalen Dummy-Variablen sind in $\mathbf{D}_t$ zusammengefasst. Die geschätzten Störterme ϵ_t sind die Abweichungen vom langfristigen Gleichgewicht und werden mit ECM_t bezeichnet. Sie gehen mit in die Fehlerkorrekturgleichung

$$\triangle y_t = \alpha_0 + \gamma \text{ECM}_t + \alpha_1 \triangle x_t + \alpha_2 \triangle z_t$$

ein. Der Parameter γ ist ein Maß für die Anpassungsgeschwindigkeit an das langfristige Gleichgewicht. Die Parameter α_1 und α_2 sind ein Maß für die kurzfristigen Anpassungsvorgänge. In die Fehlerkorrekturgleichung können zusätzlich verzögerte Werte von

rung. In der Literatur wird meistens die Unterdifferenzierung als problematischer angesehen als die Überdifferenzierung. Vgl. Maddala und Kim (1998), S. 89.

195 Zu einer Modellierung der Investitionsfunktion als Fehlerkorrekturmodell am Beispiel von England (Vereinigtes Königreich), vgl. Cuthbertson und Gasparro (1995).

196 Das gleiche gilt für die Variablen I_AUS, Y und Q_AUS und für die Variablen I_BAU, Y und Q_BAU.

197 Vgl. Enders (1995), S. 373-381, oder Banerjee et al. (1993), Kapitel 7.

Dependent Variable: D_I_ANL				
Method: Least Squares				
Sample(adjusted):1969:2 1994:4				
Included observations: 103 after adjusting endpoints				
Newey-West HAC Standard Errors & Covariance				
Variable	Coefficient	Std. Error	t-Statistic	Prob.
ECM_ANL(-1)	-0,176921	0,035090	-5,041925	0,0000
D_Y	0,665270	0,209080	3,181895	0,0020
D_Q_ANL	0,049788	0,041445	1,201306	0,2327
D_Y(-2)	0,553151	0,252527	2,190464	0,0310
D_I_ANL(-4)	0,482804	0,097196	4,967312	0,0000
D1	-0,130441	0,026197	-4,979319	0,0000
D2	0,104618	0,020203	5,178372	0,0000
D3	-0,015344	0,006629	-2,314633	0,0228
D4	0,015572	0,010169	1,531206	0,1291
R^2 = 0,965162				

Tabelle 6.3: ECM-Modell (Anlageinvestitionen)

$\triangle y_t$, $\triangle x_t$ oder $\triangle z_t$ aufgenommen werden, um die Modellierung der kurzfristigen Dynamik zu verbessern.

Die OLS Schätzung der Kointegrationsgleichung für die Anlageinvestitionen ergab

$$\text{I\_ANL} = \underset{(12,19)}{0,45}\,\text{Y} + \underset{(2,33)}{0,05}\ \text{Q\_ANL} + \underset{(6,56)}{1,47}\ \text{D1} + \underset{(7,57)}{1,69}\ \text{D2} + \underset{(7,43)}{1,67}\ \text{D3} + \underset{(7,60)}{1,72}\ \text{D4}.$$

Die Variablen D1 bis D4 sind saisonale Dummy-Variablen und die Werte in Klammern unter den geschätzten Parameterwerten sind die t-Werte. Die t-Statistiken sind, da die betrachteten Variablen I(1) sind, nicht normalverteilt. Für praktische Anwendungen ist, insbesondere bei großen Stichprobenumfängen, eine vorsichtige Anwendung der Normalverteilungsannahme auf die geschätzten Parameter der Kointegrationsgleichung aber gerechtfertigt.[198] Für den langfristigen Einfluss auf die Investitionen ist sowohl die Outputvarible Y, als auch die q-Variable Q_ANL signifikant. Die Residuen dieser Gleichungen werden mit ECM_ANL bezeichnet.

Die Tabelle 6.3 gibt die Schätzergebnisse der Fehlerkorrekturgleichung wieder. D steht für Differenz, dass heißt D_Y bedeutet $\triangle$Y. Bis auf D_Q_ANL sind alle Variablen signifikant, was die t-Werte, bzw. die marginalen α-Werte in der letzten Spalte anzeigen.[199] Die verzögerten Werte D_Y(-2) und D_I_ANL(-4) wurden aufgenommen um die kurzfristige

[198] Vgl. Hansen (1993), S. 144.

[199] Die marginalen α-Werte in der Spalte Prob. geben das Signifikanzniveau an, bei dem die Nullhypothese der Nichtsignifikanz (Parameter = 0) gerade verworfen wird. Ein Wert von 0,05 sagt z.B., dass die Variable zum 5% Niveau signifikant ist.

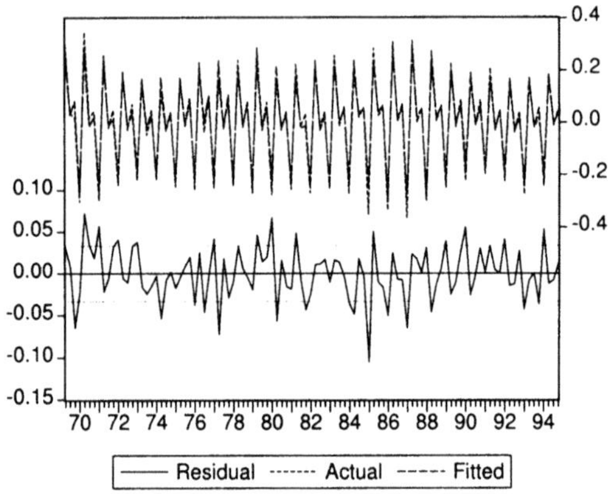

Abbildung 6.13: Residuen des ECM-Modells (Anlageinvestitionen)

Anpassungsdynamik besser zu modellieren, bzw. die Autokorrelation der Residuen zu vermindern. Die empirische partielle Autokorrelationsfunktion der Residuen zeigt keine Anzeichen auf Autokorrelation. Ein White-Test auf Heteroskedastie und ein LM-Test auf Autokorrelation konnten das Vorliegen von Heteroskedastie und Autokorrelation der Residuen allerdings nicht ausschließen.[200] Um keine Fehlurteile bei den Signifikanztests zu riskieren, wurden daher die heteroskedastie- und autokorrelationskonsistenten Standardfehler nach Newey-West verwendet.[201] Die Abbildung 6.13 zeigt die tatsächlichen (Actual) und die vom ECM-Modell erklärten (Fitted) Quartalswachstumsraten der Anlageinvestitionen, sowie die Residuen der ECM-Gleichung.

Die ECM-Gleichung für die Anlageinvestitionen sieht unter Berücksichtigung der Schätzergebnisse (Tabelle 6.3) wie folgt aus

$$\begin{aligned} \text{D\_I\_ANL} = {} & \underset{(-5{,}04)}{-0{,}18}\ \text{ECM\_ANL(-1)} + \underset{(3{,}18)}{0{,}66}\ \text{D\_Y} + \underset{(1{,}20)}{0{,}05}\ \text{D\_Q\_ANL} \\ & + \underset{(2{,}19)}{0{,}55}\ \text{D\_Y(-2)} + \underset{(4{,}97)}{0{,}48}\ \text{D\_I\_ANL(-4)} + \text{ saisonale Dummys.} \end{aligned} \tag{6.2}$$

Die Werte in den Klammern sind die t-Werte der geschätzten Parameter.

Die OLS Schätzung der Kointegrationsgleichung für die Ausrüstungsinvestitionen ergab

$$\text{I\_AUS} = \underset{(16{,}85)}{0{,}88}\,\text{Y} + \underset{(3{,}69)}{0{,}12}\ \text{Q\_AUS} + \underset{(8{,}54)}{2{,}46}\ \text{D1} + \underset{(8{,}03)}{2{,}31}\ \text{D2} + \underset{(8{,}25)}{2{,}39}\ \text{D3} + \underset{(7{,}58)}{2{,}20}\ \text{D4}.$$

[200] Zum White-Test auf Heteroskedastie und zum LM-Test auf Autokorrelation vgl. Johnston und Dinardo (1997), Kapitel 6.

[201] Vgl. Newey und West (1987).

Im Vergleich zur Kointegrationsgleichung der Anlageinvestitionen ist der Einfluss der q-Größe stärker.
Die Schätzergebnisse des Fehlerkorrekturmodells sind in der Tabelle 6.4 zusammengefasst.

Dependent Variable: D_I_AUS Method: Least Squares Sample(adjusted):1969:2 1994:4 Included observations: 103 after adjusting endpoints Newey-West HAC Standard Errors & Covariance				
Variable	Coefficient	Std. Error	t-Statistic	Prob.
ECM_AUS(-1)	-0,114748	0,031866	-3,600970	0,0005
D_Y	0,653638	0,301785	2,165906	0,0328
D_Q_AUS	0,062082	0,047464	1,307973	0,1941
D_Y(-4)	-0,735707	0,228608	-3,218198	0,0018
D_I_AUS(-4)	0,520055	0,110156	4,721091	0,0000
D1	-0,138482	0,035327	-3,920007	0,0002
D2	0,064174	0,016519	3,884971	0,0002
D3	-0,017330	0,011406	-1,519431	0,1320
D4	0,103720	0,024162	4,292642	0,0000
$R^2 = 0{,}967511$				

Tabelle 6.4: ECM-Modell (Ausrüstungsinvestitionen)

Auch hier sind alle Variablen bis auf D_Q_AUS signifikant. Die q-Größen scheinen nur einen langfristigen Einfluss auf die Investitionen zu haben. Dieser langfristige Einfluss von q spiegelt sich in den Kointegrationsgleichungen wider. Ein LM-Test auf Autokorrelation der Residuen gab keine Anzeichen auf Autokorrelation. Ein White-Test auf Heteroskedastie konnte hingegen Heteroskedastie nicht ausschließen. Es wurden daher auch hier die autokorrelations- und heteroskedastiekonsistenten Standardfehler nach Newey-West verwendet. In Gleichungsform sieht das ECM-Modell der Ausrüstungsinvestitionen wie folgt aus

$$\begin{aligned} \text{D\_I\_AUS} &= \underset{(-3{,}60)}{-0{,}11}\ \text{ECM\_AUS(-1)} + \underset{(2{,}16)}{0{,}65}\ \text{D\_Y} + \underset{(1{,}31)}{0{,}06}\ \text{D\_Q\_AUS} \\ &+ \underset{(-3{,}22)}{-0{,}73}\ \text{D\_Y(-4)} + \underset{(4{,}72)}{0{,}52}\ \text{D\_I\_AUS(-4)} + \text{ saisonale Dummys.} \end{aligned} \tag{6.3}$$

Die Abbildung 6.14 zeigt die Residuen des ECM-Modells.
Abschließend werden die Ergebnisse der ECM-Modellierung für die Bauinvestitionen dargestellt. Die OLS Schätzung der Kointegrationsgleichung für die Bauinvestitionen ergab

$$\text{I\_BAU} = \underset{(4{,}73)}{0{,}18}\text{Y} + \underset{(0{,}09)}{0{,}002}\ \text{Q\_BAU} + \underset{(12{,}23)}{2{,}94}\ \text{D1} + \underset{(13{,}39)}{3{,}22}\ \text{D2} + \underset{(13{,}36)}{3{,}22}\ \text{D3} + \underset{(13{,}12)}{3{,}17}\ \text{D4}.$$

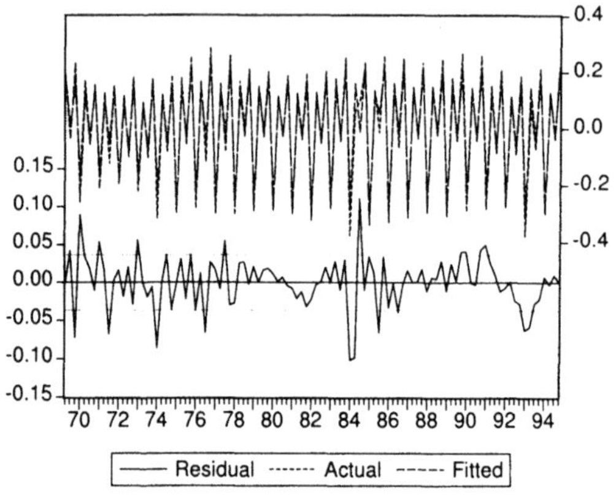

Abbildung 6.14: Residuen des ECM-Modells (Ausrüstungsinvestitionen)

Im Gegensatz zu den Ausrüstungsinvestitionen ist der Einfluss der q-Größe schon in der Kointegrationsgleichung praktisch nicht vorhanden. Die Tabelle 6.5 zeigt die Schätzergebnisse für das ECM-Modell. In Gleichungsform sieht das ECM-Modell wie folgt aus

$$\begin{aligned} \text{D\_I\_BAU} = & -\underset{(-4{,}82)}{0{,}29}\ \text{ECM\_BAU(-1)} + \underset{(1{,}21)}{0{,}40}\ \text{D\_Y} + \underset{(0{,}08)}{0{,}004}\ \text{D\_Q\_BAU} \\ & + \underset{(4{,}38)}{0{,}47}\ \text{D\_I\_BAU(-4)} + \text{ saisonale Dummys.} \end{aligned} \tag{6.4}$$

Außer der saisonalen Dummyvariablen und der lag-endogenen Variablen D_I_BAU(-4) sind alle kurzfristigen Einflüsse insignifikant. Für Bauinvestitionen sind daher eher langfristige Faktoren, die in der ECM Variablen zum Ausdruck kommen, von Bedeutung. Die q-Variable hat sowohl in der Kointegrationsgleichung, als auch im ECM-Modell, keinen Erklärungswert. Das kann daran liegen, dass die verwendete q-Proxie, die aus Aktienkursen gewonnen wurde, keine geeignete Größe zur Erklärung von Bauinvestitionen ist. Die Residuen sind in der Abbildung 6.15 dargestellt.

Stabilitätstests

Die Stabilität der ECM-Gleichungen kann mit Hilfe rekursiver OLS-Schätzung untersucht werden.[202] Wenn $\mathbf{X}_t$ die Matrix der Regressoren für die ersten t Datenpunkte und $\mathbf{y}_t$ der

[202] Zur rekursiven Schätzung der Parameter und zum CUSUM-Test vgl.Johnston und Dinardo (1997), Kapitel 4.

Dependent Variable: D_I_BAU Method: Least Squares Sample(adjusted):1969:2 1994:4 Included observations: 103 after adjusting endpoints Newey-West HAC Standard Errors & Covariance				
Variable	Coefficient	Std. Error	t-Statistic	Prob.
ECM_BAU(-1)	-0,286465	0,059387	-4,823688	0,0000
D_Y	0,397298	0,329063	1,207363	0,2303
D_Q_BAU	0,004982	0,060919	0,081776	0,9350
D_I_BAU(-4)	0,473378	0,107986	4,383688	0,0000
D1	-0,105591	0,026347	-4,007653	0,0001
D2	0,146667	0,029661	4,944816	0,0000
D3	-0,008040	0,010333	-0,778049	0,4385
D4	-0,036058	0,013963	-2,582327	0,0113
R^2 = 0,931598				

Tabelle 6.5: ECM-Modell (Bauinvestitionen)

Vektor der ersten t Datenpunkte des Regressanten ist, dann ist der Vektor

$$\mathbf{b}_t = (\mathbf{X}_t'\mathbf{X}_t)^{-1}\mathbf{X}_t'\mathbf{y}_t,$$

der Vektor der geschätzten Parameter unter Verwendung der erste t Datenpunkte. Ermittelt man durch sukzessives Hinzufügen eines weiteren Datenpunktes die Parametervektoren $\mathbf{b}_{t+1}$, $\mathbf{b}_{t+2}$ usw., kann eine visuelle Inspektion der Folge der geschätzten Parameter Auskunft über die Stabilität der geschätzten Gleichung geben. Bei zeitlicher Konstanz der Parameter dürften sich die rekursiv geschätzten Parameter nicht stark verändern. Die Abbildung 6.16 zeigt die rekursiv geschätzten Parameter des ECM-Modells für die Anlageinvestitionen. Die Koeffizenten erscheinen in der Reihenfolge ECM_ANL(-1), D_Y und D_Q_ANL. Die Abbildung 6.16 zeigt, dass die Parameter des ECM-Modells relativ konstant sind.

Eine weitere Möglichkeit der Stabilitätsüberprüfung bietet der CUSUM-Test. Benutzt man die Parameter $\mathbf{b}_t$ um eine (ex post) Prognose für die nächste Periode (y_t) zu machen, dann entsteht der Prognosefehler

$$v_t = y_t - \mathbf{x}_t'\mathbf{b}_{t-1}.$$

Werden diese Prognosefehler für $t, t+1, t+2, \ldots$ skaliert und kumuliert, dann erhält man die CUSUM-Statistik. Die durchgezogene Linie in Abbildung 6.17 zeigt diesen kumulierten Prognosefehler. Die Schätzung ist stabil, wenn sich die kumulierten Prognosefehler

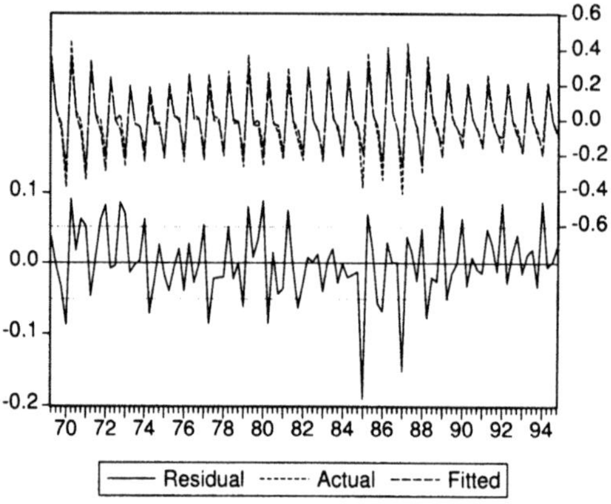

Abbildung 6.15: Residuen des ECM-Modells (Bauinvestitionen)

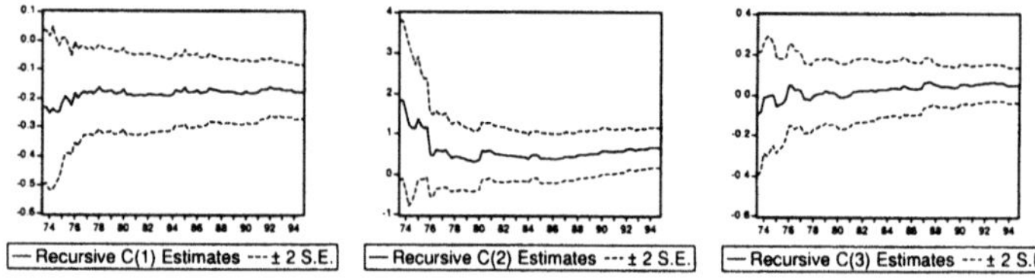

Abbildung 6.16: Rekursive Parameter des ECM-Modells (Anlageinvestitionen)

nicht zu weit von der Nulllinie entfernen. Dies ist intuitiv einleuchtend, da die Prognosefehler im Mittel null sein sollen. Die gestrichelten Linien in Abbildung 6.17 geben Signifikanzlinien zum 5% Niveau an. Verlassen die kumulierten Prognosefehler den Trichter der gestrichelten Linien, ist mit einer Irrtumswahrscheinlichkeit von 5% auf Nichtstabilität, bzw. Strukturbrüche zu schließen. Auch der CUSUM-Test zeigt, dass das ECM-Modell der Anlageinvestionen stabil ist.

Insgesamt erscheint das ECM-Modell als gute Basis für die Überprüfung des Einflusses der Unsicherheitsmaße auf die Investitionen.

Die Stabilität des ECM-Modells für die Ausrüstungsinvestitionen wird wie bei den Anlageinvestitionen mit Hilfe des CUSUM-Tests (Abbildung 6.18) und der rekursiven Residuen (Abbildung 6.19) überprüft. Es zeigen sich ebenso gute Stabilitätseigenschaften wie bei den Anlageinvestitionen. Auch die Stabilitätseigenschaften des ECM-Modells der

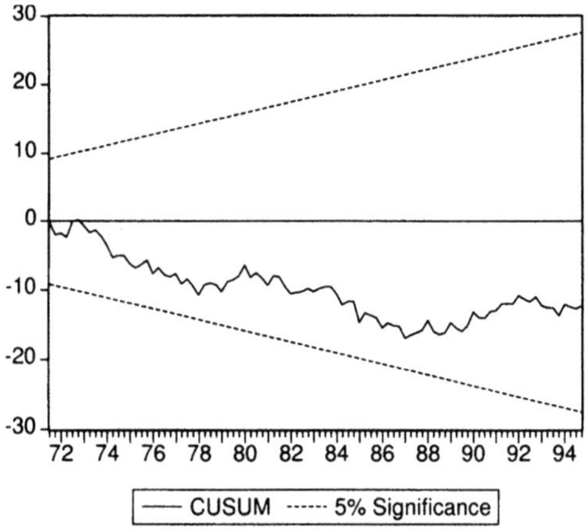

Abbildung 6.17: CUSUM-Test des ECM-Modells (Anlageinvestitionen)

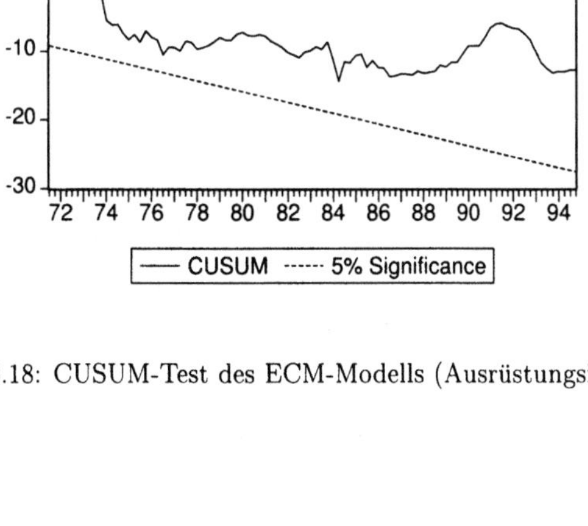

Abbildung 6.18: CUSUM-Test des ECM-Modells (Ausrüstungsinvestitionen)

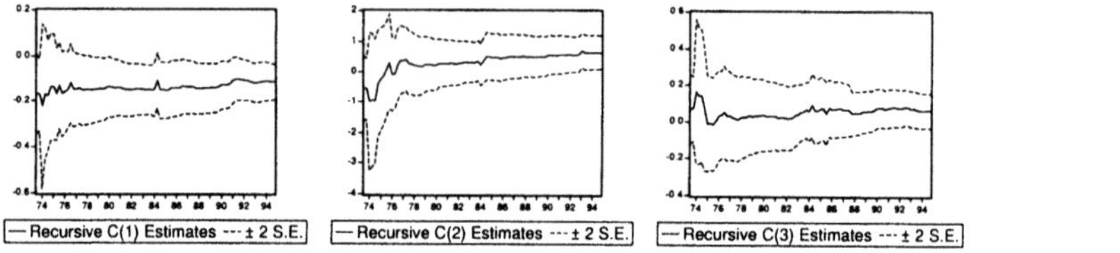

Abbildung 6.19: Rekursive Parameter des ECM-Modells (Ausrüstungsinvestitionen)

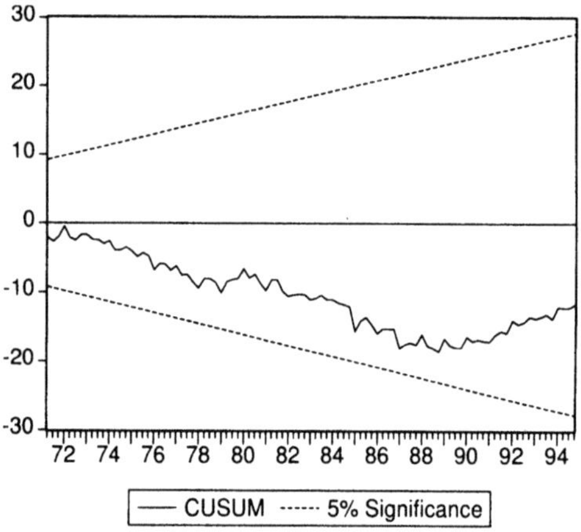

Abbildung 6.20: CUSUM-Test des ECM-Modells (Bauinvestitionen)

Bauinvestitionen sind gut. Dies wird aus dem CUSUM-Test (Abbildung 6.20) und der Betrachtung der rekursiven Residuen (Abbildung 6.21) deutlich.

6.2.2 Der Einfluss der Wechselkursunsicherheiten

Die ECM-Modelle des vorherigen Abschnitts liefern eine gute Basis für die Untersuchung des Einflusses von Unsicherheiten auf das Investitionsverhalten. Um den Einfluss der Wechselkursunsicherheit auf die Investitionen zu überprüfen, werden in den ECM-Regressionsmodellen der Anlage-, Ausrüstungs- und Bauinvestitionen (Gleichungen 6.2, 6.3 und 6.4) die im Abschnitt 6.1.2 dargestellten Unsicherheitsmaße aufgenommen.[203] Die Tabelle 6.6 stellt die Ergebnisse für die Wechselkursunsicherheit des Dollars in Bezug

[203] Die bedingten Varianzen des GARCH-Modells wurden im Abschnitt 6.1.2 auf Monatsbasis ermittelt. Um sie ín die ECM-Gleichungen, die auf Quartalsdaten basieren, aufnehmen zu können, wurden die Quartalsmittelwerte der bedingten Varianzen berechnet.

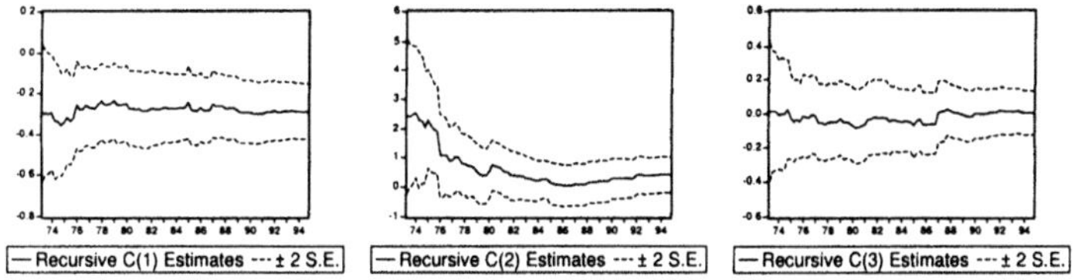

Abbildung 6.21: Rekursive Parameter des ECM-Modells (Bauinvestitionen)

auf die Deutsche Mark dar. Der Einfluss der Wechselkursunsicherheit (GARCH_US) auf die Investitionen ist negativ und für die Anlage- und Ausrüstungsinvestitionen zum 1% Niveau signifikant. Die Wechselkurse haben keinen signifikanten Einfluss auf die Bauinvestitionen. Um den Effekt der Wechselkursunsicherheit auf die Investitionen quantitativ beurteilen zu können, wurden in der Tabelle 6.6 die geschätzten Koeffizienten der anderen Einflussfaktoren mit aufgenommen. Die Koeffizienten sind aber in ihrer Größe nicht direkt vergleichbar, da die Variablen unterschiedlich skaliert sind und unterschiedlich streuen. Um die Koeffizienten in ihrer Größe zu vergleichen und damit eine Einschätzung der quantitativen Bedeutung der exogenen Variablen zu bekommen, werden häufig standardisierte Koeffizienten (β-Koeffizienten) gebildet.[204] Sind die $\hat{\beta}_j$ die gewöhnlichen Regressionskoeffizienten, dann ermittelt man die standardisierten Koeffizienten $\hat{\beta}_j^*$ mit

$$\hat{\beta}_j^* = \hat{\beta}_j \frac{s_{x_j}}{s_y}.$$

Hierbei ist s_{x_j} die Standardabweichung der j'ten exogenen Variablen und s_y die Standardabweichung der erklärten Variablen.

Aus der Tabelle 6.6 ist ersichtlich, dass die Veränderungen der Outputgröße (D_Y) den stärksten Einfluss auf die Veränderungen der Investitionen haben. Der Einfluss der Wechselkursunsicherheit ist quantitativ nicht zu vernachlässigen. Die standardisierten Koeffizienten der Wechselkursunsicherheit (GARCH_US) sind sowohl bei den Anlage-, als auch bei den Ausrüstungsinvestitionen fast halb so groß wie die entsprechenden Koeffizienten der Outputveränderung (D_Y).

Die Tabellen 6.7 bis 6.11 enthalten die Schätzergebnisse für die Wechselkursunsicherheiten in Bezug auf die Länder Japan, Kanada, England, Frankreich und Italien.

Für die Länder Japan und Frankreich lässt sich kein Einfluss der Wechselkursunsicherheit zeigen.

Die Wechselkursunsicherheit hat für alle betrachteten bilateralen Wechselkursen keinen

[204] Vgl. Pindyck und Rubinfeld (1981), S. 90-91.

Method: Least Squares				
Sample(adjusted):1969:2 1994:4				
Included observations: 103 after adjusting endpoints				
Newey-West HAC Standard Errors & Covariance				
Dependent Variable: D_I_ANL				
Variable	Coefficient	t-Statistic	Prob.	β-Coefficient
ECM_ANL(-1)	-0,183995	-5,667609	0,0000	-0,078602
D_Y	0,628506	3,105400	0,0025	0,108923
D_Q_ANL	0,058746	1,532904	0,1287	0,027367
GARCH_US	-26,93447	-2,957918	0,0039	-0,046580
Dependent Variable: D_I_AUS				
Variable	Coefficient	t-Statistic	Prob.	β-Coefficient
ECM_AUS(-1)	-0,121680	-3,304987	0,0014	-0,062727
D_Y	0,581438	1,959659	0,0530	0,090651
D_Q_AUS	0,069760	1,526650	0,1302	0,028694
GARCH_US	-26,00836	-2,863830	0,0052	-0,040463
Dependent Variable: D_I_BAU				
Variable	Coefficient	t-Statistic	Prob.	β-Coefficient
ECM_BAU(-1)	-0,295081	-5,399259	0,0000	-0,120122
D_Y	0,357218	0,331922	0,2846	0,056538
D_Q_BAU	0,015754	0,260817	0,7948	0,006840
GARCH_US	-28,06588	-1,516128	0,1328	-0,044326

Tabelle 6.6: Einfluss der Wechselkursunsicherheit (USA)

Einfluss auf die Bauinvestitionen. Das im theoretischen Teil dieser Arbeit entwickelte Modell[205] unterstellt irreversible Investitionen. Da Ausrüstungen häufig betriebsspezifischer sind als Bauinvestitionen ist dieses Ergebnis plausibel.

Neben der Wechselkursunsicherheit in Bezug auf die USA haben auch die Wechselkursunsicherheiten von England und Italien einen signifikant negativen Einfluss auf die Anlage- und Ausrüstungsinvestitionen. Für Kanada ist das Ergebnis uneinheitlich.

6.3 Zusammenfassung

Zu Beginn dieses Kapitels wurden die Wechselkurse der Länder USA, Japan, Kanada, England, Frankreich und Italien jeweils relativ zu Deutschland mit Hilfe von GARCH Modellen untersucht. In den ermittelten Volatilitätsmaßen sind bestimmte historische Ereignisse, wie der Zusammenbruch des Bretton Woods Systems 1972 oder die EWS Krise von 1992 zu sehen. Diese GARCH Unsicherheitsmaße bilden die Basis für die

[205] Vgl. Abschnitt 4.2.

Method: Least Squares				
Sample(adjusted):1970:2 1994:4				
Included observations: 99 after adjusting endpoints				
Newey-West HAC Standard Errors & Covariance				
Dependent Variable: D_I_ANL				
Variable	Coefficient	t-Statistic	Prob.	β-Coefficient
D_Y	0,611680	2,537096	0,0129	0,106007
GARCH_JA	-14,20785	-1,44156	0,1529	-0,024978
Dependent Variable: D_I_AUS				
Variable	Coefficient	t-Statistic	Prob.	β-Coefficient
D_Y	0,834284	3,144415	0,0023	0,130072
GARCH_JA	-18,72763	-1,634668	0,1057	-0,029620
Dependent Variable: D_I_BAU				
Variable	Coefficient	t-Statistic	Prob.	β-Coefficient
D_Y	0,138855	0,43981	0,6614	0,021977
GARCH_JA	-8,940846	-0,546421	0,5861	-0,014355

Tabelle 6.7: Einfluss der Wechselkursunsicherheit (Japan)

Method: Least Squares				
Sample(adjusted):1969:2 1994:4				
Included observations: 103 after adjusting endpoints				
Newey-West HAC Standard Errors & Covariance				
Dependent Variable: D_I_ANL				
Variable	Coefficient	t-Statistic	Prob.	β-Coefficient
D_Y	0,645935	3,100132	0,0026	0,111943
GARCH_KAN	-25,88760	-2,177368	0,0320	-0,036588
Dependent Variable: D_I_AUS				
Variable	Coefficient	t-Statistic	Prob.	β-Coefficient
D_Y	0,614886	2,057590	0,0424	0,095866
GARCH_KAN	-23,66251	-1,586036	0,1161	-0,033444
Dependent Variable: D_I_BAU				
Variable	Coefficient	t-Statistic	Prob.	β-Coefficient
D_Y	0,371403	1,097596	0,2752	0,058783
GARCH_KAN	-24,34095	-1,137392	0,2583	-0,031419

Tabelle 6.8: Einfluss der Wechselkursunsicherheit (Kanada)

Method: Least Squares				
Sample(adjusted):1969:2 1994:4				
Included observations: 103 after adjusting endpoints				
Newey-West HAC Standard Errors & Covariance				
Dependent Variable: D_I_ANL				
Variable	Coefficient	t-Statistic	Prob.	β-Coefficient
D_Y	0,672059	3,210367	0,0018	0,116471
GARCH_UK	-15,42335	-1,862054	0,0658	-0,023305
Dependent Variable: D_I_AUS				
Variable	Coefficient	t-Statistic	Prob.	β-Coefficient
D_Y	0,646298	2,141291	0,0349	0,100763
GARCH_UK	-29,57970	-2,615171	0,0104	-0,040209
Dependent Variable: D_I_BAU				
Variable	Coefficient	t-Statistic	Prob.	β-Coefficient
D_Y	0,397366	1,202483	0,2322	0,062892
GARCH_UK	-1,166740	-0,092008	0,9269	-0,001610

Tabelle 6.9: Einfluss der Wechselkursunsicherheit (Vereinigtes Königreich)

Method: Least Squares				
Sample(adjusted):1969:2 1994:4				
Included observations: 103 after adjusting endpoints				
Newey-West HAC Standard Errors & Covariance				
Dependent Variable: D_I_ANL				
Variable	Coefficient	t-Statistic	Prob.	β-Coefficient
D_Y	0,706218	3,123931	0,0024	0,122391
GARCH_FR	-37,78289	-1,485496	0,1408	-0,026266
Dependent Variable: D_I_AUS				
Variable	Coefficient	t-Statistic	Prob.	β-Coefficient
D_Y	0,653847	2,161522	0,0332	0,101940
GARCH_FR	-3,996800	-0,153178	0,8786	-0,002499
Dependent Variable: D_I_BAU				
Variable	Coefficient	t-Statistic	Prob.	β-Coefficient
D_Y	0,400306	1,216172	0,2270	0,063358
GARCH_FR	-30,13590	-0,958024	0,3405	-0,019133

Tabelle 6.10: Einfluss der Wechselkursunsicherheit (Frankreich)

Method: Least Squares				
Sample(adjusted):1969:2 1994:4				
Included observations: 103 after adjusting endpoints				
Newey-West HAC Standard Errors & Covariance				
Dependent Variable: D_I_ANL				
Variable	Coefficient	t-Statistic	Prob.	β-Coefficient
D_Y	0,684056	3,300839	0,0014	0,118550
GARCH_IT	-16,57272	-2,120530	0,0366	-0,028946
Dependent Variable: D_I_AUS				
Variable	Coefficient	t-Statistic	Prob.	β-Coefficient
D_Y	0,628510	2,152407	0,0340	0,097990
GARCH_IT	-30,50970	-3,233581	0,0017	-0,047939
Dependent Variable: D_I_BAU				
Variable	Coefficient	t-Statistic	Prob.	β-Coefficient
D_Y	0,397854	1,200345	0,2330	0,062969
GARCH_IT	-0,715824	-0,080079	0,9363	-0,001141

Tabelle 6.11: Einfluss der Wechselkursunsicherheit (Italien)

Untersuchung des Einflusses der Wechselkursunsicherheiten auf das Investitionsverhalten. Im Abschnitt 6.2.1 wurde eine Investitionsfunktion für Deutschland geschätzt. Methodisch wurde dabei ein Kointegrationsansatz verwendet. Es stellte sich heraus, dass die Zeitreihen Investitionen, q-Variable und Outputvariable nichtstationär sind. Sie besitzen daher einen stochastischen Trend. Es gibt aber eine Linearkombination dieser Reihen, die stationär ist. Daher existiert ein langfristiger Zusammenhang zwischen diesen Variablen. Die kurzfristigen Investitionsveränderungen werden durch die kurzfristigen Outputveränderungen und die kurzfristigen Veränderungen der q-Variable sowie der Abweichung vom langfristigen Zusammenhang (Fehlerkorrekturterm) erklärt. Dieses Fehlerkorrekturmodell ist sehr stabil und liefert eine gute Erklärung der Investionsveränderungen.
Im Abschnitt 6.2.2 wurden die GARCH Unsicherheitsmaße als zusätzliche Erklärungsgrößen in die Fehlerkurrekturmodelle aufgenommen. Es stellte sich heraus, dass die Wechselkursschwankungen der Länder USA, England und Italien einen signifikant negativen Einfluss auf die Anlageinvestitionen haben. Das quantitative Ausmaß dieses Einflusses ist nicht zu vernachlässigen, was mit Hilfe von standardisierten Regressionskoeffizienten gezeigt wurde. Die Trennung der Anlageinvestitionen in die Ausrüstungs- und die Bauinvestitionen ergab, dass der negative Einfluss der Wechselkursschwankungen durch das Verhalten der Ausrüstungsinvestitionen entsteht. Auf die Bauinvestitionen haben die Wechselkursschwankungen keinen Einfluss.
Diese Ergebnisse bestätigen die Aussagen des im Abschnitt 4.2 entwickelten Modells.

Kapitel 7

Zusammenfassende Betrachtung

Der wichtigste Aspekt dieser Arbeit ist die Frage nach der Auswirkung von Unsicherheit auf das Investionsverhalten. Diese Frage wurde unter der Annahme der Risikoneutralität der Entscheidungsträger untersucht. Es stehen also nicht die Präferenzen der Entscheidungsträger im Vordergrund der Betrachtung. Subjektive Einschätzungen wie „ich mag keine Unsicherheit“ sind dann irrelevant. Dennoch kann Unsicherheit einen Einfluss auf die Investitionsentscheidung haben.

Im zweiten Kapitel wurde die Möglichkeit eines positiven Effekts auf das Investitionsverhalten, beruhend auf der Konvexität der Gewinnfunktion, herausgearbeitet. Dieser Effekt erscheint zunächst nicht plausibel, ist aber dennoch nur eine logische Konsequenz der getroffenen Annahmen. Eine dieser (impliziten) Annahmen ist die Reversibilität der Investitionsentscheidung, bzw. die Nichtberücksichtigung der Irreversibilität. Die intuitive Einschätzung, dass man bei zunehmender Unsicherheit „vorsichtiger“ wird und die Entscheidung noch einmal überdenkt, wird in der Realoptionstheorie rationalisiert. Im dritten Kapitel wurde dieser Zusammenhang herausgearbeitet. Dass irreversible Investition einen Optionscharakter aufweisen, ist der Kerngedanke dieses Zusammenhangs. Unter Anwendung der Methode der dynamischen Optimierung kann die Option zu warten bewertet werden. Der Wert dieser Option steigt mit zunehmender Unsicherheit.

Im vierten Kapitel wurde ein Modell zur Analyse von Wechselkursunsicherheit entwickelt. In diesem Modell wurden sowohl die Nichtprognostizierbarkeit der Wechselkurse sowie das Preissetzungsverhalten international agierender Unternehmen berücksichtigt. Hierbei existiert ein positiver Effekt der Unsicherheit, der aus der Konvexität der Gewinnfunktion in Bezug auf den Wechselkurs resultiert. Weiterhin existiert ein negativer Effekt der Unsicherheit, der aus der Realoptionstheorie folgt. Eine Monte-Carlo-Simulation des Modells ergab, dass der negative Effekt dominiert. Steigende Wechselkursunsicherheit führt zu einer Verzögerung der Investitionen.

Ziel des sechsten Kapitels war die empirische Überprüfung der Aussagen von Kapitel 4. Es wurde eine Investitionsgleichung für die Bundesrepublik Deutschland geschätzt. Die methodische Vorgehensweise war dabei die Schätzung eines Fehlerkorrekturmodells, in Verbindung mit einer Kointegrationsanalyse. Ausgehend von den Ergebnissen aus dem zweiten Kapitel wurde der langfristige Zusammenhang zwischen den Investitionen, einer Outputgröße und Tobins q unterstellt. Der Kointegrationstest von Johansen bestätigte diesen Zusammenhang. Die Veränderungen der Investitionen wurden dann mit einem Fehlerkorrekturmodell durch die Abweichungen vom langfristigen Gleichgewicht (Fehlerkorrekturterm) und Veränderungen der Outputgröße und Tobins q erklärt. Mit Hilfe von GARCH Modellen wurde die bedingte Varianz der Wechselkursschwankungen ermittelt. Es konnte ein signifikant negativer Zusammenhang zwischen den Wechselkursschwankungen der Deutschen Mark in Bezug auf die Währungen der Länder USA, Kanada, England und Frankreich gezeigt werden. Die Aussage des theoretischen Modells aus Kapitel 4 konnte daher empirisch gestützt werden.
Eine wissenschaftliche Arbeit ist immer selektiv und muss sich auf Teilaspekte beschränken. So konnten auch in dieser Arbeit nicht alle wichtige Punkte behandelt werden.[206] Deshalb wurde im Modell von Kapitel 4 unterstellt, dass das Unternehmen seine Investitionsentscheidung unabhängig vom Verhalten potentieller Konkurrenten tätigen kann. Dies ist natürlich eine Vereinfachung, die gewährleistet, dass die Unsicherheit exogen ist. Wird das strategische Verhalten potentieller Konkurrenten modelliert, ist die Unsicherheit nicht mehr exogen. Endogene Unsicherheit in Modellen der optimalen zeitlichen Wahl von Investitionen (nichts anderes ist das Modell aus Kapitel 4) ist sehr schwer zu handhaben. Die Frage nach der Interdependenz von „timing" Entscheidungen ist Gegenstand der sogenannten „games of timing" Literatur. Die simultane Analyse von exogener Unsicherheit und strategischer Interaktion, und damit endogener Unsicherheit, wird Gegenstand zukünftiger Forschung sein.[207]

[206] Auch betriebswirtschaftliche Aspekte der Realoptionstheorie konnten nicht berücksichtigt werden. Grade dieser Bereich entwickelt sich ausgesprochen stürmisch. Die Realoptionstheorie ermöglicht z.B. die Bewertung von Flexibilität. Angenommen ein Unternehmen steht vor der Entscheidung eine „teure" Maschine, die in der Lage ist zwei verschiedene Inputfaktoren zu verarbeiten, oder eine „billige" Maschine zu kaufen, die nur einen Inputfaktor verarbeiten kann. Die teurere Maschine bietet mehr Flexibilität, da die Option besteht den Inputfaktor zu wechseln. Der Wert dieser Option ist abhängig von der Unsicherheit der Preise und die Verfügbarkeit der Inputfaktoren. Die Realoptionstheorie liefert Methoden um diese Option zu bewerten. Einen Überblick über die betriebswirtschaftlichen Anwendungen der Realoptionstheorie liefern Amram und Kulatilaka (1999).

[207] Eine Skizze erster Versuche in diese Richtung bietet das Kapitel 6 von Cooper (1999).

Anhang A

Mathematischer Anhang

In diesem Anhang werden wichtige mathematische Konzepte eingeführt, die für das Verständnis dieser Arbeit erforderlich sind. Die schrittweise Einführung dieser Konzepte an den entsprechenden Teilen der Arbeit hätte den Lesefluss erheblich gestört. Für das Verständnis dieses Anhangs werden nur Grundkenntnisse der Analysis und der Wahrscheinlichkeitsrechnung vorausgesetzt. Die für das Verständnis wichtigsten Konzepte der Wahrscheinlichkeitsrechnung werden im Abschnitt A.2 kurz skizziert. Am wichtigsten sind die Abschnitte A.2.5 (Brownsche Bewegung), A.3.3 (Ito-Regel), A.4.1 (stochastische Kontrolltheorie), sowie der Abschnitt über die Stoppprobleme (Abschnitt A.4.3).

A.1 Analysis

Dieser Abschnitt behandelt Konzepte aus der Analysis, die für die spätere Diskussion der Wiener-Prozesse und der Ito-Integrale von Nutzen sind. Beim ersten Lesen müssen nur die Abschnitte A.1.2 und A.1.3 (ohne Beweis von Satz A.1.5) gelesen werden.[208]

A.1.1 Netze

Unter einer gewöhnlichen Folge in $\mathbb{R}$ versteht man eine Abbildung $f : \mathbb{N} \rightarrow \mathbb{R}$, also eine Abbildung der natürlichen Zahlen nach $\mathbb{R}$. Bei einem Netz handelt es sich um eine verallgemeinerte Folge. Um ein Netz definieren zu können, ist der Begriff der gerichteten Menge und des metrischen Raums erforderlich.

Definition A.1.1 (Gerichtete Menge). *Eine (nichtleere) Menge A wird gerichtet genannt, wenn in ihr eine Relation $\prec$ mit folgenden Eigenschaften definiert ist:*

1. $\alpha \prec \alpha \quad \forall \alpha \in A$

[208] Die Ausführungen in diesem Abschnitt sind an Walter (1990) angelehnt.

2. $\alpha \prec \beta, \beta \prec \gamma \Rightarrow \alpha \prec \gamma$

3. *Zu* $\alpha, \beta \in A$ *existiert ein* $\gamma \in A$ *mit* $\alpha \prec \gamma, \beta \prec \gamma$

Ein Beispiel für eine gerichtete Menge ist die Menge der natürlichen Zahlen $\mathbb{N}$ mit der Relation $\leq$.

Definition A.1.2. *Eine Menge* X *wird metrischer Raum genannt, wenn für je zwei Elemente (oder Punkte) aus* X *eine reele Zahl* $d(x, y)$ *zugeordnet werden kann, sodass für beliebige* $x, y, z \in X$ *gilt:*

1. $d(x, x) = 0$ *und* $d(x, y) > 0$ *für* $x \neq y$

2. $d(x, y) = d(y, x)$

3. $d(x, z) \leq d(x, y) + d(y, z)$

Die Funktion $d : X \times X \to \mathbb{R}$ wird Metrik auf X genannt. Eine Metrik ist ein Maß für den Abstand zwischen zwei Punkten aus X. Man spricht vom metrischen Raum (X, d). Am bekanntesten ist der Raum $\mathbb{R}^n$, versehen mit der euklidischen Metrik $d(x, y) := |x - y|$, mit $|x - y| = \sqrt{(x_1 - y_1)^2 + \cdots + (x_n - y_n)^2}$.

Definition A.1.3 (Netz). *Es sei* A *eine gerichtete Menge und* X *ein metrischer Raum. Eine Funktion* $f : A \to X$ *heißt ein Netz oder eine verallgemeinerte Folge in* X. *Man benutzt auch häufig die Indexschreibweise* f_α *oder* $(f_\alpha)_{\alpha \in A}$, *wie man es bei Folgen gewohnt ist.*

Definition A.1.4 (Netzlimes). *Ist* A *eine gerichtete Menge und* $(f_\alpha)_{\alpha \in A}$ *ein Netz im metrischen Raum* (X, d), *dann bedeutet (für* $a \in X$*)* $\lim_\alpha f_\alpha = a$ *oder* $f_\alpha \to a$, *dass es zu jedem* $\epsilon > 0$ *ein* $\alpha_\epsilon \in A$ *gibt, mit* $d(f_\alpha, a) < \epsilon$ *für alle* $\alpha \in A$ *mit* $\alpha \succ \alpha_\epsilon$.

Inhaltlich besagt dies, dass es eine beliebig kleine ϵ-Umgebung von a gibt, sodass die Werte von f_α, für ein hinreichend großes α, in der ϵ-Umgebung liegen. Hierbei bedeutet „groß" natürlich nicht ein höherer Wert auf der Zahlengerade, wie bei gewöhnlichen Folgen, sondern bezieht sich auf die Indexmenge A.

Satz A.1.1 (Eindeutigkeit). *Der Netzlimes ist eindeutig bestimmt*

Beweis. Angenommen es strebt $f_\alpha \to a$ und $f_\alpha \to b \neq a$. Dann gibt es eine Umgebung U von a und eine Umgebung V von b, die disjunkt sind ($U \cap V = \emptyset$). Dazu existieren zwei Elemente α_U und α_V, sodass $f_\alpha \in U$ für $\alpha \succ \alpha_U$ und $f_\alpha \in V$ für $\alpha \succ \alpha_U$. Es gibt nach Definition A.1.1 Punkt 3 ein β mit $\beta \succ \alpha_U$ und $\beta \succ \alpha_V$. Also ist $f_\beta \in U$ und $f_\beta \in V$, was ein Widerspruch zu $U \cap V = \emptyset$. □

Ein anderer Konvergenzbegriff ist der von Cauchy. Intuitiv besagt dieses Kriterium, das aufeinander folgende Elemente einer Folge oder eines Netzes, bei Konvergenz, mit zunehmend kleinerem Abstand auftreten.

Definition A.1.5 (Cauchy-Netz). *Ein Netz(f_α) im metrischen Raum X heißt Cauchy-Netz, wenn es dem folgenden Konvergenzkriterium genügt: Zu jedem $\epsilon > 0$ existiert ein $\alpha_\epsilon \in A$ mit*
$d(f_\alpha, f_\beta) < \epsilon$ für $\alpha, \beta \succ \alpha_\epsilon$.

Der folgende Satz stellt den Zusammenhang zwischen Konvergenz und Cauchy-Netz her. Es ist zu beachten, das ein metrischer Raum (X, d) *vollständig* genannt wird, wenn jede Cauchyfolge in X einen Grenzwert in X besitzt. Eine Cauchyfolge oder auch *Fundamentalfolge* wird hierbei analog zum Cauchy-Netz definiert mit dem Unterschied, dass die Indexmenge A die Menge der natürlichen Zahlen $\mathbb{N}$ ist.

Satz A.1.2 (Cauchy-Konvergenz). *In einem vollständigen metrischen Raum ist ein Netz genau dann konvergent, wenn es ein Cauchy-Netz ist.*

Beweis. Nehmen wir an, dass f_α ein konvergentes Netz und $lim_\alpha f_\alpha = a$ ist. Dann gibt es nach Definition A.1.4 für jedes $\epsilon > 0$ ein $\alpha_\epsilon \in A$, sodass für alle $\alpha, \beta \succ \alpha_\epsilon$ sowohl $d(f_\alpha, a) < \epsilon$ als auch $d(f_\beta, a) < \epsilon$ gilt. Da ϵ beliebig ist, können wir auch $d(f_\alpha, a) < \epsilon/2$ und $d(f_\beta, a) < \epsilon/2$ schreiben. Es folgt nun $d(f_\alpha, a) + d(f_\beta, a) < \epsilon$ und mit der Dreiecksungleichung (Definition A.1.2 Punkt 3) folgt $d(f_\alpha, f_\beta) \leq d(f_\alpha, a) + d(f_\beta, a) < \epsilon$ womit gezeigt ist, das ein konvergentes Netz ein Cauchy-Netz ist.
Um den Beweis in der anderen Richtung zu führen nehmen wir an, das (f_α) ein Cauchy-Netz ist. Zu jedem $k = 1, 2, \ldots$ gibt es dann ein α_k mit $d(f_\alpha, f_\beta) < 1/k$ für $\alpha, \beta \succ \alpha_k$. Man kann annehmen (Definition A.1.1 Punkt 3), dass die Anordnung $\alpha_1 \prec \alpha_2 \prec \alpha_3 \prec \ldots$ gilt. Für festes $p \in \mathbb{N}$ gilt dann

$$d(f_{\alpha_m}, f_{\alpha_n}) < \frac{1}{p} \text{ für } m, n \geq p.$$

Die Folge (f_{α_m}) ist somit eine Cauchy-Folge[209] und da der Raum vollständig ist, existiert der Grenzwert $a = \lim_{m\to\infty} f_{\alpha_m}$. Ersetzt man in $(d(f_\alpha, f_\beta) < 1/k)$ β durch α_m und lässt $m \to \infty$ streben, erhält man $d(f_\alpha, a) \leq 1/k$ für $\alpha, \beta \succ \alpha_k$. Da k beliebig ist, folgt $\lim_\alpha f_\alpha = a$. □

Nimmt ein Netz Werte in $\overline{\mathbb{R}}$ an, spricht man von einem reellwertigem Netz.[210]

[209] Es handelt sich jetzt um eine Folge, da die Indexmenge die Menge der natürlichen Zahlen ist. Der Funktionswert f ist weiterhin von α abhängig, durch die angenommene Anordnung $\alpha_1 \prec \alpha_2 \prec \alpha_3 \prec \ldots$ wird aber eine Abbildung $\mathbb{N} \to \mathbb{R}$ impliziert, sodass jetzt $\mathbb{N}$ die Indexmenge und damit (f_{α_m}) eine Folge ist.

Definition A.1.6 (Monotone Netze). *Das reellwertige Netz* (f_α) *heißt monoton wachsend, wenn aus* $\alpha \prec \beta$ *folgt* $f_\alpha \leq f_\beta$.

Der folgende Satz wird ohne Beweis angegeben[211]

Satz A.1.3. *Ist* (f_α) *ein monoton wachsendes Netz, so existiert* $\lim_\alpha f_\alpha$ *in* $\overline{\mathbb{R}}$, *und es ist*

$$\lim_\alpha f_\alpha = \sup\{f_\alpha : \alpha \in A\}.$$

A.1.2 Die Variation einer Funktion

In diesem Abschnitt wird die Variation einer Funktion eingeführt.

Definition A.1.7 (Variation einer Funktion). *Die reellwertige Funktion* f *sei auf dem kompakten Intervall* $I = [a, b] \subset \mathbb{R}$ *definiert. Zu einer Zerlegung* $Z = (a = t_0, \ldots, t_p = b)$ *von* I *wird die Variation* $(\mathrm{var}(Z))$ *wie folgt gebildet:*

$$\mathrm{var}(Z) \equiv \mathrm{var}(Z; f) := \sum_{i=1}^{p} |f(t_i) - f(t_{i-1})|.$$

Die Variation ist offensichtlich abhängig von der Zerlegung Z. Bildet man das Supremum über alle Zerlegungen Z von I erhält man die Totalvariation.

Definition A.1.8 (Totalvariation einer Funktion). *Die Totalvariation einer Funktion* f *über dem Intervall* $I = [a, b]$ *wird wie folgt definiert:*

$$V_a^b(f) = \sup_Z \mathrm{var}(Z; f).$$

Die Totalvariation einer Funktion ist ein Maß für die *Schwankung* der Funktion über einem gegebenen Intervall. Ist $V_a^b(f) < \infty$, spricht man von einer Funktion mit *beschränkter Variation* auf dem Intervall $I = [a, b]$. Die Klasse der Funktionen auf dem Intervall I mit dieses Eigenschaft heißt $BV(I)$.

Es ist leicht zu zeigen, das eine Verfeinerung der Zerlegung Z die Variation $\mathrm{var}(Z)$ zunehmen lässt. Eine Verfeinerung Z' von Z bedeutet hierbei, dass zu den Teilpunkten t_i aus Z neue Punkte hinzugenommen werden. Es sei z.B. s ein neuer Punkt im Intervall $[t_{i-1}, t_i]$, sodass $t_{i-1} < s < t_i$, dann gilt (Dreiecksungleichung)

$$|f(t_i) - f(t_{i-1})| \leq |f(t_i) - f(t_s)| + |f(t_s) - f(t_{i-1})|.$$

210 Durch hinzufügen der Elemente ∞ und $-\infty$ entsteht aus $\mathbb{R}$ die Menge der erweiterten rellen Zahlen $\overline{\mathbb{R}} = \mathbb{R} \cup \{-\infty, \infty\}$. Der Vorteil dieser Terminologie liegt in der Möglichkeit Ausdrücke wie $\sup M = \infty$ zu verwenden. Hierbei ist M eine Teilmenge von $\mathbb{R}$ und $\sup M = \infty$ bedeutet, dass es kein endliches Supremum, also keine endliche „kleinste obere Schranke gibt". M ist dann unbeschränkt.

211 Vgl. Walter (1990), S. 146.

Eine Verfeinerung von Z führt somit zu einer Zunahme[212] von $\operatorname{var} f(Z)$. Man kann nun eine natürliche Ordnung der möglichen Zerlegungen Z definieren, sodass $Z' \succ Z$ immer dann gilt, wenn Z' eine Verfeinerung von Z ist. Die Variation $\operatorname{var}(Z)$ ist nun bezüglich Z ein monoton wachsendes Netz und besitzt gemäß Satz A.1.3 einen Grenzwert. Damit ist die Totalvariation einer Funktion auch als Netz-Limes definiert:

$$V_a^b(f) = \lim_Z \operatorname{var}(Z; f) = \sup_Z \operatorname{var}(Z; f).$$

Die Totalvariation einer Funktion steht in enger Verwandschaft zur Weglänge. Will man die Weglänge einer Kurve bestimmen, ist es sinnvoll die Kurve in Punkte zu zerlegen und den Weg durch die Länge eines Polygonzuges zu approximieren. Die Abbildung A.1 verdeutlicht dies.

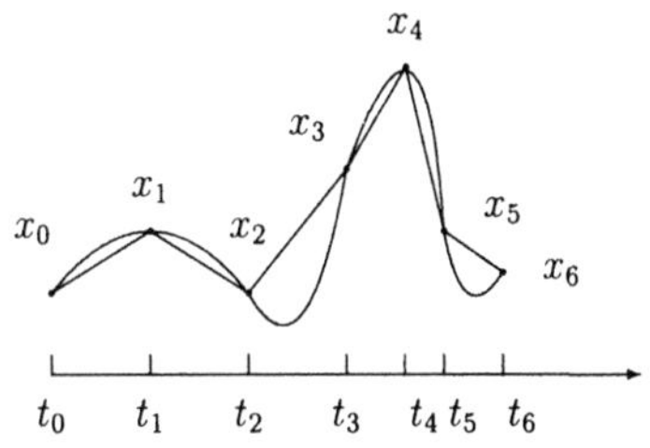

Abbildung A.1: Definition der Weglänge

Die Weglänge wird so durch die Zahl[213]

$$l(Z) := \sum_{i=1}^{p} |x_i - x_{i-1}|.$$

approximiert. Die exakte Länge einer Kurve ergibt sich durch zunehmende Verfeinerung der Approximation, also durch Verfeinerung von Z. Die Länge des Weges über dem Intervall $[a, b]$ L_a^b ist dann der Grenzwert des Netz-Limes

$$L_a^b = \lim_Z l(Z).$$

Die Weglänge einer Kurve ist sinnvoll nur für stetige Funktionen definierbar, die Totalvariation ist auch für nichtstetige Funktionen definiert.

[212] Es handelt sich natürlich um eine Zunahme im schwachen Sinn, dass heißt der Wert darf nicht abnehmen.

[213] $|x_i - x_{i-1}|$ steht für den euklidischen Abstand der Punkte x_i und x_{i-1}.

Ist eine Funktion f auf einem Intervall $[a,b]$ stetig und von beschränkter Variation, dann ist die Weglänge der durch die Funktion implizierten Kurve ϕ endlich und es gilt:

$$L_a^b(\phi) = V_a^b(f).$$

Man könnte annehmen, dass zumindest stetige Funktionen auf endlichen Intervallen von beschränkter Variation sind, die Weglängen der Kurven also endlich sind.

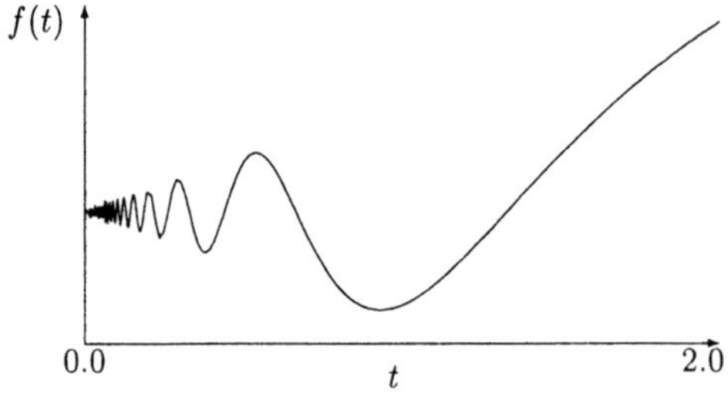

Abbildung A.2: Die Funktion $f(t) = t\sin(\frac{\pi}{t})$

Dies ist ein Trugschluss. Die Abbildung A.2 zeigt die Funktion $f(t) = t\sin(\frac{\pi}{t})$ im Intervall $I = [0,2]$, welche auf diesem Intervall eine Totalvariation von unendlich hat. Die Länge dieser Kurve ist auch im endlichen Intervall I unendlich. Diese Eigenschaft wird später bei der Behandlung der Brownschen Bewegungen wieder eine Rolle spielen.
Folgender Satz wird bei der Behandlung des Riemann-Stieltjes-Integrals gebraucht[214].

Satz A.1.4. *Für eine Zerlegung des Intervalls $I = [a,b]$ in zwei Teilintervalle $I_1 = [a,c]$ und $I_2 = [c,b]$ mit $a < c < b$ ist*

$$V_a^b(f) = V_a^c(f) + V_c^b(f).$$

A.1.3 Das Riemann-Stieltjes-Integral

Zuerst wird die Definition des Riemann-Stieltjes-Integrals angegeben und dann erläutert.

Definition A.1.9 (Riemann-Stieltjes-Integral). *Man betrachte zwei Funktionen f, α über dem Intervall $I = [a,b]$. $Z = (t_0, \ldots, t_p)$ sei eine Zerlegung des Intervalls I und $\tau = (\tau_1, \ldots, \tau_p)$ ein Satz passender Zwischenpunkte, sodass $\tau_i \in [t_{i-1}, t_i]$ für alle τ gilt.*

[214] Vgl. Walter (1990), S. 176.

Die Zwischensumme oder Riemann-Stieltjes-Summe ist

$$s(Z,\tau;fd\alpha) \equiv s(Z,\tau) := \sum_{i=1}^{p} f(\tau_i)[\alpha(t_i)-\alpha(t_{i-1})].$$

Der Netzlimes (Definition A.1.4) bezüglich der Indexmenge aller zulässigen Paare (Z,τ)

$$\int_a^b f d\alpha \equiv \int_a^b f(t)d\alpha(t) := \lim_Z s(Z,\tau)$$

ist das Riemann-Stieltjes-Integral (RS-Integral) von f *bezüglich* α.

Setzt man $\alpha(t) = t$ erhält man die Riemannsche Zwischensumme

$$\sum_{i=1}^{p} f(\tau_i)[t_i - t_{i-1}]$$

und durch Grenzwertbildung das Riemann-Integral. Die Abbildung A.3 verdeutlicht die Vorgehensweise.

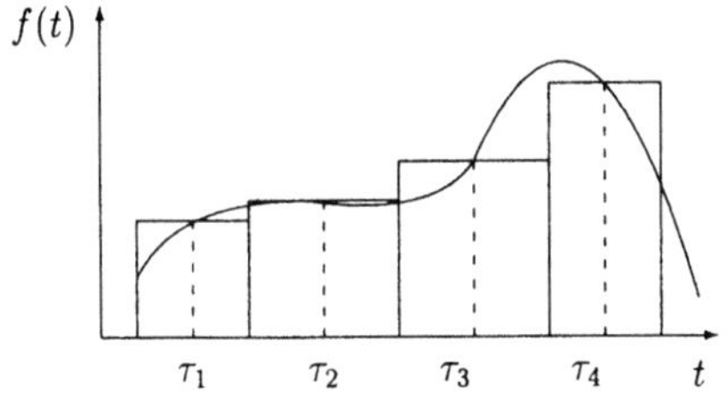

Abbildung A.3: Approximation des Integrals

Das Integral wird durch Rechtecke approximiert. Im Grenzbildungsprozess werden die Intervalle zunehmend kleiner und die Approximation besser. Im Unterschied zum Riemann-Integral wird beim Riemann-Stieltjes-Integral nicht die Intervallänge $(t_i - t_{i-1})$, sondern $(\alpha(t_i) - \alpha(t_{i-1}))$ verwendet. Es wird somit eine *Gewichtung* vorgenommen.

Mit Hilfe eines ökonomischen Beispiels kann die Rationalität des Gewichtungsprozesses verdeutlicht werden. Angenommen $f(t)$ gibt die Zahl der Wertpapiere (gleichen Typs) an, die zum Zeitpunkt t gehalten werden. Wenn $\alpha(t)$ den Preis (Kurs) eines Wertpapiers zum Zeitpunkt t angibt, dann ist der Ausdruck

$$\sum_{i=1}^{p} f(\tau_i)[\alpha(t_i) - \alpha(t_{i-1})] \text{ mit } \tau_i \in [t_{i-1}, t_i]$$

eine Approximation des Gewinns dieser Anlagestrategie für den Zeitraum $[0,1]$. Das $[0,1]$ Intervall wurde hierbei in Teilintervalle der Form $[t_{i-1}, t_i]$ zerlegt. Der Ausdruck $(\alpha(t_i) - \alpha(t_{i-1}))$ gibt daher die Wertveränderung des Papiers zwischen t_{i-1} und t_i an. Die Multiplikation dieses Terms mit $f(\tau_i)$ ist eine Approximation des durchschnittlichen Gewinns in diesem Zeitintervall. Lässt man nun die Intervalle immer kleiner werden und bestimmt den Grenzwert, ergibt sich der exakte Gewinn für den Zeitraum $[0,1]$ als

$$\int_0^1 f(t)d\alpha(t).$$

Es handelt sich um ein Riemann-Stieltjes-Integral.
Der folgende Satz gibt Auskunft über die Existenz des RS-Integrals. Hierbei bedeutet $BV(I)$ die Klasse der Funktionen von beschränkter Variation auf I und $C^0(I)$ die Klasse der stetigen Funktionen auf I.

Satz A.1.5 (Existenz des RS-Integrals). *Ist $f \in C^0(I)$ und $\alpha \in BV(I)$, so existiert das RS-Integral $\int_a^b f dg$.*

Beweis. Aufgrund der Stetigkeit von f gibt es zu jedem $\epsilon > 0$ ein $\delta > 0$, sodass aus $|s-t| < \delta$ folgt $|f(s)-f(t)| < \epsilon$. Wählt man nun eine Zerlegung $Z_\epsilon = (a = r_0, \ldots, r_q = b)$ und zerteilt damit das Intervall I in Teilintervalle $I_i = [r_{i-1}, r_i]$, kann jedem Intervall I_i eine Länge $|I_i| = r_i - r_{i-1}$ zugeordnet werden. Ein Maß für die „Grobheit" von Z ist $|Z| = \max_i |I_i|$. Die Zerlegung Z_ϵ sei so, dass $|Z_\epsilon| < \delta$ und die zugehörige RS-Summe $s(Z_\epsilon, \rho)$ so, dass die Zwischenpunkte mit $\rho_i = r_i$ gewählt werden. Ein Verfeinerung $Z = (t_0, \ldots, t_p)$ von Z_ϵ erfülle die Bedingung $t_m = r_1$. Die ersten m Zwischenpunkte τ_i von $s(Z,\tau)$ liegen in $[a, r_1]$, also gilt $a = r_0 = t_0 < t_1 < \cdots < t_m = r_1$. Der erste Summand von $s(Z_\epsilon, \rho)$ lässt sich in der Form

$$f(r_1)[\alpha(r_1) - \alpha(r_0)] = f(r_1)\sum_{i=1}^{m}[\alpha(t_i) - \alpha(t_{i-1})] \text{ oder}$$
$$f(r_1)[\alpha(r_1) - \alpha(r_0)] = \sum_{i=1}^{m} f(r_1)[\alpha(t_i) - \alpha(t_{i-1})]$$

schreiben. Da die ersten m Zwischenpunkte τ_i von $s(Z,\tau)$ in $[a, r_1]$ liegen und annahmegemäß $r_1 - a < \delta$ ist[215], gilt $|(f(r_1) - f(\tau_i)| < \epsilon$. Die Differenz des ersten Summanden von $s(Z_\epsilon, \rho)$ und des ersten Summanden von $s(Z,\tau)$ ist

$$\sum_{i=1}^{m} f(r_1)[\alpha(t_i) - \alpha(t_{i-1})] - \sum_{i=1}^{m} f(\tau_i)[\alpha(t_i) - \alpha(t_{i-1})] = \sum_{i=1}^{m}[f(r_1) - f(\tau_i)][\alpha(t_i) - \alpha(t_{i-1})].$$

[215] Da $|Z_\epsilon| < \delta$ angenommen wurde und $|Z_\epsilon| = \max_i |I_i|$ ist, folgt mit $|I_1| = r_1 - r_0 = r_1 - a$ die Behauptung.

Da nun $|(f(r_1) - f(\tau_i)| < \epsilon$ gilt, folgt

$$\left|\sum_{i=1}^{m}[f(r_1) - f(\tau_i)][\alpha(t_i) - \alpha(t_{i-1})]\right| \leq \sum_{i=1}^{m} \epsilon[\alpha(t_i) - \alpha(t_{i-1})].$$

Der Term $\sum_{i=1}^{m}[\alpha(t_i) - \alpha(t_{i-1})]$ entspricht nach Definition A.1.7 der Variation von $\alpha(t)$ und die Ungleichung ändert sich nicht, wenn man zur Totalvariation übergeht. Daher folgt

$$\left|\sum_{i=1}^{m}[f(r_1) - f(\tau_i)][\alpha(t_i) - \alpha(t_{i-1})]\right| \leq \epsilon V_a^{r_1}(\alpha).$$

Die Anwendung dieser Vorgehensweise auf die Teilintervalle $[r_1, r_2], \ldots, [r_{q-1}, r_q]$ ergibt in Verbindung mit Satz A.1.4

$$|s(Z, \tau) - s(Z_\epsilon, \rho)| \leq \epsilon V_a^b(\alpha).$$

Die gleiche Überlegung gilt für beliebige Zerlegungen, so auch für Z'. Dann folgt

$$|s(Z', \tau) - s(Z_\epsilon, \rho)| \leq \epsilon V_a^b(\alpha).$$

Die Addition der beiden Ungleichungen ergibt, für alle $Z, Z' \succ Z_\epsilon$

$$|s(Z, \tau) - s(Z', \tau)| \leq |s(Z, \tau) - s(Z_\epsilon, \rho)| + |s(Z', \tau) - s(Z_\epsilon, \rho)| \leq 2\epsilon V_a^b(\alpha)$$

Es wurde damit gezeigt, dass $s(Z, \tau)$ ein Cauchy-Netz ist, und daher $\int_a^b f d\alpha$ existiert. □

Die Konvergenz beruht auf der Annahme $V_a^b(\alpha) < \infty$. Dies zeigt die Bedeutung der beschränkten Variation von α. Der folgende Satz wird ohne Beweis angegeben.[216]

Satz A.1.6 (Partielle Integration). *Wenn $\int_a^b f d\alpha$ existiert, dann existiert $\int_a^b \alpha df$, und es gilt*

$$\int_a^b f d\alpha + \int_a^b \alpha df = fg|_a^b \equiv f(b)\alpha(b) - f(a)\alpha(a)$$

Durch diesen Satz wird deutlich, dass die Existenzbedingungen in Satz A.1.5 auch vertauscht werde dürfen. Anders gesagt: $\int_a^b f d\alpha$ existiert auch, wenn $f \in BV(I)$ und $\alpha \in C^0(I)$.

[216] Vgl. Walter (1990), S. 193.

A.1.4 Das Lebesgue-Integral

In diesem Abschnitt wird ein kurzer Einblick in die Maß- und Integrationstheorie gegeben. Die Konzepte werden heuristisch eingeführt und auf Beweise wird verzichtet, da eine strenge Behandlung der Maß- und Integrationstheorie sehr umfangreich und schwierig ist.[217] Die Motivation sich mit den Zusammenhängen der Maß- und Integrationstheorie zu beschäftigen, liegt in der Notwendigkeit Limes- und Integralbildung zu vertauschen. Man braucht also Kriterien, die

$$\lim_{n\to\infty}\int_a^b f_n(t)dt \equiv \int_a^b \lim_{n\to\infty} f_n(t)dt$$

sicherstellen. Hinreichend ist, im Rahmen der Riemannschen Integrationstheorie, die gleichmäßige Konvergenz. Im Rahmen der von Lebesgue entwickelten Integrationstheorie sind viel schwächere Kriterien ausreichend.

Eine weitere (für die späteren Ausführungen wichtigere) Motivation, die Lebesguesche Integrationstheorie zu behandeln, liegt in der Notwendigkeit, Erwartungswerte von Zufallsvariablen über allgemeine Wahrscheinlichkeitsräume als Lebesgue-Integrale einzuführen.

In Abbildung A.3 wurde der Approximationsvorgang beim Riemann- Integral dargestellt. Der Definitionsbereich wird zerlegt und die Funktion durch eine Treppenfunktion approximiert.

Beim Lebesgue-Integral wird der *Bildbereich*[218] in kleine Teilintervalle zerlegt und die Funktion durch eine Treppenfunktion approximiert. Nehmen wir zur Verdeutlichung an, das f eine Funktion sei, deren Bildbereich das Intervall $[0, 1]$ ist. Der Bildbereich wird nun in die Intervalle $\left[\frac{k}{n}, \frac{k+1}{n}\right]$ zerlegt. Die Abbildung A.4 zeigt dies. Die zu den Intervallen des Bildbereichs passenden Mengen

$$E_{k,n} = \left\{t : \frac{k}{n} \leq f(t) < \frac{k+1}{n}\right\}$$

und Funktionen der Gestalt $\phi_n(t) = \frac{k}{n}$ wenn $t \in E_{k,n}$ erlauben es, das Integral durch

$$\sum_k \frac{k}{n}\lambda(E_{k,n})$$

zu approximieren. Hierbei ist $\lambda(E_{k,n})$ ein Maß für die „Größe" der Menge $E_{k,n}$. Setzen sich die Mengen $E_{k,n}$ aus der Vereinigung endlich vieler Intervalle zusammen, dann ist als Maß für $E_{k,n}$ die Addition der Längen der einzelnen Intervalle sinnvoll. Da die zugelassenen Funktionen jedoch sehr allgemein sind, z.B. müssen sie nicht stetig sein, können

[217] Eine Einführung in die Maß- und Integrationstheorie aus Sicht der Wahrscheinlichkeitstheorie bietet Williams (1991). Die Behandlung des Themas in Chow und Teicher (1988) ist umfassender aber auch technischer. Eine enzyklopädische Darstellung ist in Davidson (1994) zu finden.

[218] Man spricht auch vom *Wertebereich*.

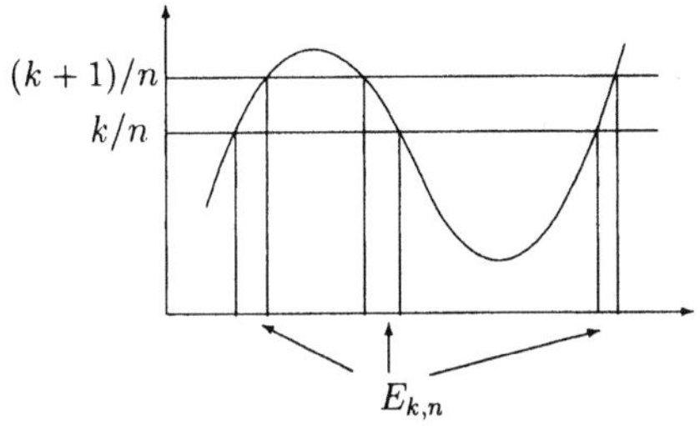

Abbildung A.4: Lebesgue-Integral

die Mengen $E_{k,n}$ kompliziert sein. Es stellt sich daher das Problem, möglichst vielen Teilmengen von $\mathbb{R}$ auf konsistente Weise ein Maß zuzuordnen. Solche Probleme werden von der Maßtheorie behandelt.

Maßtheorie

Ein System von Mengen, welche messbar sein sollen, muss die Eigenschaft einer σ-Algebra erfüllen.

Definition A.1.10 (σ-Algebra). *Eine σ-Algebra $\mathcal{F}$ ist ein System von Teilmengen aus X mit den Eigenschaften*

1. $X \in \mathcal{F}$
2. *Wenn* $A \in \mathcal{F}$ *dann* $A^c \in \mathcal{F}$
3. *Wenn* $\{A_n, n \in \mathbb{N}\}$ *eine Folge von Teilmengen mit* $A_n \in \mathcal{F}$ *ist, dann gilt* $\cup_{n=1}^{\infty} A_n \in \mathcal{F}$.

Angewandt auf die Frage der Meßbarkeit bedeutet (1) die Menge X ist meßbar; (2) ist eine Menge A meßbar, so ist auch das Komplement A^c (also X ohne A $(X \setminus A)$) meßbar; (3) bildet man die Vereinigung einer Folge meßbarer Mengen, so ist die entstandene Menge auch meßbar. Mit Hilfe des Gesetzes von de Morgan[219] folgt, dass auch die Durchschnittsmenge meßbar ist. Die Eigenschaften der σ-Algebra gewährleisten, dass die üblichen mengentheoretischen Operationen immer meßbare Mengen erzeugen. Die Anforderungen an ein Maß sind die folgenden.

[219] Das Gesetz von de Morgan besagt: $(\cup_{n=1}^{\infty} A_n)^c = \cap_{n=1}^{\infty} A_n^c$.

Definition A.1.11 (Maß). *Es sei $\mathcal{F}$ ein System von Teilmengen aus X. Dann ist die Abbildung*

$$\mu : \mathcal{F} \to \mathbb{R}$$

ein Maß, wenn folgende Eigenschaften erfüllt sind:

1. *$\mu(A) \geq 0$ für alle $A \in \mathcal{F}$*

2. *$\mu(\emptyset) = 0$ ($\emptyset$ ist die leere Menge)*

3. *Für jede Folge $\{A_n, n \in \mathbb{N}\}$ mit paarweise disjunkten Mengen ($A_j \cap A_i = \emptyset$ Für $j \neq i$) gilt*

$$\mu\left(\bigcup_n A_n\right) = \sum_n \mu(A_n)$$

Punkt 3 ist der wichtigste. Die Additivität wird hier nicht nur für endlich viele Vereinigungen, sondern für abzählbar viele gefordert.
Ein Tupel $(X, \mathcal{F})$ wird Messraum genannt, wenn $\mathcal{F}$ eine σ-Algebra ist. Durch Angabe eines Maßes μ entsteht der Maßraum $(X, \mathcal{F}, \mu)$. Wählt man für X die Menge der reellen Zahlen $\mathbb{R}$, stellt sich die Frage nach einer geeigneten σ-Algebra $\mathcal{F}$. Eine σ-Algebra, die es erlaubt konsistent ein Maß anzugeben, ist die Borel-Algebra $\mathcal{B}$. Sie ist das System von Teilmengen, welches durch die rechts-offenen Halblinien $\{(-\infty, x], x \in \mathbb{R}\}$ erzeugt wird.[220]
Der Raum $(\mathbb{R}, \mathcal{B})$ ist also ein Messraum und die Teilmengen von $\mathcal{B}$ heißen Borelmengen. Ein wichtiges Maß ist das Lebesgue-Maß λ mit

$$\lambda((a, b]) = b - a.$$

Jedem Intervall auf der Zahlengerade wird die Länge des Intervalls zugeordnet. Es folgt $\lambda(\mathbb{R}) = \infty$ und $\lambda((a, a]) = 0$. Die gesamte Zahlengerade hat das Maß unendlich und jeder Punkt das Maß null.

Die Konstruktion des Integrals

Die in der Abbildung A.4 dargestellte Konstruktion des Integrals ist nun kein Problem mehr, wenn die Mengen $E_{n,k}$ Borelmengen sind. Die folgende Definition spezifiziert die entsprechenden Anforderungen an eine Funktion.

[220] Ist $\mathcal{C}$ eine Teilmenge aus X so existiert eine „kleinste“ σ-Algebra in der $\mathcal{C}$ enthalten ist. Man spricht von der durch $\mathcal{C}$ erzeugten σ-Algebra.

Definition A.1.12 (Meßbarkeit). *Betrachtet man die Maßräume* $(X, \mathcal{F})$ *und* $(\mathbb{R}, \mathcal{B})$ *und eine Funktion*

$$f : \Omega \to \mathbb{R}$$

so ist die Funktion $\mathcal{F}/\mathcal{R}$*-messbar, wenn* $f^{-1}(B) \in \mathcal{F}$ *für alle* $B \in \mathcal{B}$.

Ist X eine Teilmenge von $\mathbb{R}$, die Funktion also eine Abbildung $f : I \to \mathbb{R}$ mit $I \in \mathbb{R}$, dann ist f (Borel-) messbar, falls $f^{-1}((a, b])$ für alle $a, b \in \mathbb{R}$ eine Borelmenge ist. Eine Funktion der Gestalt

$$\chi_E(t) = \begin{cases} 1 & t \in E \\ 0 & t \notin E \end{cases}$$

wird *Indikatorfunktion* und eine Funktion der Gestalt

$$f = \sum_{i=1}^{n} \alpha_i \chi_{E_i}$$

wird *Elementarfunktion* genannt. Eine Elementarfunktion ist messbar und das Integral durch

$$\int f d\lambda = \sum_{i=1}^{n} \alpha_i \lambda(E_i)$$

definiert. Man kann zeigen, dass für jede nicht-negative messbare Funktion eine Folge von Elementarfunktionen $\phi_n(t)$ mit $f(t) = \lim_{n\to\infty} \phi_n(t)$ existiert. Das Integral ist dann

$$\int f d\lambda := \lim_{n\to\infty} \int \phi_n d\lambda$$

und unabhängig von der Folge ϕ_n.
Eine messbare Funktion heißt integrierbar, wenn $\int f d\lambda < \infty$ ist. Allgemeine Funktionen werden dann mit $f^+ = \max\{f, 0\}$ und $f^- = \max\{-f, 0\}$ in zwei nichtnegative Funktionen zerlegt und das Integral ist dann

$$\int f d\lambda = \int f^+ d\lambda - \int f^- d\lambda.$$

Statt $\int f d\lambda$ wird auch $\int f(t) dt$ geschrieben.

Konvergenzsatz

Der folgende Konvergenzsatz gehört zu den wichtigsten Resultaten der Lebegueschen Integrationstheorie.

Satz A.1.7 (Dominierte Konvergenz (Lebesgue)). *Die Folge f_n integrierbarer Funktionen sei von der integrierbaren Funktion g dominiert ($|f_n| \leq g$) und $f(t) = \lim_{n\to\infty} f_n(t)$, dann gilt*

$$\lim_{n\to\infty} \int f_n(t)dt = \int f(t)dt.$$

Dominierte Konvergenz ist insbesondere erfüllt, wenn $|f_n| < M < \infty$ gilt. M ist hierbei ein fester Wert und f_n daher beschränkt. Man spricht auch von beschränkter Konvergenz.

A.2 Stochastische Konzepte

In diesem Abschnitt wird eine kurze Einführung in die Theorie der stochastischen Prozesse gegeben. Zuerst ist die Behandlung von Zufallsvariablen nötig, da stochastische Prozesse verallgemeinerte Zufallsvariablen sind.[221]

A.2.1 Zufallsvariablen

Eine Zufallsvariable kann nur in Bezug auf einen Wahrscheinlichkeitsraum sinnvoll definiert werden. Ein Wahrscheinlichkeitsraum ist die mathematische Modellierung eines Zufallsexperiments. Das Tripel $(\Omega, \mathcal{F}, P)$ wird Wahrscheinlichkeitsraum genannt. Ω ist der *Ergebnisraum*, das heißt die Menge der möglichen *Ergebnisse* oder *Elementarereignisse* eines Zufallsexperiments. Das Eintreten eines Elementarereignisses ist vor der Realisation des Zufallsexperiments nicht sicher voraussagbar. Man nennt die Elemente von Ω deshalb auch *Zufallselemente*. $\mathcal{F}$ ist ein System von Teilmengen aus Ω. Die Elemente aus $\mathcal{F}$ werden *Ereignisse* genannt. Ist $A \subset \mathcal{F}$ das Ereignis A, dann tritt das Ereignis A ein, wenn $\omega \in A$ ein beobachteter Ausgang des Zufallsexperiments ist. Logische Verknüpfungen von Ereignissen entsprechen mengentheoretischen Operationen. So bedeutet $A \cap B$, dass sich A und B ereignet, $A \cup B$, dass sich A oder B ereignet und $A^c = \Omega \setminus A$, dass sich A nicht ereignet.

Der Wahrscheinlichkeitsraum ist erst durch die Angabe eines Wahrscheinlichkeitsmaß P vollständig definiert. Das Wahrscheinlichkeitsmaß P ist eine Abbildung $\mathcal{F} \to [0,1]$, die jedem Ereignis eine Wahrscheinlichkeit zuordnet. Es ist nicht immer möglich, allen Teilmengen von Ω auf konsistente Weise eine Wahrscheinlichkeit zuzuordnen. Daher kann

221 Die Ausführungen in diesem Abschnitt basieren auf einer Vielzahl von Quellen. Eine gute Einführung in die Konzepte der Stochastik, die ohne maßtheoretisches Instrumentarium auskommt, ist die Arbeit von Grimmett und Stirzaker (1992). Eine maßtheoretisch fundierte Einführung bietet Williams (1991).

$\mathcal{F}$ nicht immer die Potenzmenge von Ω sein. Um sicherzustellen, dass die üblichen Verknüpfungen (und, oder, nicht) von Ereignissen wieder Ereignisse ergeben, muss $\mathcal{F}$ eine σ-Algebra sein.

Definition A.2.1 (Wahrscheinlichkeitsmaß). *Ein Wahrscheinlichkeitsmaß auf einem Messraum* $(\Omega, \mathcal{F})$ *ist eine Abbildung* $P : \mathcal{F} \to [0, 1]$, *die folgende Axiome (Kolmogorov Axiome) erfüllt:*

1. $P(A) \geq 0$ *für alle* $A \in \mathcal{F}$
2. $P(\Omega) = 1$
3. $P(\cup_j A_j) = \sum_j P(A_j)$ *für alle disjunkten Kollektionen* $\{A_j \in \mathcal{F}, j \in \mathbb{N}\}$

Jetzt sind die Vorbereitungen für die Einführung des Konzepts *Zufallsvariable* geleistet. Eine Zufallsvariable ist eine Abbildung von Ω nach $\mathbb{R}$. Jedem Element von Ω, also jeder zufälligen Realisation des Zufallsexperiments ω, wird eine Zahl zugeordnet. So könnte ω z.B. eine bestimmte Wetterlage und die zugeordnete Zahl der Ernteertrag bei dieser Wetterlage sein. Betrachtet man nun Ereignisse der Art „Der Ernteertrag ist zwischen 3 und 4 Tonnen“, oder allgemein irgend eine Teilmenge B aus der Borelmenge $\mathcal{B}$, dann muss sichergestellt sein, dass ein sinnvolles Ereignis (Teilmenge von $\mathcal{F}$) des Zufallsexperiments zugrundeliegt. Dies entspricht der Messbarkeit der Abbildung.

Definition A.2.2 (Zufallsvariable). *Es sei* $(\Omega, \mathcal{F}, P)$ *ein Wahrscheinlichkeitsraum. Eine Zufallsvariable ist dann eine* $\mathcal{F}/\mathcal{B}$*-messbare Abbildung* $X : \Omega \to \mathbb{R}$. *Das heißt* $X(\omega)$ *induziert eine inverse Abbildung von* $\mathcal{B}$ *nach* $\mathcal{F}$, *sodass* $X^{-1}(\mathcal{B}) \in \mathcal{F}$ *für alle* $B \in \mathcal{B}$ *gilt.*

Eine Zufallsvariable kann daher auch durch den Wahrscheinlichkeitsraum $(\mathbb{R}, \mathcal{B}, \mu)$ dargestellt werden. Hierbei ist μ ein abgeleitetes Wahrscheinlichkeitsmaß mit $\mu(B) = P(X^{-1}(B)) = P(x \in B)$. Der Ausdruck *Verteilung* bezieht sich auf dieses Wahrscheinlichkeitsmaß.

Definition A.2.3 (Verteilungsfunktion). *Die Verteilungsfunktion der Zufallsvariablen* X
ist eine Funktion $F : \mathbb{R} \to [0, 1]$, *mit:*

$$F(x) = \mu((-\infty, x]) = P(X \leq x), x \in \mathbb{R}$$

Der Wert der Verteilungsfunktion an der Stelle x gibt die Wahrscheinlichkeit an, dass die Zufallsvariable X einen Wert von x oder kleiner annimmt. Ist $F(x)$ differenzierbar, so kann die Zufallsvariable auch durch die Dichtefunktion $f(x) = dF/dx$ beschrieben werden. Es gilt dann:

$$\mu(E) = \int_E f(x)dx \text{ für alle } E \in \mathcal{B}.$$

A.2.2 Erwartungswert und bedingter Erwartungswert

Erwartungswert

Der Erwartungswert $E(X)$ einer Zufallsvariablen X gibt den Durchschnitt der realisierten Werte von sehr häufig wiederholten unabhängigen Zufallsexperimenten an. Er ist wie folgt definiert:

$$E(X) = \int_{\Omega} X(\omega) dP(\omega).$$

Bei dem Integral handelt es sich um ein Lebesgue-Integral bezüglich des Wahrscheinlichkeitsmaßes P. Alternativ kann der Erwartungswert als Riemann-Stieltjes-Integral bezüglich der Verteilungsfunktion $F(x)$ eingeführt werden:

$$E(X) = \int_{-\infty}^{+\infty} x dF(x).$$

Bedingter Erwartungswert

Wenn eine Teilinformation über den Ausgang eines Zufallsexperimentes bekannt ist, ergibt sich auf natürliche Weise das Konzept des bedingten Erwartungswerts.
Ist z. B. bekannt, dass das Ereignis A eingetreten ist, ist die bedingte Wahrscheinlichkeit für das Ergebnis B

$$P(B|A) = \frac{P(A \cap B)}{P(A)} \text{ für } A, B \in \mathcal{F} \text{ und } P(A) > 0.$$

Nach dieser Definition werden bedingte Wahrscheinlichkeiten vor der Realisation eines Zufallsexperimentes zugewiesen. Eine andere Möglichkeit besteht darin, bedingte Wahrscheinlichkeiten als Zufallsvariablen einzuführen. Die bedingte Wahrscheinlichkeit für ein Ereignis B ist dann relativ zu einer Ereignisklasse, also einer Unter-σ-Algebra zu verstehen. Wenn B ein Ereignis mit $B \in \mathcal{F}$ ist und $\mathcal{G} \subseteq \mathcal{F}$ eine Unter-σ-Algebra, dann ist die Abbildung

$$P(B|\mathcal{G}) : \mathcal{G} \to [0, 1]$$

die bedingte Wahrscheinlichkeit, die ein Beobachter dem Ereignis B zuordnet, wenn $A \in \mathcal{G}$ als realisiertes Ereignis eintritt. $\mathcal{G}$ kann als Informationsmenge des Beobachters interpretiert werden. Für alle $A \in \mathcal{G}$ kann der Beobachter entscheiden, ob A realisiert ist oder nicht. Je größer die Menge $\mathcal{G}$ ist, um so mehr Informationen über den Ausgang des Zufallsexperimentes besitzt der Beobachter. Ist $\mathcal{G} = \{\emptyset, \Omega\}$, so handelt es sich um die triviale Informationsmenge. Es kann nur entschieden werden, ob das Ereignis $A = \emptyset$ (nichts ist passiert) oder $A = \Omega$ (irgendetwas ist passiert) eingetreten ist. Da $P(\emptyset) = 0$ und $P(\Omega) = 1$

gilt, ist sofort einsichtig, dass diese Information nichts nützt. $P(B|\mathcal{G})$ ist in diesem Fall $P(B)$.
Der andere Extremfall ist $\mathcal{G} = \mathcal{F}$. Wenn man für jedes Ereignis entscheiden kann ob es eingetreten ist, dann weiß man auch ob B eingetreten ist. $P(B|\mathcal{G})$ ist 1 wenn $\omega \in B$ und sonst 0.
Die Berücksichtigung von Informationen führt zum bedingten Erwartungswert.

Definition A.2.4 (Bedingter Erwartungswert). *Ist Y eine Zufallsvariable über dem Wahrscheinlichkeitsraum $(\Omega, \mathcal{F}, P)$ und $\mathcal{G}$ eine Unter-σ-Algebra mit $\mathcal{G} \subseteq \mathcal{F}$, dann ist der bedingte Erwartungswert $E(Y|\mathcal{G})$ eine Zufallsvariable mit der Eigenschaft*

$$\int_G E(Y|\mathcal{G})dP(\omega) = \int_G Y dP(\omega) \text{ für alle } G \in \mathcal{G}$$

Intuitiv repräsentiert der bedingte Erwartungswert die optimale Prognose der Zufallsvariable Y eines Beobachters mit der Informationsmenge $\mathcal{G}$.

A.2.3 Jensensche Ungleichung

Da die Jensensche Ungleichung im Rahmen dieser Arbeit eine sehr wichtige Rolle spielt, wird ihr hier ein eigener Abschnitt eingeräumt.
Wird eine Zufallsvariable X linear transformiert, also eine Transformation $g(X) = a + bX$ (a,b sind konstant) durchgeführt, dann ist der Erwartungswert $E(g(X)) = a + bE(X)$ auch eine lineare Transformation. Dies gilt im Allgemeinen nicht mehr, wenn $g(X)$ eine nichtlineare Transformation ist. Es gilt dann $E(g(X)) \neq g(E(X))$. Die Jensensche Ungleichung ermöglicht für konvexe und konkave Transformationen (Funktionen) dennoch eine Aussage.

Definition A.2.5 (Konvexe Funktion). *Eine Funktion $g(x) : I \to \mathbb{R}$ mit $I \subseteq \mathbb{R}$ ist auf dem Intervall I konvex, wenn*

$$g((1-\lambda)x + \lambda y) \leq (1-\lambda)g(x) + \lambda g(y)$$

für alle $x, y \in I$ und alle $\lambda \in [0,1]$ gilt.

Die Umkehrung der Ungleichung liefert die Definition einer konkaven Funktion.
Die Jensensche Ungleichung besagt, dass für konvexe Funktionen $g(x)$

$$g(E(X)) \leq E(g(X))$$

gilt. Für konkave Funktionen gilt die Umkehrung der Ungleichung. Die Abbildung A.5 verdeutlicht den Zusammenhang für eine binäre Zufallsvariable. Die Zufallsvariable X

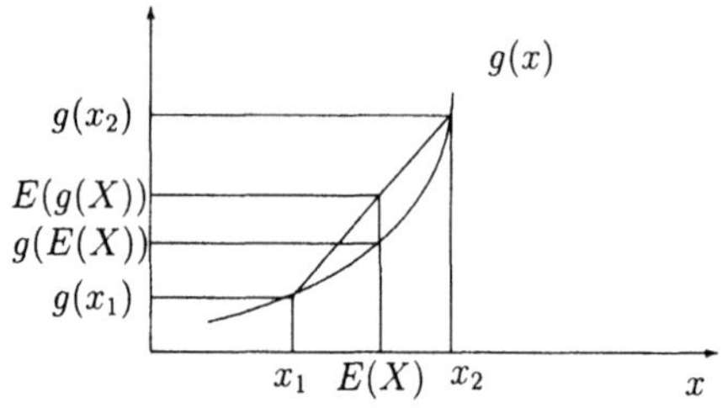

Abbildung A.5: Jensensche Ungleichung

nimmt mit der Wahrscheinlichkeit p den Wert x_1 und mit der Wahrscheinlichkeit $1-p$ den Wert x_2 an. Dann ist $E(X) = px_1 + (1-p)x_2$ und $E(g(X)) = pg(x_1) + (1-p)g(x_2)$. Der Beweis der Jensenschen Ungleichung erfordert zuerst die Behandlung einiger Eigenschaften von konvexen Funktionen.

Aus der Annahme der Konvexität, also

$$g((1-\lambda)x + \lambda y) \leq (1-\lambda)g(x) + \lambda g(y)$$

folgt mit $t = (1-\lambda)x + \lambda y$ und daher $\lambda = (x-t)/(x-y)$

$$g(t) \leq \frac{t-y}{x-y} g(x) + \frac{x-t}{x-y} g(y)$$

oder

$$g(t) \leq g(x) - g(x) + \frac{t-y}{x-y} g(x) + \frac{x-t}{x-y} g(y)$$

und nach Umstellungen

$$g(t) \leq g(x) + D(x,y)(t-x).$$

$D(x,y)$ ist der Differenzenquotient der Punkte x und y, also

$$D(x,y) := \frac{g(x) - g(y)}{x-y}$$

und es gilt $D(x,y) = D(y,x)$.

Lemma A.2.1. *Ist die Funktion $g(x)$ auf dem Intervall I konvex, dann folgt für $x < t < y$ aus I*

$$D(x,t) \leq D(x,y) \leq D(t,y).$$

Beweis. Aus $g(t) \leq g(x) + D(x,y)(t-x)$ folgt mit $(t-x) > 0$

$$\frac{g(t)-g(x)}{t-x} = D(x,t) \leq D(x,y),$$

womit die linke Seite der Ungleichung bewiesen wäre. Mit Hilfe der Identität

$$g(x) + D(x,y)(t-x) = g(y) + D(x,y)(t-y)$$

folgt

$$g(t) \leq g(y) + D(x,y)(t-y)$$

oder mit $(t-y) < 0$

$$\frac{g(t)-g(y)}{t-y} = D(t,y) \geq D(x,y)$$

die rechte Seite der Ungleichung □

Lemma A.2.2. *Ist $g(x)$ eine konvexe Funktion, dann existiert eine Funktion $A(x)$, sodass für alle x im Inneren von I und $y \in I$*

$$A(x)(y-x) \leq g(y) - g(x)$$

gilt.

Beweis. Für jede mögliche Wahl von $t_1, t_2 \in I$ und x im Inneren von I folgt aus der Ungleichung von Lemma A.2.1

$$D(x,t_1) \leq D(x,t_2) \text{ mit } x < t_1 < t_2.$$

Es gibt nach der Ungleichung aus Lemma A.2.1 auch ein $D(x_1,x)$ mit $x_1 < x$, sodass

$$D(x_1,x) \leq D(x,t_1) \leq D(x,t_2)$$

gilt. Man erhält eine monotone und beschränkte Folge $t \to D(x,t)$, welche die Existenz der rechtsseitigen Ableitung $g_+^{'}(x) = \lim_{t\to x^+} D(x,t)$ garantiert.

Fall 1. Es sei $x < y$, dann wählt man $t \in (x,y)$ und bildet auf der linken Seite von

$$D(x,t) \leq D(x,y)$$

den Grenzwert und erhält

$$g_+^{'}(x) \leq \frac{g(y)-g(x)}{y-x} \qquad \text{oder}$$

$$g(y) \geq g(x) + g_+'(x)(y - x).$$

Fall 2. Es sei $y < x$, dann wählt man $t > x$ und bildet auf der rechten Seite von

$$D(x, y) \leq D(x, t)$$

den Grenzwert und erhält

$$\frac{g(y) - g(x)}{y - x} \leq g_+'(x) \qquad \text{oder}$$

$$g(y) \geq g(x) + g_+'(x)(y - x).$$

Mit $A(x) = g_+'(x)$ folgt die Behauptung. □

Satz A.2.1 (Jensensche Ungleichung). *Für eine über I konvexe Funktion gilt:*

$$g(E(X)) \leq E(g(X))$$

Beweis. Man setze $x = E(X)$ und $y = X$ und benutze Lemma A.2.2. Es folgt

$$A(E(X))(X - E(X)) \leq g(X) - g(E(X)).$$

Bildet man auf beiden Seiten den Erwartungswert, so erhält man

$$\begin{aligned} A(E(X))(E(X) - E(X)) &\leq E(g(X)) - g(E(X)) \\ 0 &\leq E(g(X)) - g(E(X)) \\ g(E(X)) &\leq E(g(X)). \end{aligned}$$

□

A.2.4 Stochastische Prozesse

Stochastische Prozesse sind Familien von Zufallsvariablen über einem gemeinsamen Wahrscheinlichkeitsraum. Die einzelnen Zufallsvariablen sind indiziert. Es interessieren uns hier nur gerichtete Indexmengen, sodass die Indexmenge als Zeit interpretiert werden kann. Der Zustandsraum der Zufallsvariablen ist gewöhnlich $\mathbb{R}$. Eine Erweiterung auf $\mathbb{R}^n$ ist meistens problemlos möglich. Es handelt sich dann um eine Familie von Zufallsvektoren b.z.w. um einen mehrdimensionalen stochastischen Prozess.

Definition A.2.6 (Stochastischer Prozess). *Eine indizierte Familie von Zufallsvariablen*

$$\{X_t\}_{t \in \mathbb{T}}$$

definiert über dem Wahrscheinlichkeitsraum $(\Omega, \mathcal{F}, P)$ und der Indexmenge $\mathbb{T}$, wird stochastischer Prozess genannt.

Ein stochastischer Prozess $X(\omega, t) = X_t(\omega)$ ist somit eine Abbildung

$$X(\omega, t) : \Omega \times \mathbb{T} \to \mathbb{R}.$$

Für gegebene $t \in \mathbb{T}$ ist $X(\omega, t)$ eine Zufallsvariable

$$X(., t) : \Omega \to \mathbb{R}.$$

Ist hingegen $\omega \in \Omega$ gegeben, so ist $X(\omega, t)$ eine Folge oder eine Funktion

$$X(\omega, .) : \mathbb{T} \to \mathbb{R}$$

je nachdem ob $\mathbb{T}$ diskret oder stetig ist. Ist $\mathbb{T}$ diskret, z.B. $\mathbb{T} = \mathbb{Z}$, spricht man von einem stochastischen Prozess in diskreter Zeit oder von einer stochastischen Sequenz. Es handelt sich dann um eine Folge von Zufallsvariablen. Ist $\mathbb{T}$ hingegen stetig, z.B. $\mathbb{T} = [0, \infty)$, spricht man von einem stochastischen Prozess in stetiger oder kontinuierlicher Zeit.
Es ist sehr wichtig zu beachten, dass $X(\omega, t)$ bei einem gegebenen $\omega \in \Omega$, also einer Realisation des Zufallsexperiments, ein Zeitpfad ist. Eine neue Realisation des Zufallsexperiments liegt vor, wenn eine neue Zeitreihe generiert wird.
Ein stochastischer Prozess $X(\omega, t)$ lässt sich auch durch eine Familie von endlich-dimensionalen Verteilungen beschreiben. Betrachtet man einzelne Zeitpunkte $t_1 < t_2 \cdots < t_k$ und die Werte des Prozesses zu diesen Zeitpunkten, so besagt die gemeinsame Verteilungsfunktion von $(X(t_1), X(t_2), \ldots, X(t_k))$ wie wahrscheinlich das Eintreten bestimmter Wertebereiche der Variablen $X(t_1), X(t_2), \ldots, X(t_k)$ ist. Formal schreibt man

$$P[X(t_1) \in B_1, X(t_2) \in B_2, \ldots, X(t_k) \in B_k] \text{ für alle } t_i \in \mathbb{T}.$$

P steht für die Wahrscheinlichkeit und die B_i für Borelmengen aus $\mathbb{R}$, also $B_i \in \mathcal{B}$.
Unter bestimmten Bedingungen ist es möglich, zu einer gegebenen Familie von endlich-dimensionalen Verteilungsfunktionen einen Wahrscheinlichkeitsraum und einen dazugehörigen stochastischen Prozess zu konstruieren, sodass dieser Prozess genau die gegebenen Verteilungen induziert. Diese Aussage ist als *Konsistenztheorem von Kolmogorov* bekannt und gehört zu den Standardresultaten der Stochastik. Beschreibt man ein ökonomisches Phänomen, z.B. den Wechselkurs einer Währung, durch einen stochastischen Prozess, dann sind die zukünftigen Werte des Prozesses nicht deshalb unbekannt weil das Zufallsexperiment noch nicht realisiert ist, sondern weil nicht alle Informationen über die Realisation vorliegen.
Die zu einem Zeitpunkt t vorliegenden Informationen werden durch eine Unter-σ-Algebra beschrieben.

Definition A.2.7 (Filtration). *Wenn* $(\Omega, \mathcal{F}, P)$ *ein Wahrscheinlichkeitsraum und* $\mathbb{F} = \{\mathcal{F}, t \geq 0\}$ *eine Familie von Unter-*σ*-Algebren mit* $\mathcal{F}_t \subseteq \mathcal{F}$ *für alle* t $(\mathcal{F}_\infty = \mathcal{F})$ *und* $\mathcal{F}_s \subseteq \mathcal{F}_t$ *für* $s \leq t$ *ist, dann nennt man* $\mathbb{F} = \{\mathcal{F}_t\}_{t \in \mathbb{T}}$ *eine Filtration.*

Da eine Filtration eine Folge von größer werdenden Mengen ist, entspricht dies inhaltlich einer Zunahmen der Information im Zeitablauf. Für jedes Ergebnis $A \subset \mathcal{F}_t$ lässt sich zum Zeitpunkt t entscheiden ob es eingetreten ist. Wäre zum Zeitpunkt t die Informationsmenge $\mathcal{F}_t = \mathcal{F}$ könnte für alle Ereignisse aus Ω entschieden werden ob sie eingetreten sind. Damit wäre ω bekannt und die Prognose von $X(s)$ mit $s > t$ perfekt möglich. Man wüsste heute schon die Zukunft.
In der Informationsmenge des Zeitpunkts t sollte die Entwicklung des Prozesses bis zum Zeitpunkt t enthalten sein. Formal spricht man von einer Adaption.

Definition A.2.8 (Adaptierter Prozess). *Wenn* $(\Omega, \mathcal{F}, P)$ *ein Wahrscheinlichkeitsraum und* $\mathbb{F}$ *eine zugehörige Filtration ist, dann ist der Prozess* $X(\omega, t)$ *in bezug auf die Filtration* $\mathbb{F}$ *adaptiert, wenn* $X(\omega, t)$ *für jedes* t $\mathcal{F}_t$*-messbar ist.*

Man kann also mit Hilfe der zum Zeitpunkt t zur Verfügung stehenden Information entscheiden ob ein Ereignis, welches zu $X(\omega, t)$ führt, eingetreten ist.
Dieses Informationskonzept führt zu dem für die ökonomische Theorie sehr wichtigen Konzept der Nichtprognostizierbarkeit. Kann man mit Hilfe aller Informationen zum Zeitpunkt t nicht mehr voraussagen, als das sich $X(\omega, t)$ im Mittel nicht ändern wird, dann spricht man von einem Martingal.

Definition A.2.9 (Martingal). *Es sie* $\{M_t\}_{t \geq 0}$ *ein stochastischer Prozess über dem Wahrscheinlichkeitsraum* $(\Omega, \mathcal{F}, P)$ *und* $\{\mathcal{M}_t\}_{t \geq 0}$ *eine Filtration. Außerdem sei* M_t *bezüglich der Filtration adaptiert, dann ist* M_t *ein Martingal wenn*

$$E(|M_t|) < \infty \text{ für alle } t$$

und

$$E(M_s|\mathcal{M}_t) = M_t \text{ für alle } s \geq t$$

gilt.

Hier kommt der bedingte Erwartungswert zur Anwendung und es wird der Prognosecharakter dieses Konzepts deutlich. In der Theorie der effizienten Kapitalmärkte wird gezeigt, dass Arbitragefreiheit zur Nichtprognostizierbarkeit führt. Daher ist die Effizienzhypothese mit der Martingaltheorie verknüpft.

A.2.5 Random Walk und Wiener-Prozess

Random Walk

Betrachtet man die Folge $\{X_t\}_{t=1}^{\infty}$ von unabhängigen Zufallsvariablen, wobei die X_t binäre Zufallsvariablen sind und mit der Wahrscheinlichkeit p den Wert 1, sowie mit der Wahrscheinlichkeit $q = 1 - p$ den Wert -1 annehmen, dann ist die Folge der Zufallsvariablen S_t mit

$$S_t = \sum_{n=1}^{t} X_n + S_0 = S_{t-1} + X_t$$

ein *Random Walk.*

Intuitiv kann man sich einen Random Walk folgendermaßen verdeutlichen: Eine (vielleicht betrunkene) Person macht in jedem Zeitabschnitt, mit der Wahrscheinlichkeit p, einen Schritt nach links vorne oder, mit der Wahrscheinlichkeit 1-p, einen Schritt nach rechts vorne. Der resultierende Weg ist eine Zick-Zack Bewegung. Ein Random Walk ist ein stochastischer Prozess in diskreter Zeit. Die Abbildung A.6 verdeutlicht das Gesagte.

Eine Realisation eines Random Walks (also einen Zeitpfad) zeigt die Abbildung A.7. Die Zeiteinheit ist $\triangle t$ und die Schritte nach links und rechts sind $+\triangle h$ und $-\triangle h$. Ein Schritt nach links tritt mit der Wahrscheinlichkeit p und ein Schritt nach rechts mit $q = 1 - p$ ein.

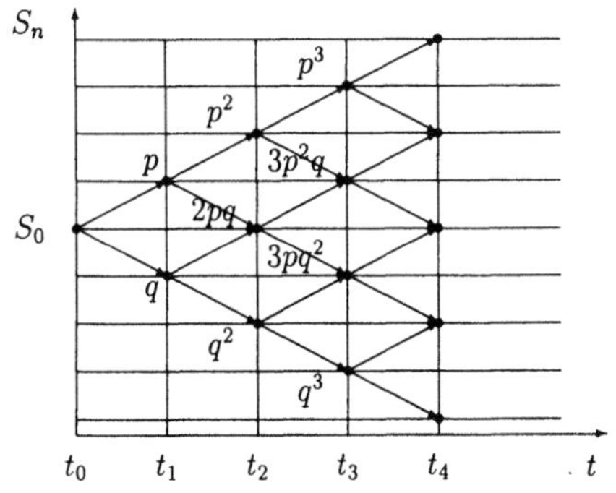

Abbildung A.6: Random Walk

Der Erwartungswert von $X_n = S_n - S_{n-1}$ ist (mit $X_n = X$)

$$E(X) = p(\triangle h) + q(-\triangle h) = (p - q)\triangle h.$$

Außerdem ist

$$E\left((X)^2\right) = p(\triangle h)^2 + q(-\triangle h)^2 = (\triangle h)^2,$$

und daher [222]

$$\begin{aligned} Var(X) &= E\left((X)^2\right) - (E(X))^2 \\ &= (\triangle h)^2 - (p-q)^2(\triangle h)^2 \\ &= \left(1-(p-q)^2\right)(\triangle h)^2 \\ &= 4pq(\triangle h)^2. \end{aligned}$$

Ein Zeitintervall der Länge t setzt sich aus $n = t/\triangle t$ diskreten Schritten zusammen. Die kumulierte Veränderung eines Random Walks ergibt sich durch die Addition von unabhängigen binären Zufallsvariablen. Der Erwartungswert $E(S_t - S_0)$ der kumulierten Veränderungen ist dann

$$n(p-q)\triangle h = t(p-q)\triangle h/\triangle t$$

und die Varianz $Var(S_t - S_0)$

$$4npq(\triangle h)^2 = 4tpq(\triangle h)^2/\triangle t.$$

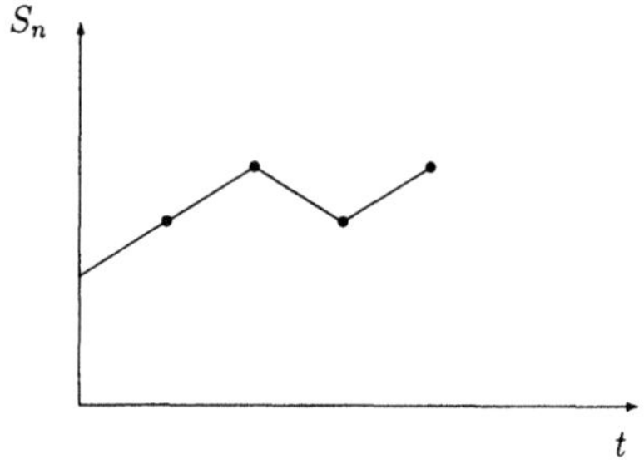

Abbildung A.7: Zeitpfad eines Random Walk

Setzt man

$$\triangle h = \sigma\sqrt{\triangle t}$$

[222] Es gilt: $1-(p-q)^2 = 1-(p^2-2pq-q^2)$ und da $q^2 = (1-p)^2 = 1-2p+p^2$ ist, folgt $1-(p-q)^2 = 1-(p^2-2pq+1-2p+p^2) = 2pq-2p^2+2p = 2pq+2p(1-p) = 2pq+2pq = 4pq$.

und

$$p = \frac{1}{2}\left[1 + \frac{\mu}{\sigma}\sqrt{\Delta t}\right], \qquad q = \frac{1}{2}\left[1 - \frac{\mu}{\sigma}\sqrt{\Delta t}\right]$$

so ergibt sich für den Erwartungswert der kumulierten Veränderungen

$$\begin{aligned} t(p-q)\frac{\Delta h}{\Delta t} &= t\left(\frac{\mu}{\sigma}\sqrt{\Delta t}\right)\frac{\Delta h}{\Delta t} \\ &= t\left(\frac{\mu}{\sigma}\sqrt{\Delta t}\right)\frac{\sigma\sqrt{\Delta t}}{\Delta t} = \mu t. \end{aligned}$$

Für die Varianz ergibt sich

$$4tpq\frac{(\Delta h)^2}{\Delta t} = t\left(1 - 4\left(\frac{\mu}{\sigma}\right)^2 \Delta t\right)\frac{(\Delta h)^2}{\Delta t} = t\left(1 - 4\left(\frac{\mu}{\sigma}\right)^2 \Delta t\right)\sigma^2.$$

Lässt man Δt gegen Null streben, indem man die Schritte des Random Walks beliebig klein macht, dann strebt die Varianz gegen $\sigma^2 t$ und der Erwartungswert beträgt μt. Weiter lässt sich zeigen, dass die Verteilung dieser Zufallsvariablen gegen die Normalverteilung strebt.

Ein Random Walk konvergiert bei zunehmend kleineren Schrittlängen gegen einen kontinuierlichen Prozess. Die Veränderungen dieses Prozesses sind normalverteilt mit

$$P(S_n - S_0) = \frac{1}{\sqrt{(2\pi\sigma^2 t)}} e^{\left(-\frac{((S_0 - S_n) - t\mu)^2}{2\sigma^2 t}\right)}$$

mit $t = t_n - t_0$.

Dieser kontinuierliche Prozess wird Brownsche Bewegung oder auch Wienerprozess genannt.

Historischer Exkurs

Im Jahre 1827 entdeckte der englische Botaniker Robert Brown, dass kleine Partikel in einer Flüssigkeit sehr unregelmäßige Bewegungen vollziehen. Nach ihm sind diese Molekularbewegungen (die *Brownsche Bewegungen*) benannt. Albert Einstein entwickelte 1905 eine mathematische Theorie der Brownschen Bewegungen, welche 1918 von Norbert Wiener vollendet wurde.

Die Theorie der Wienerprozesse wurde in der Ökonomie erst in den 60er Jahren stärker berücksichtigt, obwohl der französische Mathematiker Louis Bachelier in seiner Dissertation „Theórie de la Spéculation" im Jahre 1900 die Theorie der Brownschen Bewegungen vor Einstein und Wiener entwickelte und auf die Beschreibung von Preisbildungsprozessen auf Finanzmärkten anwendete.

Wienerprozess

Definition A.2.10 (Wienerprozess). *Ein Wienerprozess oder eine Brownsche Bewegung mit Driftkoeffizient* μ *und Diffusionskoeffizient* σ^2 *ist ein kontinuierlicher stochastischer Prozess* $\{W(t); t \geq 0\}$ *mit unabhängigen und normalverteilten (Gauss-verteilten) Veränderungen* $W(t) - W(s)$*, sodass* $E(W(t) - W(s)) = \mu(t - s)$ *und* $Var(W(t) - W(s)) = \sigma^2(t - s)$ *gilt.*

Ist der Driftkoeffizient gleich 0 und der Diffusionskoeffizient gleich 1, spricht man von einem standardisierten Wienerprozess oder einer standardisierten Brownschen Bewegung. Im folgenden gehen wir von einem standardisierten Wienerprozess aus.
Die Forderung der Unabhängigkeit kann formal als Unabhängigkeit der Veränderungen $W(t) - W(s)$ von $\mathcal{F}_s$ mit $0 \leq s \leq t$ dargestellt werden. $\mathcal{F}_s$ ist die Informationsmenge zum Zeitpunkt s. Als Filtration $\mathbb{F} = \{\mathcal{F}_t; t \geq 0\}$ wird die vom Prozess $W(t)$ generierte Filtration $\mathcal{F}_t^W$ angenommen. Intuitiv gesprochen, handelt es sich um alle Informationen die aus dem realisierten Pfad $W(s)$ bis zum Zeitpunkt t zu entnehmen sind. Es sind somit zum Zeitpunkt t alle Informationen vorhanden, die aus der Realisation des Prozesses bis zum Zeitpunkt t zur Verfügung stehen. Es gilt wegen der Unabhängigkeit der Veränderungen

$$E(X_t - X_s | \mathcal{F}_s) = E(X_t - X_s) = 0$$

oder

$$E(X_t | \mathcal{F}_s) - E(X_s | \mathcal{F}_s) = 0$$

und daher

$$E(X_t | \mathcal{F}_s) = X_s.$$

Diese Eigenschaft kann als Satz zusammengefasst werden.

Satz A.2.2 (Martingal Eigenschaft). *Ein Wienerprozess* $W(t)$ *ist in Bezug auf die* σ*-Algebren* $\mathcal{F}_t$ *generiert durch* $\{W(s); s \leq t\}$ *ein Martingal.*

Ein Wienerprozess ist daher nicht prognostizierbar. Die Abbildung A.8 zeigt einen Pfad eines Wienerprozesses. Zwei Eigenschaften der Pfade (Realisationen) eines Wienerprozesses sind für die Behandlung der stochastischen Analysis von großer Bedeutung und werde daher jetzt erläutert.

1. Der Pfad $W(t)$ eines Wienerprozesses ist mit der Wahrscheinlichkeit 1 an keiner Stelle differenzierbar.

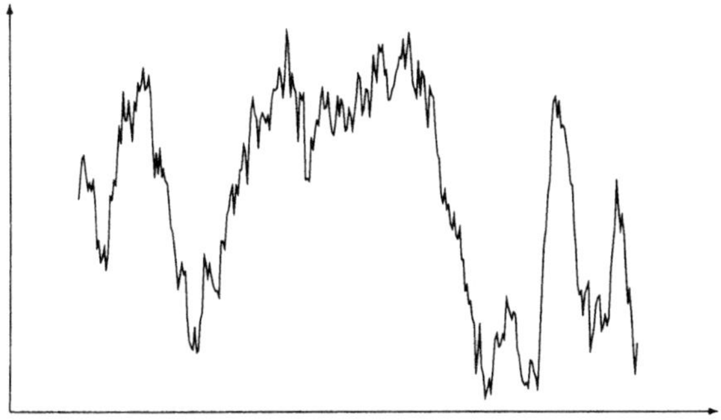

Abbildung A.8: Zeitpfad eines Wienerprozesses

2. Mit der Wahrscheinlichkeit 1 ist der Pfad eines Wienerprozesses in jedem endlichen Intervall *nicht* von beschränkter Variation.

Der strenge Beweis der Eigenschaften ist aufwendig. Hier wird eine heuristische Betrachtung gewählt.

Die Eigenschaft der Nichtdifferenzierbarkeit macht die „Zackigkeit" einer Brownschen Bewegung deutlich. Der Zeitpfad ist zwar stetig, aber dennoch an keiner Stelle differenzierbar.

Wir wissen, dass die Veränderung $W(t) - W(s)$ normalverteilt mit dem Erwartungswert 0 und der Varianz $(t - s)$ ist. Multipliziert man eine Zufallsvariable X mit einer Konstanten a, so ergibt sich für die Varianz

$$Var(aX) = a^2 Var(X).$$

Der Differenzenquotient

$$\frac{W(t) - W(s)}{t - s}$$

muss deshalb die Varianz $\left(\frac{1}{t-s}\right)^2 (t - s) = \frac{1}{t-s}$ haben. Lässt man t gegen s streben, um die Ableitung $\frac{dW(t)}{dt}$ an der Stelle s zu erhalten, geht die Varianz von $(W(t) - W(s))/(t - s)$ gegen unendlich. Der Grenzwert wird nicht gegen eine endliche Zufallsgröße konvergieren.

Die zweite Eigenschaft bezieht sich auf die Konzepte von Abschnitt A.1.2. Die Weglänge die eine Brownsche Bewegung in einem endlichen Intervall zurücklegt ist nicht beschränkt. Dies erklärt die unendlich vielen Knicke die eine Brownsche Bewegung macht.

Betrachten wir den Wienerprozess $W(t)$ und eine Folge von Zerlegungen des Intervalls $[s,t]$ mit $s = t_0^{(n)} < t_1^{(n)} < \ldots t_n^{(n)} = t$. Es sei $\triangle_n = max_k|t_k^{(n)} - t_{k-1}^{(n)}|$. Der Ausdruck S_n

$$S_n = \sum_{k=1}^{n} (W(t_k) - W(t_{k-1}))^2$$

hat den Erwartungswert [223]

$$\begin{aligned} E(S_n) &= \sum_{k=1}^{n} E\,(W(t_k) - W(t_k - 1))^2 \\ &= \sum_{k=1}^{n} (t_k - t_{k-1}) = t_n - t_0 = t - s. \end{aligned}$$

Die Varianz der Zufallsvariable S_n ist [224]

$$\begin{aligned} Var(S_n) &= \sum_{k=1}^{n} E\left((W(t_k) - W(t_{k-1}))^4 - (t_k - t_{k-1})^2\right) \\ &= \sum_{k=1}^{n} \left(3(t_k - t_{k-1})^2 - (t_k - t_{k-1})^2\right) \\ &= 2\sum_{k=1}^{n} (t_k - t_{k-1})^2. \end{aligned}$$

Da $\triangle_n = max_k|t_k^{(n)} - t_{k-1}^{(n)}|$ ist, gilt die folgende Ungleichung

$$2\sum_{k=1}^{n} (t_k - t_{k-1})^2 \leq 2\sum_{k=1}^{n} ((t_k - t_{k-1})\triangle_n) = 2(t-s)\triangle_n.$$

Für die Varianz von S_n gilt daher

$$Var(S_n) \leq 2(t-s)\triangle_n \to 0 \text{ wenn } \triangle_n \to 0.$$

Der Ausdruck S_n konvergiert[225] daher mit steigendem n gegen $t - s$.

Es gilt folgende Ungleichung

$$\sum_{k=1}^{n} (W(t_k) - W(t_{k-1}))^2 \leq max_k|W(t_k) - W(t_{k-1})| \sum_{k=1}^{n} |W(t_k) - W(t_{k-1})|\,.$$

[223] Die Varianz einer Zufallsvariablen X ist $Var(X) = E\left((X - E(X))^2\right) = E(X^2)$ wenn $E(X) = 0$. Die Veränderungen eines Wienerprozesses $W(t_k) - W(t_{k-1})$ haben den Erwartungswert 0 und die Varianz $t_k - t_{k-1}$.

[224] Ist X eine normalverteilte Zufallsvariable mit dem Erwartungswert 0 und der Varianz σ^2, dann ist $E(X^4) = 3\sigma^4$.

[225] Es ist Konvergenz im quadratischen Mittel gemeint. Dieses Konzept wird bei der Konstruktion des Ito-Integrals genauer betrachtet.

Es folgt

$$\sum_{k=1}^{n} |W(t_k) - W(t_{k-1})| \geq \frac{\sum_{k=1}^{n} (W(t_k) - W(t_{k-1}))^2}{max_k |W(t_k) - W(t_{k-1})|}.$$

Das Supremum (über alle Zerlegungen des Intervalls $[s,t]$) der linken Seite der Ungleichung entspricht der Totalvariation von $W(t)$. Der Zähler der rechten Seite konvergiert gegen den endlichen Wert $(t - s)$ und der Nenner konvergiert wegen der Stetigkeit des Wienerprozesses gegen Null.

Die linke Seite der Ungleichung geht gegen unendlich, womit gezeigt wurde, dass der Pfad eines Wienerprozesses nicht von beschränkter Variation ist.

A.3 Stochastische Analysis

In diesem Abschnitt werden die Grundlagen der stochastischen Analysis soweit skizziert, wie sie zum Verständnis von stochastischen ökonomischen Modellen in stetiger Zeit erforderlich sind.[226]

A.3.1 Die Modellierung stochastischer Systeme

Ein dynamisches deterministisches System in kontinuierlicher Zeit wird gewöhnlich durch eine Differentialgleichung beschrieben. Ist $X(t)$ die betrachtete Variable, so ist die Entwicklung von $X(t)$ durch die Lösung der Differentialgleichung

$$\frac{dX(t)}{dt} = \mu(X(t), t)$$

gegeben.

Eine infinitesimale Veränderung von $X(t)$ kann in der Differentialschreibweise

$$dX(t) = \mu(X(t), t)dt$$

dargestellt werden.

Da die Veränderungen eines standardisierten Wienerprozesses einen Erwartungswert von Null haben, liegt es nahe $dW(t)$ als zufällige Störung des Systems in die Gleichung aufzunehmen. Es entsteht somit ein stochastisches System der Art

$$dX(t) = \mu(X(t), t)dt + \sigma(X(t), t)dW(t).$$

[226] Die Darstellung ist eine Synthese aus den Arbeiten von Harrison (1985) und Øksendal (1995). Die Ausführungen sind für Ökonomen geschrieben und erheben nicht den Anspruch höchster mathematischer Präzision. Eine mathematisch präzise Darstellung bieten Karatzas und Shreve (1991).

Der Ausdruck $\mu(X(t), t)dt$ wird als Drift-Term und der Ausdruck $\sigma(X(t), t)dW(t)$ als Diffusions-Term bezeichnet. Stellt man die Gleichung als Differentialgleichung dar, also als

$$\frac{dX(t)}{dt} = \mu(X(t), t) + \sigma(X(t), t)\frac{dW(t)}{dt}$$

zeigt sich sofort die Problematik dieser Modellierung. Da der Pfad eines Wienerprozesses nicht differenzierbar ist, existiert $\frac{dW(t)}{dt}$ nicht.
Es stellt sich die Frage, ob

$$dX(t) = \mu(X(t), t)dt + \sigma(X(t), t)dW(t)$$

nicht auf eine andere Art rationalisiert werden kann. Um dies zu zeigen, betrachtet man die obige Gleichung in diskreter Schreibweise ($0 = t_0 < t_1 \cdots < t_n = t$)

$$\triangle X(t_k) = X(t_{k+1}) - X(t_k) = \mu(X(t_k), t_k)\triangle t_k + \sigma(X(t_k), t_k)\triangle W(t_k)$$

mit $\triangle t_k = t_{k+1} - t_k$ und $\triangle W_k = W(t_{k+1}) - W(t_k)$. Für $X(t)$ folgt

$$X(t) = X(0) + \sum_{k=0}^{n-1} \mu(X(t_k), t_k)\triangle t_k + \sum_{k=0}^{n-1} \sigma(X(t_k), t_k)\triangle W(t_k).$$

Lässt man $\triangle t_k$ gegen Null streben, ergibt sich (wenn der Grenzwert existiert)

$$X(t) = X(0) + \int_0^t \mu(X(s), s)ds + \int_0^t \sigma(X(s), s)dW(s).$$

Wenn μ stetig ist, ist das erste Integral ein gewöhnliches Riemann-Integral. Wäre das zweite Integral als Riemann-Stieltjes-Integral interpretierbar, dann könnte das Ito-Integral pfadweise, also für jedes ω getrennt definiert werden.[227] Das zweite Integral ist aber leider nicht als Riemann-Stieltjes-Integral interpretierbar, da der Pfad eines Wienerprozesses nicht von beschränkter Variation ist. Glücklicherweise gibt es eine Möglichkeit das zweite Integral als stochastisches Integral zu rationalisieren.

A.3.2 Das Ito-Integral

Das Ito-Integral (stochastisches Integral) wird hier nur für eine spezielle Klasse von Prozessen eingeführt.

[227] Die Prozesse $W(t)$ und $X(t)$ sind Zufallsprozesse, das heißt präzise müsste $W(\omega, t)$ und $X(\omega, t)$ geschrieben werden. Zur Vereinfachung der Schreibweise wird das ω häufig nicht explizit hingeschrieben.

Definition A.3.1. *$\mathcal{H}^2$ ist die Menge der Prozesse über dem Wahrscheinlichkeitsraum $(\Omega, \mathcal{F}, P)$ die bezüglich der Filtration $\mathbb{F}^W = \{\mathcal{F}_t^W; t \geq 0\}$ (also der durch den Prozess $W(t)$ generierten Filtration) adaptiert ist und die Bedingung*

$$E\left[\int_0^t X^2(s)ds\right] < \infty \text{ für alle } t \geq 0$$

erfüllt.

Es liegt nahe einen Prozess[228] aus $\mathcal{H}^2$ durch eine Funktion der Art [229]

$$\sum_k X(\omega, t_k^*)\chi_{[t_k, t_{k+1})}(t)$$

mit $t_k^* \in [t_k, t_{k+1}]$ zu approximieren und das stochastische Integral durch den Grenzwert

$$\lim_{n\to\infty} \sum_k X(\omega, t_k^*)[W(t_{k+1}) - W(t_k)]$$

zu definieren. Anders als beim Riemann-Stieltjes-Integral ist die Wahl der Punkte $t_k^* \in [t_k, t_{k+1}]$ entscheidend für das Ergebnis. Beim Ito-Integral wird der linke Endpunkt des Intervalls ($t_k^* = t_k$) als Stützstelle gewählt. Damit ist gewährleistet, dass die Approximation nur von den Informationen bis zum Zeitpunkt t_k, also nur von $\mathcal{F}_{t_k}$ abhängt.

Definition A.3.2. *Die Menge $\mathcal{S}^2$ aller Prozesse aus $\mathcal{H}^2$ mit der Eigenschaft*

$$X(\omega, t) = X(\omega, t_k) \text{ für alle } t \in [t_k, t_{k+1})$$

nennt man Elementarfunktionen oder Elemetarprozesse. Man spricht auch von nichtvorgreifenden Treppenfunktionen.

Das Ito-Integral wird für Elementarprozesse durch

$$I(X) \equiv \sum_{k=0}^{n-1} X(t_k)[W(t_{k+1} - W(t_k)]$$

definiert. Es ist eine Zufallsvariable und daher abhängig von ω. Die Abhängigkeit von ω wird zur Vereinfachung der Notation nicht immer explizit hingeschrieben. Da das Ito-Integral eine Zufallsvariable ist, wird durch die Konstruktion des Ito-Integrals, aus einer Folge von Elementarprozessen $X_n \in \mathcal{S}^2$, eine Folge von Zufallsvariablen $I(X_n)$. Um die Frage der Konvergenz dieser Folge zu klären, muss ein geeigneter Konvergenzbegriff eingeführt werden. Relevant ist hier die Konvergenz im quadratischen Mittel. Eine Folge

---

228 Man beachte, dass ein stochastischer Prozess nichts anderes als eine Funktion $(\omega, t) \to X(\omega, t)$ ist. Anstatt Prozess könnte man auch von Funktion sprechen.

229 $\chi_{[a,b)}(t)$ ist eine Indikatorfunktion die den Wert 1 annimmt, wenn $t \in [a, b)$ gilt und sonst 0 ist.

von Zufallsvariablen X_n konvergiert im quadratischen Mittel gegen die Zufallsvariable X, wenn $E((X_n - X)^2)$ mit $n \to \infty$ gegen null geht. Schreibt man X_n als $X_n = X + \epsilon_n$, dann ist ϵ_n die Fehlervariable die die Abweichung von X_n und X ausdrückt. Wenn $E((X_n - X)^2) = E(\epsilon_n^2)$ gegen null geht, geht die Varianz und der Erwartungswert der Fehlervariablen ϵ_n auch gegen null.[230] Daher ist des sinnvoll von Konvergenz zu sprechen. Betrachtet man eine Zufallsvariable Z über dem Wahrscheinlichkeitraum $(\Omega, \mathcal{F}, P)$, sodass

$$||Z|| \equiv \sqrt{E(Z^2)} < \infty$$

gilt, dann nennt man den Raum (oder die Menge) aller Zufallsvariablen mit dieser Eigenschaft L^2. $||.||$ ist eine Norm auf diesem Raum. L^2 ist also die Menge der Zufallsvariablen mit endlicher Varianz.

Konvergiert eine Folge von Zufallsvariable Z_n gegen Z, so schreibt man $Z_n \to Z$ und meint $||Z_n - Z|| \to 0$ wenn $n \to \infty$. Dies bedeutet Konvergenz im quadratischen Mittel. Eine Cauchy-Folge oder Fundamentalfolge liegt vor, wenn $||Z_n - Z_m||$ für ausreichend große n, m beliebig klein wird. Aus der höheren Analysis ist bekannt, dass L^2 vollständig ist. Dies bedeutet, dass jede Cauchy-Folge aus L^2 einen Grenzwert in L^2 hat.

Wir führen nun eine Norm auf $\mathcal{H}^2$ ein:

$$||X||_H \equiv \sqrt{E\left[\int_0^t X^2(s)ds\right]} \text{ für alle } X \in \mathcal{H}^2.$$

Der folgende Satz ist wichtig, aber aufwendig zu beweisen. Er wir hier ohne Beweis angegeben.[231]

Satz A.3.1. *$\mathcal{S}^2$ ist dicht in $\mathcal{H}^2$, dass heißt für jeden Prozess $X \in \mathcal{H}^2$ existiert eine Folge von Elementarprozessen $\{X_n\}$, sodass*

$$X_n \to X \text{ in } \mathcal{H}^2,$$

bzw.

$$||X_n - X||_H \to 0 \text{ wenn } n \to \infty.$$

Für die Konstruktion des Ito-Integrals ist der folgende Satz entscheidend.

Satz A.3.2 (Ito-Isometrie). *Wenn $X \in \mathcal{S}^2$ dann ist $||I(X)|| = ||X||_H$. $I(X)$ ist ein Element aus L^2 und die L^2 Norm von $I(X)$ ist identisch mit der $\mathcal{H}^2$ Norm von X.*

[230] Da $Var(X) = E((X - E(X))^2) = E(X^2) - E(X)^2$ ist, muss $E(X)$ gegen null gehen, wenn $E(X^2)$ gegen null geht, da die Varianz immer positiv sein muss.

[231] Vgl. Øksendal (1995), S. 23-26.

Beweis.

$$
\begin{aligned}
I^2(X) &= \sum_{k=0}^{n-1} X^2(t_k)[W(t_{k+1}) - W(t_k)]^2 \\
&+ 2\sum_{j=0}^{n-2}\sum_{k=j+1}^{n-1} X(t_j)X(t_k)[W(t_{j+1}) - W(t_j)][W(t_{k+1}) - W(t_k)].
\end{aligned}
$$

Bildet man den Erwartungswert und benutzt den Satz der iterierten Erwartungswerte, folgt

$$
\begin{aligned}
E[I^2(X)] &= \sum_{k=0}^{n-1} E\left\{E\left\{X^2(t_k)[W(t_{k+1}) - W(t_k)]^2|\mathcal{F}_k\right\}\right\} \\
&+ 2\sum_{j=0}^{n-2}\sum_{k=j+1}^{n-1} E\left\{E\left\{X(t_j)X(t_k)[W(t_{j+1}) - W(t_j)][W(t_{k+1}) - W(t_k)]|\mathcal{F}_k\right\}\right\}.
\end{aligned}
$$

Es folgt

$$
\begin{aligned}
E[I^2(X)] &= E\left[\sum_{k=0}^{n-1} E\left\{X^2(t_k)[W(t_{k+1}) - W(t_k)]^2|\mathcal{F}_k\right\}\right] \\
&= E\left[\sum_{k=0}^{n-1} X^2(t_k)(t_{k+1} - t_k)\right] \\
&= E\left[\int_0^t X^2(s)ds\right] \\
&= \|X\|_H^2.
\end{aligned}
$$

Da $E\left[I^2(X)\right] = \|I(X)\|^2$ auch als $\sqrt{E[I^2(X)]} = \|I(X)\|$ geschrieben werden kann, folgt die Behauptung. □

Der Name Ito-Isometrie ergibt sich aus folgendem Zusammenhang. Das Ito-Integral ordnet jedem Prozess $\mathcal{S}^2 \subset \mathcal{H}^2$ eine Zufallsvariable zu. Die Norm eines Elements aus $\mathcal{S}^2$ ist identisch mit der Norm der Zufallsvariablen $I(X)$ mit $X \in \mathcal{S}^2$. Das Ito-Integral ist somit eine, Norm erhaltende und daher auch Metrik erhaltende, Abbildung $\mathcal{H}^2 \to L^2$, also ein Isometrie. Die Konstruktion des Integrals ist damit für Elementarprozesse abgeschlossen. Die Erweiterung auf alle Prozesse aus $\mathcal{H}^2$ erfolgt durch geeignete Approximation mit Elementarprozessen.

Satz A.3.3 (Ito-Integral). *Wenn $X \in \mathcal{H}^2$, dann existiert eine Zufallsvariable $I(X) \equiv \int_0^t X(\omega, t)dW$ für jedes fixierte t, sodass für jede Folge von Elementarprozessen $\{X_n\}$ die gegen X konvergieren $I(X_n)$ in der L^2 Norm gegen $I(X)$ konvergiert.*

Beweis. $\{X_n\}$ sei eine nach Satz A.3.1 immer existierende Folge von Elementarprozessen, die gegen X in der $\mathcal{H}^2$ Norm konvergiert. Nach Satz A.3.2 gilt dann

$$\|X_m - X_n\|_H = \|I(X_m - X_n)\| = \|I(X_m) - I(X_n)\|.$$

Die Folge $\{I(X_n)\}$ ist daher eine Cauchy-Folge und der Grenzwert existiert in L^2 ($I(X_n) \to I(X)$).
Ist $\{X'_n\}$ eine andere Folge von Elementarprozessen, die gegen X konvergiert, dann gilt wegen der Dreiecksungleichung

$$\|X_n - X'_n\|_H \leq \|X_n - X\|_H + \|X - X'_n\|_H \to 0$$

und aus der Anwendung von Satz A.3.2 folgt

$$\|I(X'_n) - I(X_n)\| = \|I(X'_n - X_n)\| = \|I(X'_n) - I(X_n)\| \to 0$$

und daher

$$\|I(X'_n) - I(X)\| \leq \|I(X'_n) - I(X_n)\| + \|I(X_n) - I(X)\| \to 0$$

Somit ist gezeigt, dass auch $I(X'_n) \to I(X)$ gilt und das Integral eindeutig definiert ist. □

Das folgende Diagramm verdeutlicht den Approximationsprozess.

$$\begin{array}{ccc} X_n \in \mathcal{S}^2 & \xrightarrow{I(.)} & I(X_n) \in L^2 \\ \big\downarrow \|\cdot\|_H & & \big\downarrow \|\cdot\| \\ X \in \mathcal{H}^2 & = & I(X) \end{array}$$

Es wird eine Folge von Elementarprozessen gebildet, die in der $\mathcal{H}^2$ Norm gegen einen Prozess $X \in \mathcal{H}^2$ konvergiert. Die zugehörige Folge von Ito-Integralen, also Zufallsvariablen, konvergiert in der L^2 Norm eindeutig gegen eine Zufallsvariable $I(X)$, das Ito-Integral des Prozesses X.
Bisher wurde nur gezeigt, dass das Ito-Integral für feste t eine wohldefinierte Zufallsvariable ist. Es lässt sich aber weiter zeigen, dass immer ein stetiger stochastischer Prozess J_t existiert, sodass

$$P\left[J_t = \int_0^t X(\omega, t)dW\right] = 1 \text{ für alle } t$$

gilt.[232] Das Ito-Integral ist daher auch als ein stetiger stochastischer Prozess, der durch Variation der oberen Integrationsgrenze generiert wird, darstellbar.

[232] Vgl. Øksendal (1995), S. 28-30.

Die Ausführungen in diesem Abschnitt ermöglichen die Einführung eines stochastischen Prozesses der Art

$$X(t) = X(0) + \int_0^t \mu(X(s), s)ds + \int_0^t \sigma(X(s), s)dW(s),$$

welcher Ito-Prozess genannt wird. In Kurzschreibweise lautet er

$$dX(t) = \mu(X(t), t)dt + \sigma(X(t), t)dW(t).$$

Diese Gleichung ist eine stochastische Differentialgleichung und der dazugehörige Ito-Prozess wird als Lösung der stochastischen Differentialgleichung bezeichnet.

A.3.3 Die Ito-Regel

Modelliert man z.B. den beobachteten Marktpreis eines Wertpapiers als einen Ito-Prozess, dann stellt sich die Frage, wie eine Transformation dieses Prozesses aussieht. So könnte z.B. der Ertrag einer Anlagestrategie eine Funktion des Marktpreises sein.
Die Ito-Regel liefert die Lösung zu diesem Problem. Sie ist das Gegenstück zur Kettenregel der gewöhnlichen Analysis.

Die Ito-Regel für eindimensionale Prozesse

Satz A.3.4 (Ito-Regel). *$X(\omega, t)$ sei ein Ito-Prozess der Art*

$$dX(\omega, t) = \mu(\omega, t)dt + \sigma(\omega, t)dW(\omega, t)$$

oder unter Vernachlässigung der Abhängigkeit von ω [233]

$$dX(t) = \mu(t)dt + \sigma(t)dW(t)$$

und $f(x, t)$ eine zweifach stetig differenzierbare Funktion. Dann ist

$$Y(t) = f(X(t), t)$$

auch ein Ito-Prozess und es gilt in Kurzschreibweise

$$dY(t) = \frac{\partial f}{\partial t}(X(t), t)dt + \frac{\partial f}{\partial x}(X(t), t)dX(t) + \frac{1}{2}\frac{\partial^2 f}{\partial x^2}(X(t), t)(dX(t))^2.$$

Der Ausdruck $(dX(t))^2 = (dX(t))(dX(t))$ wird mit Hilfe der Ito-Multiplikationsregel berechnet. Es gilt $dt * dt = dt * dW = dW * dt = 0$ und $dW * dW = dt$.

[233] Es ist immer zu beachten, dass stochastische Prozesse sowohl Funktionen in der Zeit als auch Zufallsvariablen und damit Funktionen von ω sind. Zur Vereinfachung der Notation wird die Abhängigkeit von ω häufig nicht explizit hingeschrieben. Der Prozess $\mu(\omega, t)$ könnte z.B. $\mu(X(\omega, t), t)$ sein. Das gleiche gilt für σ.

	dt	dW
dt	0	0
dW	0	dt

Beweis von Satz A.3.4 (Beweisskizze). Man zerlegt das Intervall $[0,t]$ in die Partitionen $0 = t_0 < \cdots < t_n = t$. Die Differenz $f(X(t),t) - f(X(0),0)$ ist dann darstellbar als

$$f(X(t),t) - f(X(0),0) = \sum_{k=0}^{n-1}[f(X(t_{k+1}),t_{k+1}) - f(X(t_k),t_k)].$$

Jeder der Terme $f(X(t_{k+1}),t_{k+1}) - f(X(t_k),t_k)$ kann als Taylorreihe entwickelt werden. Es folgt [234]

$$\triangle f(X_k,t_k) = \frac{\partial f}{\partial t}\triangle t_k + \frac{\partial f}{\partial x}\triangle X_k + \frac{1}{2}\frac{\partial^2 f}{\partial t^2}(\triangle t_k)^2 + \frac{\partial^2 f}{\partial t \partial x}(\triangle t_k)(\triangle X_k) + \frac{1}{2}\frac{\partial^2 f}{\partial x^2}(\triangle X_k)^2 + R_k$$

Für die Funktion $f(X(t),t)$ folgt

$$\begin{aligned} f(X(t),t) = f(X(0),0) &+ \sum_{k=1}^{n-1}\frac{\partial f}{\partial t}\triangle t_k + \sum_{k=1}^{n-1}\frac{\partial f}{\partial x}\triangle X_k + \sum_{k=1}^{n-1}\frac{1}{2}\frac{\partial^2 f}{\partial t^2}(\triangle t_k)^2 \\ &+ \sum_{k=1}^{n-1}\frac{\partial^2 f}{\partial t\partial x}(\triangle t_k)(\triangle X_k) + \sum_{k=1}^{n-1}\frac{1}{2}\frac{\partial^2 f}{\partial x^2}(\triangle X_k)^2 + \sum_{k=1}^{n-1}R_k \end{aligned}$$

Wenn $\triangle t_k$ gegen 0 geht, folgt

$$\begin{aligned} \sum_{k=1}^{n-1}\frac{\partial f}{\partial t}(X_k,t_k)\triangle t_k &\to \int_0^t \frac{\partial f}{\partial t}(X(s),s)ds \\ \sum_{k=1}^{n-1}\frac{\partial f}{\partial x}(X_k,t_k)\triangle X_k &\to \int_0^t \frac{\partial f}{\partial x}(X(s),s)dX(s). \end{aligned}$$

Das zweite Integral ist ein Ito-Integral und mit $dX(t) = \mu dt + \sigma dW(t)$ in die zwei Integrale

$$\int_0^t \mu\frac{\partial f}{\partial x}dt + \int_0^t \sigma\frac{\partial f}{\partial x}dW(t)$$

zerlegbar. Dies folgt aus

$$\triangle X_k = \mu_k\triangle t_k + \sigma_k\triangle W_k$$

mit $\mu_k = \mu(\omega,t_k)$ und $\sigma_k = \sigma(\omega,t_k)$. Die Prozesse μ_k und σ_k können als Elementarprozesse angenommen werden, da eine Approximation durch Elementarprozesse, wie in den Ausführungen zum Ito-Integral gezeigt wurde, möglich ist. Es folgt

$$\sum_{k=1}^{n-1}\frac{\partial f}{\partial x}(X_k,t_k)\triangle X_k = \sum_{k=0}^{n-1}\mu_k\frac{\partial f}{\partial x}\triangle t_k + \sum_{k=0}^{n-1}\sigma_k\frac{\partial f}{\partial x}\triangle W_k.$$

[234] Folgende Notation wird verwendet: $\triangle t_k = t_{k+1} - t_k$; $\triangle X_k = X(t_{k+1}) - X(t_k)$; $\triangle f(X_k,t_k) = f(X(t_{k+1}),t_{k+1}) - f(X(t_k),t_k)$. R_k steht für Terme von höherer Ordnung als $(\triangle t_k)^2$ und $(\triangle X_k)^2$.

Durch Grenzwertbildung erhält man den obigen Ausdruck.

Der Ausdruck

$$\sum_{k=1}^{n-1} \frac{\partial^2 f}{\partial t \partial x}(\triangle t_k)(\triangle X_k)$$

ist zerlegbar in

$$\sum_{k=1}^{n-1} \frac{\partial^2 f}{\partial t \partial x}\mu_k(\triangle t_k)^2 + \sum_{k=1}^{n-1} \frac{\partial^2 f}{\partial t \partial x}\sigma_k(\triangle t_k)(\triangle W_k).$$

Der letzte Ausdruck mit $\triangle X_k$ der noch aufgelöst werden muss, kann wie folgt dargestellt werden

$$\sum_{k=1}^{n-1} \frac{\partial^2 f}{\partial x^2}(\triangle X_k)^2 = \sum_{k=1}^{n-1} \frac{\partial^2 f}{\partial x^2}\mu_k^2(\triangle t_k)^2 + 2\sum_{k=0}^{n-1} \frac{\partial^2 f}{\partial x^2}\mu_k\sigma_k(\triangle t_k)(\triangle W_k) + \sum_{k=1}^{n-1} \frac{\partial^2 f}{\partial x^2}\sigma_k^2(\triangle W_k)^2.$$

Alle Ausdrücke mit $(\triangle t_k)^2$ und höheren Potenzen konvergieren in L^2 gegen null. Dies entspricht der Multiplikationsregel $dt * dt = 0$.

Alle Ausdrücke mit Termen der Art $(\triangle t_k)(\triangle W_k)$ konvergieren in L^2 gegen null. Diese Behauptung wird beispielhaft anhand des folgenden Ausdrucks gezeigt

$$\begin{aligned}
&E\left[\left(\sum_{k=1}^{n-1} \frac{\partial^2 f}{\partial t \partial x}\sigma_k(\triangle t_k)(\triangle W_k)\right)^2\right] \\
=&E\left[\sum_{k=1}^{n-1} \left(\frac{\partial^2 f}{\partial t \partial x}\right)^2 \sigma_k^2(\triangle t_k)^2 E\left\{(\triangle W_k)^2 | \mathcal{F}_k\right\}\right] \\
=&E\left(\frac{\partial^2 f}{\partial x^2}\sigma_k\right)^2 (\triangle t_k)^3 \to 0 \text{ wenn } \triangle t_k \to 0.
\end{aligned}$$

Dies rechtfertigt die Multiplikationsregel $dt * dW = 0$.

Zum Schluss bleibt die Analyse des Ausdrucks

$$\sum_{k=1}^{n-1} \frac{\partial^2 f}{\partial x^2}\sigma_k^2(\triangle W_k)^2.$$

Zur Vereinfachung der Terminologie setzen wir $a(t) = \frac{\partial^2 f}{\partial x^2}(X(t), t)\sigma(\omega, t)^2$ und $a_k = a(t_k)$. Es muss gezeigt werden, dass

$$E\left[\left(\sum_{k=1}^{n-1} a_k(\triangle W_k)^2 - \sum_{k=1}^{n-1} a_k \triangle t_k\right)^2\right] \to 0$$

gilt.

Da dies der Fall ist, konvergiert die Zufallsvariable $\sum_k a_k(\triangle W_k)^2$ in der L^2 Norm gegen $\int_o^t a(s)ds$. Es gilt also

$$\sum_k a_k(\triangle W_k)^2 \to \int_o^t a(s)ds = \int_0^t \frac{\partial^2 f}{\partial x^2}\sigma^2 ds \text{ in } L^2, \text{ wenn } \triangle t_k \to 0.$$

Dies rechtfertigt die Multiplikationsregel $(dW(t))^2 = dt$. Um dies zu zeigen, betrachtet man

$$E\left[\left(\sum_{k=1}^{n-1} a_k(\triangle W_k)^2 - \sum_{k=1}^{n-1} a_k \triangle t_k\right)^2\right]$$
$$= \sum_i \sum_j E\left[a_i a_j((\triangle W_i)^2 - \triangle t_i)((\triangle W_j)^2 - \triangle t_j)\right].$$

Wenn $i \neq j$, dann sind $a_i a_j((\triangle W_i)^2 - \triangle t_i)$ und $((\triangle W_j)^2 - \triangle t_j)$ unabhängig und man kann $E((\triangle W_j)^2 - \triangle t_k|\mathcal{F}_j) = 0$ verwenden um zu zeigen, dass nur $\sum_k E[a_k^2((\triangle W_k)^2 - \triangle t_k)^2]$ übrig bleibt. Es folgt

$$\begin{aligned}\sum_k E\left[a_k^2((\triangle W_k)^2 - \triangle t_k)^2\right] &= \sum_k E[a_k^2] E\left[(\triangle W_k)^4 - 2(\triangle W_k)^2 \triangle t_k + (\triangle t_k)^2\right] \\ &= \sum_k E[a_k^2](3(\triangle t_k)^2 - 2(\triangle t_k)^2 + (\triangle t_k)^2) \\ &= 2\sum_k E[a_k^2](\triangle t_k)^2 \to 0 \text{ wenn } \triangle t_k \to 0.\end{aligned}$$

□

In diesem Abschnitt wurde gezeigt, dass eine Transformation

$$Y(t) = f(X(t), t)$$

eines Ito-Prozesses

$$dX(t) = \mu(X(t), t)dt + \sigma(X(t), t)dW(t)$$

wieder einen Ito-Prozess ergibt, der korrekt dargestellt

$$\begin{aligned}Y(t) = Y(0) &+ \int_0^t \left(\frac{\partial f}{\partial s}(X(s), s) + \mu(X(s), s)\frac{\partial f}{\partial x}(X(s), s) + \frac{1}{2}\sigma(X(s), s)^2 \frac{\partial^2 f}{\partial x^2}(X(s), s)\right) ds \\ &+ \int_0^t \sigma(X(s), s)\frac{\partial f}{\partial x}(X(s), s)dW(s)\end{aligned}$$

lautet und in Kurzschreibweise als

$$dY = \left(\frac{\partial f}{\partial t} + \mu\frac{\partial f}{\partial x} + \frac{1}{2}\sigma^2\frac{\partial^2 f}{\partial x^2}\right) dt + \sigma\frac{\partial f}{\partial x} dW$$

geschrieben werden kann.

Die Ito-Regel für mehrdimensionale Prozesse

Ein n-dimensionaler Ito-Prozess lässt sich durch die folgenden Gleichungen definieren

$$\begin{aligned} dX_1 &= \mu_1 dt + \sigma_{11} dW_1 + \ldots + \sigma_{1m} dW_m \\ &\vdots \\ dX_n &= \mu_n dt + \sigma_{n1} dW_1 + \ldots + \sigma_{nm} dW_m \end{aligned}$$

oder in Matrixform

$$d\mathbf{X}(t) = \boldsymbol{\mu} dt + \boldsymbol{\sigma} d\mathbf{W}(t).$$

Es gilt folgende Notation

$$\mathbf{X}(t) = \begin{pmatrix} X_1(t) \\ \vdots \\ X_n(t) \end{pmatrix}, \ \boldsymbol{\mu} = \begin{pmatrix} \mu_1 \\ \vdots \\ \mu_n \end{pmatrix}, \ \boldsymbol{\sigma} = \begin{pmatrix} \sigma_{11} & \ldots & \sigma_{1m} \\ \vdots & & \vdots \\ \sigma_{n1} & \ldots & \sigma_{nm} \end{pmatrix}, \ d\mathbf{W}(t) = \begin{pmatrix} dW_1(t) \\ \vdots \\ dW_m(t) \end{pmatrix}.$$

Der Vektor $\mathbf{W}(t)$ ist ein m-dimensionaler Wiener-Prozess mit unabhängigen Komponenten. Wenn $\mathbf{f}(t, \mathbf{x}) = (f_1(t, \mathbf{x}), \ldots, f_p(t, \mathbf{x}))$ eine zweifach differenzierbare Abbildung von $[0, \infty[\times \mathbb{R}^n$ nach $\mathbb{R}^p$ ist, dann ist der Prozess

$$\mathbf{Y}(t, \omega) = \mathbf{f}(t, \mathbf{X}(t))$$

ein p-dimensionaler Ito-Prozess. Seine Komponenten Y_k sind

$$dY_k = \frac{\partial f_k}{\partial t}(t, \mathbf{X}) dt + \sum_i \frac{\partial f_k}{\partial x_i}(t, \mathbf{X}) dX_i + \frac{1}{2} \sum_{i,j} \frac{\partial^2 f_k}{\partial x_i \partial x_j}(t, \mathbf{X}) dX_i dX_j.$$

Die Multiplikationsregeln sind $dW_i dt = dt dW_i = 0$ und $dW_i dW_j = 0$, wenn $i \neq j$ b.z.w. $dW_i dW_j = dt$, wenn $i = j$. Manchmal wird angenommen, dass die Komponenten eines mehrdimensionalen Wiener-Prozesses korreliert sind. Die Multiplikationsregel ändert sich dann, da in diesem Fall $dW_i dW_j = \rho_{ij} dt$ ist (ρ_{ij} ist der Korrelationskoeffizient). Abschließend wird noch der, für die Darstellung der stochastischen Kontrolltheorie erforderliche, Begriff des Generators eines Ito-Prozesses eingeführt.

Definition A.3.3 (Der Generator eines Ito-Prozesses). *Es sei $\mathbf{X}(t)$ ein n-dimensionaler Ito-Prozess. Der Generator $\mathcal{L}$ von $\mathbf{X}(t)$ ist als*

$$\mathcal{L}f(\mathbf{x}) = \lim_{t \to 0} \frac{E[f(\mathbf{X}(t))] - f(\mathbf{x})}{t}; x \in \mathbb{R}^n,$$

definiert. Definiert man $\mathbf{X}(t) = \mathbf{x} + \Delta\mathbf{x}$, so kann der Generator auch wie folgt geschrieben werden

$$\mathcal{L}f(\mathbf{x}) = \lim_{\Delta t \to 0} \frac{E[f(\mathbf{x} + \Delta\mathbf{x})] - f(\mathbf{x})}{\Delta t}.$$

Es gilt der folgende Satz.[235]

[235] Vgl. Øksendal (1995), S. 111-114.

Satz A.3.5. *Wenn* $\mathbf{X}(t)$ *ein* n*-dimensionaler Ito-Prozess mit*

$$d\mathbf{X}(t) = \boldsymbol{\mu}(\mathbf{X}(t))dt + \boldsymbol{\sigma}(\mathbf{X}(t))d\mathbf{W}(t)$$

ist, dann ist der Generator des Ito-Prozesses

$$\mathcal{L}f(\mathbf{x}) = \sum_i \mu_i(\mathbf{x})\frac{\partial f}{\partial x_i} + \frac{1}{2}\sum_{i,j}(\boldsymbol{\sigma}\boldsymbol{\sigma}^T)_{i,j}(\mathbf{x})\frac{\partial^2 f}{\partial x_i \partial x_j}.$$

$(\boldsymbol{\sigma}\boldsymbol{\sigma}^T)_{i,j}(\mathbf{x})$ *ist das* ij*-te Element der Matrix* $(\boldsymbol{\sigma}\boldsymbol{\sigma}^T)$*, wobei* $\boldsymbol{\sigma}^T$ *für die Transponierte der Matrix* $\boldsymbol{\sigma}$ *steht. Die Elemente dieser Matrix können Funktionen von* $\mathbf{X}(t)$ *sein.*

A.3.4 Spezielle Ito-Prozesse

Die gewöhnliche Brownsche Bewegung

Der aller einfachste Ito-Prozess ist die gewöhnliche oder normale Brownsche Bewegung. Sie lautet

$$dX = \mu dt + \sigma dW.$$

Driftkoeffizient und Diffusionskoeffizient sind beide konstant. Als Spezialfall ergibt sich mit $\mu = 0$ und $\sigma = 1$ die standardisierte Brownsche Bewegung bzw. der standardisierte Wienerprozess. Es gilt dann

$$dX = dW$$

oder

$$X(t) = W(t).$$

Die geometrische Brownsche Bewegung

Die gewöhnliche Brownsche Bewegung hat für die Modellierung ökonomischer Variablen den Nachteil, dass negative Werte möglich sind. Häufig ergeben negative Werte im ökonomischen Kontext keinen Sinn (z.B. Nominalzins, Güterpreis). Die geometrische Brownsche Bewegung bietet für solche Fälle eine alternative Modellierungsmöglichkeit.[236] Als Spezialfall eines Ito-Prozesses, lässt sich eine geometrische Brownsche Bewegung als stochastische Differentialgleichung schreiben. Sie lautet

$$dX = \mu X dt + \sigma X dW.$$

[236] Zu den Ausführungen in diesem Abschnitt vgl. auch Dixit (1993a).

Die geometrische Brownsche Bewegung verhält sich zur gewöhnlichen Brownschen Bewegung, wie eine lognormalverteilte Zufallsvariable zu einer normalverteilten.[237] Definiert man $Y(t) = \ln(X(t))$, dann erhält man mit der Ito-Regel

$$dY = (\mu - \frac{1}{2}\sigma^2)dt + \sigma dW.$$

$Y(t)$ ist eine gewöhnliche Brownsche Bewegung mit Driftkoeffizient $\tilde{\mu} = \mu - \frac{1}{2}\sigma^2$ und Diffusionskoeffizient σ.

Später nützlich ist der folgende Hilfssatz.

Lemma A.3.1. *Ist x eine normalverteilte Zufallsvariable mit Erwartungswert m und Standardabweichung s, dann gilt*

$$E[e^{\lambda x}] = e^{\lambda m + \frac{1}{2}\lambda^2 s^2}.$$

Beweis.

$$\begin{aligned} E[e^{\lambda x}] &= \frac{1}{s\sqrt{2\pi}} \int_{-\infty}^{\infty} e^{\lambda x} e^{-\frac{(x-m)^2}{2s^2}} dx \\ &= \frac{e^{\lambda m}}{s\sqrt{2\pi}} \int_{-\infty}^{\infty} e^{\lambda y - \frac{y^2}{2s^2}} dy \\ &= \frac{e^{\lambda m + \frac{1}{2}\lambda^2 s^2}}{s\sqrt{2\pi}} \int_{-\infty}^{\infty} e^{-\frac{(y-\lambda s^2)^2}{2s^2}} dy \\ &= e^{\lambda m + \frac{1}{2}\lambda^2 s^2}. \end{aligned}$$

□

Nehmen wir an, dass die geometrische Brownsche Bewegung $X(t)$, mit $dX = \mu X dt + \sigma X dW$, einen Startwert $X(0) = X_0$ hat, dann hat $Y(t) = \ln(X(t))$ den Startwert $Y_0 = \ln(X_0)$ und folgt einer gewöhnlichen Brownschen Bewegung mit Driftkoeffizient $\tilde{\mu} = \mu - \frac{1}{2}\sigma^2$ und Diffusionskoeffizient σ (siehe oben). Der Wert von Y zu einem späteren Zeitpunkt $t > 0$, also $Y(t)$ ist dann normalverteilt mit dem Erwartungswert $Y_0 + \tilde{\mu}t$ und der Varianz $\sigma^2 t$. Es folgt dann mit Hilfe von Lemma A.3.1

$$E[X(t)] = E[e^{\ln(X(t))}] = E[e^{Y(t)}] = e^{Y_0 + \tilde{\mu}t + \frac{1}{2}\sigma^2 t} = X_0 e^{\mu t}.$$

Man sieht, das der Pfad einer geometrischen Brownschen Bewegung im Mittel einen exponentiellen Verlauf aufweist. Die geometrische Brownsche Bewegung ermöglicht daher die Modellierung eines stochastischen Wachstumsprozesses.

[237] Ist eine Zufallsvariable $Y = \ln X$ normalverteilt, dann ist X lognormal (logarithmisch normalverteilt) verteilt.

Angenommen $X(t)$ nimmt zum Zeitpunkt $t = 0$ den Wert x an ($X(0) = X_0 = x$), dann stellt sich häufig die Frage nach dem Gegenwartswert einer Transformation X^λ. Dieser Gegenwartswert $V(x)$ ist, wenn ein unendlicher Zeithorizont betrachtet wird, nur eine Funktion des Startwertes x. Gesucht ist

$$V(x) = E\left\{\int_0^\infty X(t)^\lambda e^{-\rho t} dt\right\}.$$

Hierbei ist ρ die Diskontrate. Es gilt $X(t)^\lambda = e^{\lambda Y(t)}$ mit $Y(t) = \ln(X(t))$. Da X eine geometrische Brownsche Bewegung ist, ist Y eine gewöhnliche Brownsche Bewegung. $Y(t)$ gegeben $Y(0) = Y_0$ ist dann eine normalverteilte Zufallsvariable mit Erwartungswert $Y_0 + (\mu - \frac{1}{2}\sigma^2)t$ und Varianz $\sigma^2 t$. Setzt man in Lemma A.3.1 $m = Y_0 + (\mu - \frac{1}{2}\sigma^2)t$ und $s^2 = \sigma^2 t$, so folgt

$$\begin{aligned} V(x) &= E\left(\int_0^\infty X(t)^\lambda e^{-\rho t} dt\right) \\ &= E\left(\int_0^\infty e^{\lambda Y(t)} e^{-\rho t} dt\right) \\ &= \int_0^\infty E\left(e^{\lambda Y(t)}\right) e^{-\rho t} dt \\ &= \int_0^\infty e^{\lambda Y_0 + (\lambda\mu - \frac{1}{2}\lambda\sigma^2 + \frac{1}{2}\lambda^2\sigma^2)t} e^{-\rho t} dt \\ &= e^{\lambda Y_0} \int_0^\infty e^{-(\rho - \lambda\mu + \frac{1}{2}\lambda\sigma^2 - \frac{1}{2}\lambda^2\sigma^2)t} dt \\ &= \frac{e^{\lambda Y_0}}{\rho - \mu\lambda - \frac{1}{2}\sigma^2\lambda(\lambda - 1)} \\ &= \frac{x^\lambda}{\rho - \mu\lambda - \frac{1}{2}\sigma^2\lambda(\lambda - 1)}. \end{aligned}$$

Das Integral konvergiert nur, wenn der Ausdruck $\rho - \mu\lambda - \frac{1}{2}\sigma^2\lambda(\lambda - 1)$ positiv ist.[238] Ersetzen wir λ durch z und interpretieren

$$\Phi(z) = \rho - \mu z - \frac{1}{2}\sigma^2 z(z - 1) \tag{A.1}$$

als quadratisches Polynom in z, dann wird deutlich, das $\beta_2 < \lambda < \beta_1$ gelten muss, damit $\Phi(\lambda) > 0$ ist. Hierbei sind β_1 und β_2 die Wurzeln der Gleichung $\Phi(z) = 0$. Die Abbildung A.9 verdeutlicht den Zusammenhang. Da ρ positiv ist, ist $\Phi(z)$ zwischen den beiden Wurzeln positiv.

[238] Würde man den Gegenwartswert nicht zum Zeitpunkt 0, sondern zum beliebigen Zeitpunkt t bestimmen, dann hätten wir statt des Integrals der Form $\int_0^\infty e^{-at} dt = \frac{1}{a}$ ein Integral der Form $\int_t^\infty e^{-a(\tau - t)} d\tau = e^{a t} \int_t^\infty e^{-a\tau} d\tau = e^{at} e^{-at} a^{-1} = \frac{1}{a}$.

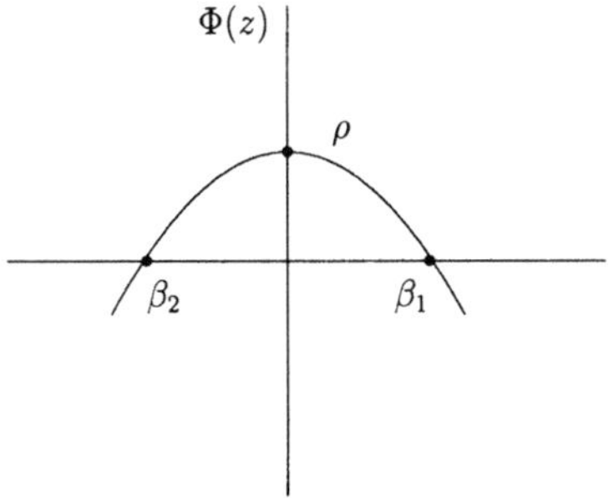

Abbildung A.9: Quadratische Gleichung

Der geometrische Ornstein-Uhlenbeck Prozess

Die geometrische Brownsche Bewegung beschreibt einen stochastischen Prozess der um einen exponentiellen Trend schwankt. Eine Abweichung vom Trend kann beliebig weit gehen, ohne eine Tendenz zum Trend zu erzeugen. Diese Art von Nichtstationarität ist in der ökonometrischen Literatur unter dem Begriff Unit-Root bekannt. Will man eine Tendenz zum Trend modellieren, also einen Mean-Reversing Effekt berücksichtigen, dann bietet sich ein geometrischer Ornstein-Uhlenbeck Prozess an. In Differentialschreibweise lautet er

$$dX(t) = \left(\alpha + \lambda(X_0 e^{\alpha t} - X(t))\right) X(t)dt + \sigma X(t)dW.$$

Die analytische Handhabung dieses Prozesses ist allerdings erheblich komplizierter als die einer geometrischen Brownschen Bewegung. Einen umfassenden Vergleich der Unterschiede beider Prozesse liefern Metcalf und Hassett (1995).

A.4 Stochastische Optimierung

A.4.1 Stochastische Kontrolltheorie

Es gibt eine Vielzahl von stochastischen Kontrollproblemen. Hier wird nur eine spezielle Klasse von Problemen betrachtet.[239] Das betrachtete System wird durch einen n-dimensionalen Ito-Prozess $\mathbf{X}(t)$ in der Form

$$\mathbf{X}(t) = \boldsymbol{\mu}(\mathbf{X}(t), \mathbf{u}(t))dt + \boldsymbol{\sigma}(\mathbf{X}(t), \mathbf{u}(t))d\mathbf{W}(t)$$

[239] Die Darstellung ist heuristisch. Es handelt sich um eine Synthese aus Øksendal (1995), Kapitel XI und Kushner (1971), Kapitel 11.

beschrieben. Das System kann durch Steuerung des k-dimensionalen Vektor von Kontrollvariablen gesteuert werden.

Wir betrachten nur Zielfunktionen der Art

$$V^{\mathbf{u}}(\mathbf{x}) \equiv E_t^{\mathbf{u}} \int_t^{\infty} e^{-r(s-t)} f(\mathbf{X}(s), \mathbf{u}(s)) ds.$$

Der Startwert $\mathbf{x}$ ist der Wert des Ito-Prozesses $\mathbf{X}(s)$ zum Zeitpunkt t. $V^{\mathbf{u}}(\mathbf{x})$ ist die *Wertfunktion*. Sie gibt denn erwarteten diskontierten Ertrag des Kontrollproblems in Abhängigkeit von $\mathbf{x}$ und dem Pfad (der zeitlichen Entwicklung) des Kontrollvektors $\mathbf{u}$ an. Es ist das Ziel $V^{\mathbf{u}}(\mathbf{x})$ zu maximieren. Die Funktion des optimalen Wertes $V(\mathbf{x})$ mit

$$V(\mathbf{x}) = \max_{\mathbf{u}} V^{\mathbf{u}} u(\mathbf{x})$$

gibt den maximalen Wert des Kontrollproblems an, der bei optimaler Wahl von $\mathbf{u}$ erreicht werden kann. Es werden für die Wahl von $\mathbf{u}$ nur Markov-Kontrollregel betrachtet. Das bedeutet, dass nur der aktuelle Wert des Zustandsvektors $\mathbf{X}$ für die Wahl von $\mathbf{u}$ berücksichtigt wird.

Die folgende Ableitung liefert die Bedingung erster Ordnung.

$$\begin{aligned}
V(\mathbf{x}) &= \max_{\mathbf{u}} E_t^{\mathbf{u}} \left\{ \int_t^{t+\triangle t} e^{-r(s-t)} f(\mathbf{X}(s), \mathbf{u}(s)) ds + \int_{t+\triangle t}^{\infty} e^{-r(s-t)} f(\mathbf{X}(s), \mathbf{u}(s)) ds \right\} \\
&= \max_{\mathbf{u}} E_t^{\mathbf{u}} \left\{ \int_t^{t+\triangle t} e^{-r(s-t)} f(\mathbf{X}(s), \mathbf{u}(s)) ds + E_{t+\triangle t}^{\mathbf{u}} \left(\int_{t+\triangle t}^{\infty} e^{-r(s-t)} f(\mathbf{X}(s), \mathbf{u}(s)) ds \right) \right\} \\
&= \max_{\mathbf{u}} E_t^{\mathbf{u}} \left\{ \int_t^{t+\triangle t} e^{-r(s-t)} f(\mathbf{X}(s), \mathbf{u}(s)) ds \right. \\
&\qquad \left. + e^{-r\triangle t} E_{t+\triangle t}^{\mathbf{u}} \left(\int_{t+\triangle t}^{\infty} e^{-r(s-(t+\triangle t))} f(\mathbf{X}(s), \mathbf{u}(s)) ds \right) \right\} \\
&= \max_{\mathbf{u}} E_t^{\mathbf{u}} \left\{ \int_t^{t+\triangle t} e^{-r(s-t)} f(\mathbf{X}(s), \mathbf{u}(s)) ds + e^{-r\triangle t} V(\mathbf{x} + \triangle \mathbf{x}) \right\} \\
&= \max_{\mathbf{u}} \left\{ E_t^{\mathbf{u}} \left(\int_t^{t+\triangle t} e^{-r(s-t)} f(\mathbf{X}(s), \mathbf{u}(s)) ds \right) + E_t^{\mathbf{u}} \left(e^{-r\triangle t} V(\mathbf{x} + \triangle \mathbf{x}) \right) \right\}
\end{aligned}$$

Da $V(\mathbf{x})$ nicht von $\mathbf{u}$ abhängt, kann $V(\mathbf{x})$ auch auf die rechte Seite der Gleichung gebracht, und in den Maximierungsoperator gezogen werden. Es folgt mit Hilfe der Addition von $0 = E_t^{\mathbf{u}} V(\mathbf{x} + \triangle \mathbf{x}) - E_t^{\mathbf{u}} V(\mathbf{x} + \triangle \mathbf{x})$

$$\max_{\mathbf{u}} \left\{ E_t^{\mathbf{u}} \left(e^{-r\triangle t} V(\mathbf{x} + \triangle \mathbf{x}) \right) - V(\mathbf{x}) + E_t^{\mathbf{u}} \left(\int_t^{t+\triangle t} e^{-r(s-t)} f(\mathbf{X}(s), \mathbf{u}(s)) ds \right) \right\} = 0$$

$$\max_{\mathbf{u}} \left\{ E_t^{\mathbf{u}} V(\mathbf{x} + \triangle \mathbf{x}) - V(\mathbf{x}) + E_t^{\mathbf{u}} \left(e^{-r\triangle t} V(\mathbf{x} + \triangle \mathbf{x}) - V(\mathbf{x} + \triangle \mathbf{x}) \right) \right.$$
$$\left. + E_t^{\mathbf{u}} \left(\int_t^{t+\triangle t} e^{-r(s-t)} f(\mathbf{X}(s), \mathbf{u}(s)) ds \right) \right\} = 0$$

$$\max_{\mathbf{u}} \left\{ \frac{E_t^{\mathbf{u}} V(\mathbf{x} + \triangle \mathbf{x}) - V(\mathbf{x})}{\triangle t} + \left(\frac{e^{-r\triangle t} - 1}{\triangle t} \right) E_t^{\mathbf{u}} V(\mathbf{x} + \triangle \mathbf{x}) \right.$$
$$\left. + \frac{E_t^{\mathbf{u}} \left(\int_t^{t+\triangle t} e^{-r(s-t)} f(\mathbf{X}(s), \mathbf{u}(s)) ds \right)}{\triangle t} \right\} = 0$$

Bildet man den Grenzwert für $\triangle t \to 0$, so folgt mit Satz A.3.5

$$\max_{\mathbf{u}} \left\{ \mathcal{L}^{\mathbf{u}} V(\mathbf{x}) - rV(\mathbf{x}) + f(\mathbf{x}, \mathbf{u}) \right\} = 0,$$

oder

$$rV(\mathbf{x}) = \max_{\mathbf{u}} \left\{ f(\mathbf{x}, \mathbf{u}) + \mathcal{L}^{\mathbf{u}} V(\mathbf{x}) \right\}.$$

Dies ist die Hamilton-Jacobi-Bellman Gleichung. Der Generator des Ito-Prozesses $\mathcal{L}$ kann heuristisch auch als

$$\frac{E\{dV(\mathbf{x})\}}{dt}$$

geschrieben werden. Die Hamilton-Jacobi-Bellman Gleichung (HJB Gleichung) lautet dann

$$rV(\mathbf{x}) = \max_{\mathbf{u}} \left\{ f(\mathbf{x}, \mathbf{u}) + \frac{E\{dV(\mathbf{x})\}}{dt} \right\},$$

oder

$$rV(\mathbf{x})dt = \max_{\mathbf{u}} \left\{ f(\mathbf{x}, \mathbf{u})dt + E\{dV(\mathbf{x})\} \right\}. \tag{A.2}$$

Man rechnet dV mit der Ito-Regel aus und bildet den Erwartungswert. Es fallen Ausdrücke der Art dW_i weg, da $E(dW_i) = 0$ gilt.[240]
Diese Form der Hamilton-Jacobi-Bellman Gleichung ist sehr anschaulich interpretierbar. Nimmt man an, dass $V(\mathbf{x})$ der Wert einer Anlage ist, dann gibt $rV(\mathbf{x})dt$ die erforderliche unmittelbare Verzinsung der Anlage an, wenn man r als Zeitpräferenzrate b.z.w. Diskontsatz interpretiert. $f(\mathbf{x}, \mathbf{u})dt$ entspricht dem unmittelbaren Ertrag der Anlage und $E\{dV(\mathbf{x})\}$ dem erwarteten Wertzuwachs der Anlage. Ihre Summe muss im Optimum der erforderlichen Verzinsung entsprechen.

[240] Diese Aussage ist natürlich nicht mathematisch streng, da dW_i nicht existiert sondern nur eine Kurzschreibweise ist. Die Erwartungswertbildung ist daher nicht so einfach möglich. Die Aussage ist dennoch inhaltlich richtig.

A.4.2 Singuläre stochastische Kontrolltheorie

Im vorherigen Abschnitt wurde implizit unterstellt, dass die Kontrollvariable kontinuierlich variiert wird. Dies liegt an der Eigenschaft der Funktion $f(X(s), u(s))$.[241] In der q-Theorie der Investitionen, werden konvexe Anpassungskosten (Anpassung des Kapitalstocks durch Investitionen) der Art $C(I) = I^2$ angenommen. Hierbei entspricht I (Investitionen) der Kontrolvariablen u. Die Grenzkosten der Anpassung sind $C'(I) = 2I$. Im Punkt $I = 0$ sind die Grenzkosten null, und es ist unerheblich ob nicht angepasst, oder sehr wenig angepasst wird. Daher ist es optimal die Kontrollvariable kontinuierlich zu verändern.

Sind die Anpassungskosten aber linear, also $C = cI$, dann sind die Grenzkosten gleich c und zwar unabhängig von I. In diesem Fall ist es optimal, nur zu bestimmten Zeitpunkten anzupassen. Mann spricht von einem singulären Kontrollproblem.

Die mathematisch korrekte Behandlung von singulären Kontrollproblemen ist außerordentlich schwierig.[242] Die folgenden Ausführungen sind daher sehr heuristisch.[243]

Die Zustandsvariable X folgt einer regulierten geometrischen Brownschen Bewegung

$$dX = \mu X dt + \sigma X dW - dD.$$

Der Unterschied zu einer normalen geometrischen Brownschen Bewegung liegt in dem Ausdruck dD. Erreicht X eine obere Grenze d, dann wird der Prozess nach unten abgelenkt. Die Grenze d ist eine Reflektionsbarriere. Der Prozess D beschreibt die kumulierten abwärtsgerichteten (d für down) Impulse dD. Die Wertfunktion dises Optimierungsproblems lautet

$$V(x; d) \equiv \max_{dD} E\left[\int_0^\infty e^{-rt}\left(f(X(t))dt - c dD\right)\right].$$

Solange der Prozess X sich unterhalb von d bewegt wird nicht eingegriffen und die Wertfunktion V erfüllt die HJB Gleichung[244]

$$rV(x)dt = f(x)dt + E\{dV(x)\}.$$

Die Lösung dieser Gleichung erfordert Randwertbedingungen. Diese ergeben sich an den Regulationspunkten. Erreicht X den Wert d, wird der Prozess um eine infinitesimale

[241] Zur Vereinfachung wird hier nur der eindimensionale Fall betrachtet. Es gibt daher nur eine Zustandsvariable X und eine Kontrolvariable u.

[242] Die im folgenden dargestellte Klasse solcher Probleme wurde kürzlich in Davis und Zervos (1998) mathematisch präzise gelöst.

[243] Die Ausführungen in diesem Abschnitt sind an Dumas (1991) angelehnt.

[244] Die Herleitung dieser Gleichung entspricht der Herleitung von Gleichung A.2 des Abschnitts A.4.1 auf Seite 167. Der einzige Unterschied ist der Maximierungsoperator und die Kontrollvariable u. Sie sind hier nicht vorhanden, da der Prozess X bei einem singulärem Kontrollproblem nur reguliert wird, wenn er die Barriere d erreicht.

Einheit dD nach unten abgelenkt. Der Wert von V an der Stelle d ergibt sich daher aus dem neuen Wert an der Stelle $d - dD$ abzüglich der Regulierungskosten cdD. Also

$$V(d) = V(d - dD) - cdD.$$

Eine Taylor-Reihen-Approximation erster Ordnung von $V(d-dD)$ an der Stelle d ergibt[245] $V(d) - V'(d)dD$, es folgt

$$V(d) = V(d) - V'(d)dD - cdD.$$

Dies ergibt die Bedingung

$$V'(d) = -c,$$

oder im Speziallfall $c = 0$ (keine Regulierungskosten)

$$V'(d) = 0. \tag{A.3}$$

Diese Bedingungen sind noch keine Optimalitätsbedingungen, da sie für jede beliebige Regulierungsbarriere d gelten.

Wenn X eine geometrische Brownsche Bewegung ist, hat die Lösung der HJB Gleichung die Form[246]

$$V(x; d) = V_0(x) + AV_1(x).$$

Die Integrationskonstante A ist dann abhängig von d. Es wird d so gewählt, dass V für alle x maximiert wird. Die Bedingung erster Ordnung erfordert daher $A'(d) = 0$. Die Ableitung von V nach x ergibt

$$V'(x, d) = V_0'(x) + A(d)V_1'(x).$$

Oben wurde gezeigt, dass an der Stelle $x = d$

$$V'(d; d) = V_0'(d) + A(d)V_1'(d) = -c$$

gelten muss. Die Ableitung dieser Gleichung nach d ergibt

$$V''(d; d) = V_0''(d) + A'(d)V_1'(d) + A(d)V_1''(d) = 0.$$

Da aber im Optimum $A'(d) = 0$ gelten muss, folgt

$$V''(d; d) = V_0''(d) + A(d)V_1''(d) = 0.$$

Die Optimalitätsbedingung lautet daher

$$V''(d) = 0.$$

Diese Bedingung wird auch Super-Contact-Bedingung genannt.

245 Wird eine Funktion $g(x)$ an der Stelle a approximiert, so gilt $g(x) = g(a) + g'(a)(x - a)$. Mit $x = d - dD$ und $a = d$ folgt sofort das Ergebnis.

246 Vgl. die Ableitungen zum McDonald-Siegel Modell im Abschnitt 3.2.1.

A.4.3 Optimales Stoppen

Ein Stoppproblem formalisiert die Frage nach dem optimalen Zeitpunkt eine Aktion zu stoppen oder zu starten. Der Zustand des betrachteten Systems wird mit einem n-dimensionalen Ito-Prozess der Form

$$d\mathbf{X}(t) = \boldsymbol{\mu}(\mathbf{X}(t))dt + \boldsymbol{\sigma}(\mathbf{X}(t))d\mathbf{W}(t)$$

beschrieben. Der Ertrag einer Aktion, z.B. der Kauf eines Wertpapiers, ist eine Funktion $f(\mathbf{X}(t))$ des Zustandsvektors $\mathbf{X}(t)$. Betrachtet man den erwarteten Ertrag $V(\mathbf{x}, \tau)$ der Aktion zum Zeitpunkt t, so ist dieser von der Stoppzeit τ und dem Startwert $\mathbf{X}(t) = \mathbf{x}$ des Zustandsvektors abhängig. Die Funktion $V(\mathbf{x}, \tau)$ lautet

$$V(\mathbf{x}, \tau) = E_t \left\{ f(\mathbf{X}(\tau)) \right\}.$$

Sucht man eine optimale Stoppzeit τ^*, so erhält man eine Funktion $V(\mathbf{x})$ die den maximalen erwarteten Ertrag in Abhängigkeit vom Startwert x angibt:

$$V(\mathbf{x}) = \max_{\tau} V(\mathbf{x}, \tau).$$

Da der Zustandsvektor stochastisch ist, kann die optimale Stoppzeit im Allgemeinen nicht zum Zeitpunkt t bestimmt werden. Sie ist eine Funktion des Zustandsvektors und daher selber eine Zufalsvariable. Die Lösung des Stoppproblems liefert eine Stoppregel. Im eindimensionalen Fall könnte sie z.B. lauten: Stop den Prozess, wen $X(t) > c$ gilt. Wäre die Funktion $V(\mathbf{x})$ bekannt, dann ließe sich ohne Probleme die optimale Stoppzeit τ^* bestimmen. Wenn $f(\mathbf{X}(t)) > V(\mathbf{x})$ gilt, dann ist es optimal zu stoppen, da $V(\mathbf{x})$ den maximal möglichen Ertrag angibt. Ist umgekehrt $f(\mathbf{X}(t)) < V(\mathbf{x})$, dann ist es nicht optimal zu stoppen, da eine höherer erwarteter Ertrag möglich ist wenn noch gewartet wird. Man nennt die Menge

$$D = \{\mathbf{x} : V(\mathbf{x}) > f(\mathbf{x})\}$$

die Fortsetzungsregion. Für $\mathbf{x} \in D$ gilt

$$V(\mathbf{x}) = E \left\{ f(\mathbf{x}(\tau_D)) \right\} \text{ mit } \tau_D = \min\{s > t : \mathbf{x}(s) \notin D\}.$$

Die optimale Stoppzeit $\tau^* = \tau_D$ ist der Zeitpunkt, bei welchem die Fortsetzungsregion D zuerst verlassen wird. Es lässt sich beweisen, dass die Funktion $V(\mathbf{x})$ durch die Lösung des folgenden Randwertproblems einer partiellen Differentialgleichung

$$\mathcal{L}V(\mathbf{x}) = 0 \text{ für } \mathbf{x} \in D$$

$$V(\mathbf{x}) = f(x) \text{ für } \mathbf{x} \in \partial D$$

bestimmt ist.[247] Der Differentialoperator $\mathcal{L}$ entspricht dem aus Satz A.3.5 auf Seite 162. Da die Fortsetzungregion D unbekannt ist, bzw. im Rahmen der Lösung des Problems bestimmt werden muss, ist eine zusätzliche Bedingung erforderlich, die „high contact“ oder „smooth fit“ Bedingung genannt wird.[248] Sie lautet

$$\nabla V(\mathbf{x}) = \nabla f(\mathbf{x}) \text{ für } \mathbf{x} \in \partial D.$$

Die ersten partiellen Ableitungen (∇ bezeichnet den Vektor der ersten partiellen Ableitungen) der Funktionen $V(\mathbf{x})$ und $f(\mathbf{x})$ müssen auf dem Rand von D, also zum Stoppzeitpunkt τ^* übereinstimmen.

Diese Optimalitätsbedingungen werden nun für einen eindimensionalen Spezialfall heuristisch entwickelt. Der Zustand des Systems wird durch einen Ito-Prozess der Art

$$dX = \mu(X)dt + \sigma(X)dW$$

dargestellt. Es wird eine optimale Stoppzeit τ^* gesucht, sodass das Optimierungsproblem

$$\max_{\tau} \quad e^{-\rho\tau} E\left\{f(X(\tau))\right\}$$

gelöst wird. Es wird angenommen, dass es eine optimales c^* gibt, sodass gestoppt wird, wenn $X > c^*$ gilt. Die HJB Gleichung für dieses Problem lautet

$$V(X) = \max\left[e^{-\rho\triangle t} E\left\{V(X + \triangle X)\right\}; f(X)\right].$$

Wenn $X > c$ ist, dann ist es optimal zu stoppen, und es gilt $V(X) = f(X)$. Wenn $X < c$ dann ist es besser noch zu warten. $V(X)$ muss dann dem diskontieren zukünftigen Wert $V(X + \triangle X)$ entsprechen, also ist

$$V(X) = e^{-\rho\triangle t} E\left\{V(X + \triangle X)\right\}.$$

Addiert man diese Gleichung mit $0 = E\left\{V(X + \triangle X)\right\} - E\left\{V(X + \triangle X)\right\}$ und teilt sie durch $\triangle t$ erhält man nach Umstellungen

$$-\frac{(e^{-\rho\triangle t} - 1)}{\triangle t} E\left\{V(X + \triangle X)\right\} = \frac{E\left\{V(X + \triangle X)\right\} - V(X)}{\triangle t}.$$

Bildet man den Grenzwert $\triangle t \to 0$ erhält man die HJB Gleichung in der Form[249]

$$\rho V(X) = \frac{E\left\{dV(X)\right\}}{dt}.$$

[247] Vgl. Brekke und Øksendal (1991). ∂D bezeichnet den Rand von D.

[248] Vgl. Brekke und Øksendal (1991).

[249] Vgl. die Ableitung der Gleichung A.2 auf Seite 167.

$V(X)$ erhält man als Lösung einer Differentialgleichung zweiter Ordnung. Um den optimalen Wert für c zu bestimmen, ist eine Randwertbedingung erforderlich. Die Wertfunktion V hängt nicht nur von X, sondern auch von c ab. Man kann daher auch $V(X;c)$ schreiben. Wenn nun X den Wert c annimmt, dann wird gestoppt und der Wert von V ist $f(c)$. Es gilt daher

$$V(c;c) = f(c).$$

Die totale Ableitung von $V = f$ nach c ergibt

$$\frac{\partial V(c;c)}{\partial X} + \frac{\partial V(c;c)}{\partial c} = \frac{df(c)}{dc}.$$

Wenn c optimal ist muss aber $\frac{\partial V(X;c)}{\partial c} = 0$ an der Stelle $c = c^*$ (c^* ist das optimale c) gelten. Es folgt

$$\frac{\partial V(c^*;c^*)}{\partial X} = \frac{df(c^*)}{dc},$$

oder anders geschrieben

$$V'(c^*) = f'(c^*).$$

Dies ist die „high-contact“ oder „smooth-pasting“ Bedingung.[250]

[250] Diese Ableitung beruht auf einer Idee, die Robert Merton (Nobelpreis für Wirtschaftswissenschaft 1997) schon 1973 in einer Fußnote skizziert hat. Vgl. Merton (1973).

Anhang B

Ökonometrischer Anhang

B.1 Die Modellierung der Saisonalität

In diesem Abschnitt werden zwei weit verbreitete Methoden zur Modellierung von Saisonalitäten dargestellt. Anschließend wird getestet, welche der Methoden für die im Abschnitt 6.2.1 untersuchten Zeitreihen die angemessene ist.
Eine der Methoden besteht darin, die Differenz zum Vorquartal zu betrachten. Formal bedeutet dies, dass der Operator Δ_4 auf die Zeitreihe y_t angewendet wird. Der Operator Δ_4 entspricht dem Operator $(1 - L^4)$.[251] Die Anwendung des Operators Δ_4 auf die Zeitreihe y_t ist legitim, wenn die Zeitreihe approximativ dem Prozess

$$y_t = y_{t-4} + \epsilon_t \tag{B.1}$$

entspricht. Dies ist ein $AR(4)$ Prozess mit einem charakteristischen Polynom, dessen vier Nullstellen (roots) auf dem Einheitskreis liegen. Man sieht diesen Zusammenhang am einfachsten durch die Zerlegung des Operators Δ_4 in[252]

$$\begin{aligned}\Delta_4 &= (1 - L^4) = (1 - L)(1 + L + L^2 + L^3) \\ &= (1 - L)(1 + L)(1 + L^2) \\ &= (1 - L)(1 + L)(1 - iL)(1 + iL).\end{aligned}$$

Die vier Nullstellen (Wurzeln) des Lag-Polynoms sind 1, -1, i und -i. Die Wurzel 1 entspricht der Frequenz 0, das heißt der Zyklus ist unendlich lang. Es ist die nichtsaisonale Unit-Root. Die Wurzel -1 entspricht einem halbjährlichen und die konjungiert komplexen Wurzeln i und -i einem jährlichen (4 Quartale) Saisonzyklus. Man sprich daher auch von

[251] Der Lag-Operator L^n „verschiebt“ eine Zeitreihe um n Perioden nach hinten. Das heißt, aus y_t wird y_{t-n} oder formal ausgedrückt $L^n y_t = y_{t-n}$.

[252] Hier steht i für die imaginäre Einheit mit $i^2 = -1$.

saisonalen Unit-Roots. Saisonale Unit-Roots implizieren eine stochastische Saisonfigur mit permanenter Wirkung von Schocks. Das heißt, wenn in einem Quartal ein Schock auftritt, verschiebt er die Saisonfigur für immer. Miron kritisiert daher diese Modell als unrealistisch. Er sagt über Prozesse mit saisonalen Unit-Roots: *„Heuristically, these processes allow for Christmas to migrate to July"*[253]
Als Alternative zur in Gleichung B.1 dargestellten Modellierung schlägt Miron die folgende Modellierung vor[254]

$$\triangle_1 y_t = \delta_1 D_{1t} + \delta_2 D_{2t} + \delta_3 D_{3t} + \delta_4 D_{4t} + \epsilon_t. \tag{B.2}$$

Die Zeitreihe y_t ist eine gewöhnliche I(1) Reihe (nichtsaisonale Unit-Root) mit deterministischer Saisonfigur.
Die Entscheidung zwischen den Ansätzen B.1 und B.2 erfolgt mit Hilfe eines von Hylleberg, Engle, Granger und Yoo (HEGY) entwickelten Test auf saisonale Unit-Roots.[255]
Der HEGY-Test basiert auf folgender Hilfsregression[256]

$$\triangle_4 y_t = \sum_{s=1}^{4} \delta_s D_{st} + \alpha T_t + \pi_1 y_{1,t-1} + \pi_2 y_{2,t-1} + \pi_3 y_{3,t-2} + \pi_4 y_{3,t-1} + \sum_{i=1}^{k} \phi_i \triangle_4 y_{t-i} + \epsilon_t.$$

T_t ist ein linearer Trend und D_{st} sind saisonale Dummy-Variablen. Außerdem gilt

$$\begin{aligned} y_{1,t} &= (1 + L + L^2 + L^3) y_t \\ y_{2,t} &= -(1 - L + L^2 - L^3) y_t \\ y_{3,t} &= -(1 - L^2) y_t. \end{aligned}$$

Ist $\pi_1 = 0$ so hat die Zeitreihe eine nichtsaisonale Unit-Root. Ist $\pi_2 = 0$ dann hat die Zeitreihe ein halbjährlichen Zyklus und ist $\pi_3 = 0$ und $\pi_4 = 0$, dann hat die Zeitreihe eine saisonale Unit-Root mit jährlichem Zyklus. Die Hypothesen $\pi_1 = 0$ und $\pi_2 = 0$ werden getrennt mit einem t-Test durchgeführt. Die Hypothese $\pi_3 = \pi_4 = 0$ wird mit einem F-Test (F_{34}) durchgeführt. Die kritischen Werte für diesen Test sind nicht die Standardwerte eines t-Tests oder eines F-Tests, sondern sind von HEGY mit Hilfe von Simulationen ermittelt worden. Der HEGY-Test wurde von Ghysels, Lee und Noh erweitert.[257] Sie entwickelten einen F-Test für die Hypothese $\pi_2 = \pi_3 = \pi_4 = 0$ (F_{234}) und einen F-test für die Hypothese $\pi_1 = \pi_2 = \pi_3 = \pi_4 = 0$ (F_{1234}). Der F_{234}-Test testet auf das Vorliegen aller saisonaler Unit-Roots und der F_{1234}-Test testet, ob die Zeitreihe der Modellierung in Gleichung B.1 entspricht. In der Tabelle B.1 sind die Testergebnisse zusammengefaßt.[258]

[253] Miron (1996), S. 8.
[254] $D_{1t}, D_{2t}, D_{3t}, D_{4t}$ sind saisonale Dummy-Variablen.
[255] Vgl. Hylleberg et al. (1990).
[256] Eine kurze Einführung in den HEGY-Test ist in Maddala und Kim (1998), Kapitel 12 zu finden.
[257] Vgl. Ghysels et al. (1994).

	Testing for Seasonality. Sample from 1968:01 to 1994:04.						
	π_1	π_2	π_3	π_4	F_{34}	F_{234}	F_{1234}
Y	-1,769	-2,776*	-2,868	-1,113	4,871	6,232**	5,757*
I_ANL	-3,210	-2.318	-3,203	-1.025	5,753*	5.791*	6,933**
I_AUS	-3,788**	-2.685*	-3,297	-1.709	7,187**	7,663**	9,195**
I_BAU	-2,726	-2,269	-3,002	-1,375	5,651*	5,723*	6,077**

Tabelle B.1: HEGY Testergebnisse

Ein Stern hinter den Werten signalisiert, dass die entsprechende Nullhypothese zum 10% Niveau verworfen werden kann. Zwei Sterne entsprechen dem 5% Niveau. Das Vorliegen von saisonalen Unit-Roots mit jährlichem Zyklus (F_{34}) kann für alle Investitionsreihen ausgeschlossen werden. Die Hypothese, dass eine Modellierung nach Gleichnung B.1 angemmessen ist (F_{1234}), kann für alle betrachteten Zeitreihen ausgeschlossen werden. Die Ergebnisse legen daher eine Modellierung nach Gleichung B.2 nahe.

B.2 Johansentest auf Kointegration

Betrachtet man mehr als zwei Zeitreihen, dann können mehrere Konintegrationsbeziehungen existieren.[259] Die Kointegration von mehr als zwei Variablen erfordert die Formulierung eines vektorautoregressiven Modells (VAR-Modell).

Ein vektorautoregressives Modell mit k nichtstationären I(1) Variablen der Ordnung p hat die Form

$$\mathbf{y}_t = \mathbf{A}_1\mathbf{y}_{t-1} + \cdots + \mathbf{A}_p\mathbf{y}_{t-p} + \epsilon_t.$$

Der Vektor $\mathbf{y}_t$ enthält k Variablen. Stellt man dieses VAR-Modell als Fehlerkorrekturmo-

[258] Der HEGY-Test wurde mit der Prozedur HEGY und dem ökonometrischen Programm RATS durchgeführt. Die Prozedur HEGY ist auf der Homepage der Firma Estima (http://www.estima.com) zu finden. Die folgende Tabelle enthält die kritischen Werte für den HEGY Test. Die Werte in der Zeile 5% beziehen sich auf das 5% Signifikanzniveau und die Werte der Zeile 10% beziehen sich auf das 10% Signifikanzniveau. Die Werte für π_1, π_2, F_{34} sind Hylleberg et al. (1990) und die Werte für F_{234}, F_{1234} sind Ghysels et al. (1994) entnommen.

	π_1	π_2	F_{34}	F_{234}	F_{1234}
5%	-3,53	-2,94	6,60	5,39	6,47
10%	-3,22	-2,63	5,52	5,13	5,68

[259] Die folgenden Ausführungen skizzieren die Kointegrationsanalyse in VAR-Modellen. Eine mathematisch präzise Darstellung ist sehr aufwendig und schwierig und in Johansen (1995) zu finden. Eine kurze und stark vereinfachte Darstellung bietet Enders (1995), Kapitel 6.

Sample: 1968:1 1994:4				
Included observations: 100				
Series: I_ANL Q_ANL Y				
Exogenous series: D1 D2 D3				
Lags interval: 1 to 7				
Eigenvalue	Likelihood Ratio	5 Percent Critical Value	1 Percent Critical Value	Hypothesized No. of CE(s)
0.190134	34,93892	29,68	35,65	None *
0.128119	13,85030	15,41	20,04	At most 1
0.001400	0,140091	3,76	6,65	At most 2
*(**) denotes rejection of the hypothesis at 5%(1%) significance level				
L.R. test indicates 1 cointegrating equation(s) at 5% significance level				

Tabelle B.2: Johansen-Kointegrationstest (Anlageinvestitionen)

dell dar, erhält man

$$\triangle \mathbf{y}_t = \Pi \mathbf{y}_{t-1} + \sum_{i=1}^{p-1} \Gamma_i \triangle \mathbf{y}_{t-i} + \epsilon_t.$$

Da $\mathbf{y}_t$ ein Vektor mit I(1) Variablen ist, ist $\triangle \mathbf{y}_t$ ein Vektor mit I(0) Variablen. Ist der Rang der Matrix Π gleich null, das heißt, ist die Matrix Π eine Nullmatrix, dann gibt es keine Linearkombination der I(1) Variablen aus dem Vektor $\mathbf{y}_t$ die stationär ist. Die Variablen aus V sind daher nicht kointegriert. Das Representationstheorem von Granger zeigt einen Zusammenhang zwischen dem Rang der Matrix Π und der Kointegration der Komponenten von $\mathbf{y}_t$.[260] Es besagt, dass ein Rang von $r < k$ die Darstellung der Matrix Π in der Form $\Pi = \alpha\beta'$ erlaubt. Hierbei haben die Matrizen α und β die Dimension $k \times r$ und sind vom Rang r. Die Komponenten des Vektors $\beta' \mathbf{y}_t$ sind dann stationär und es existieren r Kointegrationsbeziehungen. Die Spalten der Matrix β sind die Kointegrationsbeziehungen. Die Matrix Π kann leider nicht einfach mit OLS geschätzt werden, da sie bei Kointegration einen reduzierten Rang hat. Johansen entwickelte ein Maximum-Likelihood Verfahren um den Kointegrationsrang r zu testen.[261] Da es eine Beziehung zwischen dem Rang einer Matrix und den Eigenwerten der Matrix gibt, wird im Johansen-Verfahren der Kointegratinonsrang mit Hilfe von Eigenwerten überprüft. Die maximale Anzahl von Eigenwerten, die von Null verschieden sind, gibt den Kointegrationsrang an. Die Tabelle B.2 gibt die Ergebnisse des Johansen-Kointegrationstests für die Anlageinvestitionen der Outputgröße und dem entprechenden q-Proxy wieder. Die Hypothese, dass keine Kointegrationsbeziehung zwischen den betrachteten Variablen besteht, kann zum 5%

[260] Vgl. Johansen (1995), S. 49.

[261] Vgl. Johansen (1995), Kapitel 6 und 7.

Sample: 1968:1 1994:4				
Includedobservations: 100				
Series: I_AUS Q_AUS Y				
Exogenous series: D1 D2 D3				
Lagsinterval: 1 to 7				
	Likelihood	5 Percent	1 Percent	Hypothesized
Eigenvalue	Ratio	Critical Value	Critical Value	No. of CE(s)
0,208498	33,72258	29,68	35,65	None *
0,097585	10,34024	15,41	20,04	At most 1
0,000721	0,072126	3,76	6,65	At most 2
*(**) denotes rejection of the hypothesis at 5%(1%) significance level				
L.R. test indicates 1 cointegrating equation(s) at 5% significance level				

Tabelle B.3: Johansen-Kointegrationstest (Ausrüstungsinvestitionen)

Sample: 1968:1 1994:4				
Includedobservations: 100				
Series: I_BAU Q_BAU Y				
Exogenous series: D1 D2 D3				
Lagsinterval: 1 to 7				
	Likelihood	5 Percent	1 Percent	Hypothesized
Eigenvalue	Ratio	Critical Value	Critical Value	No. of CE(s)
0,141653	30,11309	29,68	35,65	None *
0,135559	14,83840	15,41	20,04	At most 1
0,002708	0,271198	3,76	6,65	At most 2
*(**) denotes rejection of the hypothesis at 5%(1%) significance level				
L.R. test indicates 1 cointegrating equation(s) at 5% significance level				

Tabelle B.4: Johansen-Kointegrationstest (Bauinvestitionen)

Niveau verworfen werden. Die Hypothese, dass höchstens eine Kointegrationsbeziehung besteht, kann nicht verworfen werden.[262] Zum gleichen Ergebnis kommen die Kointegrationstests, wenn man die Anlageinvestitionen getrennt nacht den Ausrüstungsinvestitionen (Tabelle B.3) und den Bauinvestitionen (Tabelle B.4) betrachtet.

[262] Diese und alle folgenden Berechnungen wurden mit Eviews (Micro TSP) durchgeführt.

Anhang C

Simulationsprogramm

In diesem Anhang werden die Programmmodule, die der Monte-Carlo-Simulation aus im Abschnitt 4.2 zugrundeliegen, wiedergegeben und kurz skizziert.

Die im Abschntt 4.2 angesprochene Box-Muller-Methode zur Erzeugung einer normalverteilten Zufallsvariablen kann in Mathematica wie folgt programmiert werden[263]

```
norm = Compile[{mu, sigma},
       mu + sigma*Sqrt[-2Log[Random[]]]Cos[2 Pi Random[]]];
```

Die Funktion Random[] erzeugt eine U(0,1) Zufallsvariable. Der Befehl Compile[] kompiliert die in den Klammern enthaltenen Rechenanweisungen, um die Ablaufgeschwindigkeit des Programms zu erhöhen.

Die Simulation eines Pfades erfolgt mit dem folgenden Modul

```
path[s_, a_, s_, t_, npath_, npoint_] :=Module[
{mpath =1 + a * t/(npoint - 1), spath = s * Sqrt[t/(npoint - 1)]},
Table[NestList[# norm[mpath, spath]&, s, npoint - 1], {i, npath}] ];
```

Die Funktion NestList[f,s,n] generiert eine Liste mit n Elementen. Die Liste hat die Form $\{s, f(s), f(f(s)), f(f(f(s))), \ldots\}$. Setzt man $s = Z_0$, dann wird als nächstes Element der Liste $Z_1 = (1 + \mu_z \Delta t + u\sigma_Z\sqrt{\Delta t})Z_0$ stehen. Auf diese Weise wird der Pfad rekursiv generiert.

Das Modul

```
mz[a_,e_,s_] := a + 1/2 e(e-1)s^2;
sz[e_,s_ ] := e s;
```

definiert $\mu_Z = \alpha + \frac{1}{2}\epsilon(\epsilon - 1)\sigma^2$ und $\sigma_Z = \epsilon\sigma$. Mit dem Modul

[263] Eine kurze Einführung in die Programmierung mit Mathematica bietet das Buch von Blachman (1992).

```
b[a_,e_,r_,s_] := 1/2 - mz[a,e,s]/sz[e,s]^2 +
Sqrt[( mz[a,e,s]/sz[e,s]^2- 1/2)^2 + (2 r)/sz[e,s]^2];
z[a_,e_,r_,s_] :=(b[a,e,r,s]/(b[a,e,r,s]-1))(r-mz[a,e,s]);
```

wird $\beta = \frac{1}{2} - \frac{\mu_Z}{\sigma_Z^2} + \sqrt{\left[\frac{\mu_Z}{\sigma_Z^2} - \frac{1}{2}\right]^2 + \frac{2\rho}{\sigma_Z^2}}$, sowie $Z^* = \frac{\beta}{\beta-1}(\rho - \mu_Z)I$ definiert. Das Modul monte führt die Simulation durch, und bestimmt die Bootstrap Konfidenzintervalle.

```
monte[a_,r_,e_,s_,s_,t_,npoint_, npath_] :=
Module[
{zopt},
zopt = z[a,e,r,s]*10;
sim =  path[s, mz[a,e,s], sz[e,s], t, npath, npoint];
check[x_] := If[x>zopt,1,0];
tab =Table[Min[Position[Map[check,sim[[i]]],1]],{i,1,npath}];
tab2 = Map[ (N[#/(npoint/t)])&, tab];
med= Median[tab2];
boot=Table[
Median[Table[Part[tab2, Random[Integer, {1, npath}]],{npath}]],{200}];
{Quantile[boot,0.05] ,med, Quantile[boot,0.95]}
]
```

Literaturverzeichnis

Abel, Andrew B. (1983): Optimal Investment under Uncertainty, *American Economic Review*, Band 73, S. 228–233.

Abel, Andrew B. (1985): A Stochastic Model of Investment, Marginal q and the Market Value of the Firm, *International Economic Review*, Band 26, S. 305–322.

Abel, Andrew B. (1990): Consumption and Investment, in B. M. Friedman und F. H. Hahn (Hg.), *Handbook of Monetary Economics, Volume II*, Elsevier Sience Publishers B. V.

Abel, Andrew B. und Olivier J. Blanchard (1983): An Intertemporal Model of Saving and Investment, *Econometrica*, Band 51, Nr. 3, S. 675–692.

Abel, Andrew B. und Janice C. Eberly (1996): Optimal Investment with Costly Reversibility, *Review of Economic Studies*, Band 63, S. 581–593.

Abel, Andrew B. und Janice C. Eberly (1997): An Exact Solution for the Investment and Value of a Firm Facing Uncertainty, Adjustment Costs, and Irreversibility, *Journal of Economic Dynamics and Control*, Band 21, S. 831–852.

Amram, Marta und Nalin Kulatilaka (1999): *Real Options*, Harvard Business School Press, Bosten, Massachusetts.

Arrow, Kenneth J. und Anthony C. Fisher (1974): Environmental Preservation, Uncertainty and Irreversibility, *Quarterly Journal of Economics*, S. 312–319.

Baldursson, Fridrik M. und Ioannis Karatzas (1997): Irreversible investment and industry equilibrium, *Finance and Stochastics*, Band 1, S. 69–89.

Banerjee, Aninday, Juan Dolado, John W. Galbraith und David F. Hendry (1993): *Co-Integration, Error-Correction, and the Econometric Analysis of Non-Stationary Data*, Oxford University Press, Oxford.

Banerjee, Anindja (1995): Dynamic Specification and Testing for Unit Roots and Cointegration, in Kevin D. Hoover (Hg.), *Macroeconometrics: Developments, Tensions, and Prospects*, Kluwer Academic Publisher, Boston.

Barro, Robert J. und Xavier Sala-I-Martin (1995): *Economic Growth*, McGraw-Hill, New York.

Belsley, David (1996): Doing Monte Carlo Studies with Mathematica, in Hal R. Varian (Hg.), *Computational Economics and Finance*, Springer.

Bernanke, Ben, Mark Gertler und Simon Gilchrist (1998): The Financial Accelerator in a Quantitative Business Cycle Framework, NBER Working Paper No. 6455.

Bernanke, Ben S. (1983): Irreversibility, Uncertainty, and Cyclical Investment, *Quarterly Journal of Economics*, S. 85–106.

Blachman, Nancy (1992): *Mathematica: A Practical Approach*, Prentice Hall, Englewood Cliffs.

Boetius, Frederik und Michael Kohlmann (1998): Connections between optimal stopping and singular stochastic control, *Stochastic Processes and their Applications*, S. 253–281.

Bollerslev, Tim (1986): Generalized Autoregressive Conditional Heteroskedasticity, *Journal of Econometrics*, Band 31, S. 307–327.

Brekke, Kjell Arne und Bernt Øksendal (1991): The High Contact Principle as a Sufficiency Condition for Optimal Stopping, in Diderik Lund und Bernt Øksendal (Hg.), *Stochastic Models and Option Value*, S. 187–208, Amsterdam.

Caballero, Ricardo J. (1991): On the Sign of the Investment-Uncertainty Relationship, *American Economic Review*, Band 81, Nr. 1, S. 279–288.

Camerer, Colin und Martin Weber (1992): Recent Developments in Modeling Preferences: Uncertainty and Ambiguity, *Journal of Risk and Uncertainty*, Band 5, S. 325–370.

Chiang, Alpha C. (1992): *Dynamic Optimization*, McGraw Hill, New York.

Chirinko, Robert S. (1993): Business Fixed Investment Spending:Modeling Strategies, Empirical Results, and Policy Implications, *Journal of Economic Literature*, Band 31, S. 1875–1911.

Chow, Yuan Shih und Henry Teicher (1988): *Probability Theory*, Springer, New York.

Cooper, Russell W. (1999): *Coordination Games*, Cambridge University Press, Cambridge.

Cuthbertson, K. und D. Gasparro (1995): Fixed investment decisions in UK manufacturing: The importance of Tobin's Q, output and debt, *European Economic Review*, Band 39, S. 919–941.

Darby, Juli, Andrew Hughes Hallett, Jonathan Ireland und Laura Piscitelli (1999): The Impact of Exchange Rate Uncertainty on the Level of Investment, *Economic Journal*, Band 109, S. C55–C67.

Davidson, James (1994): *Stochastic Limit Theory*, Oxford University Press, Oxford.

Davis, M. H. A. und M. Zervos (1998): A Pair of Explicitly Solvable Singular Stochastic Control Problems, *Applied Mathematics and Optimization*, Band 38, S. 327–353.

de Vries, Casper G. (1994): Stylized Facts of Nominal Exchange Rate Returns, in Frederick van der Ploeg (Hg.), *The Handbook of International Macroeconomics*, Blackwell, Cambridge, Massachusetts.

Diebold, Francis X. und Jose A. Lopez (1995): Modeling Volatility Dynamics, in Kevin D. Hoover (Hg.), *Macroeconometrics: Developments, Tensions, and Prospects*, Kluwer Academic Publisher, Boston.

Dixit, Avinash K. (1993a): *The Art of Smooth Pasting*, Harwood Academic Publishers, Chur.

Dixit, Avinash K. (1993b): Irreversible Investment and Competition Under Uncertainty, in Kaushik Baus, Mukul Majumdar und Tapas Mitra (Hg.), *Capital, Investment and Development*, Basil Blackwell, Cambridge, MA.

Dixit, Avinash K. und Robert S. Pindyck (1994): *Investment under Uncertainty*, Princeton University Press, Princeton.

Dixit, Avinash K. und Robert S. Pindyck (1998): Expandability, Reversibility, and Optimal Capacity Choice, NBER Working Paper No. 6373.

Döpke, Jörg (1994): Sachkapitalrendite und Investitionstätigkeit in Westdeutschland, *Die Weltwirtschaft*, S. 334–348.

Driver, Ciaran und David Moreton (1991): The Influenve of Uncertainty on UK Manufacturing Investment, *Journal of Economic Dynamics and Control*, Band 15, S. 675–685.

Dumas, Bernard (1991): Super contact and related optimality conditions, *Journal of Economic Dynamics and Control*, Band 15, S. 675–685.

Efron, Bradley und Robert J. Tibshirani (1993): *An Introduction to the Bootstrap*, Chapman & Hall, New York.

Elliott, Robert J. und P. Ekkehard Kopp (1999): *Mathematics of Financial Markets*, Springer, New York.

Elton, Edwin J. und Martin J. Gruber (1995): *Modern Portfolio Theory and Investment Analysis*, Wiley, New York.

Enders, Walter (1995): *Applied Econometric Time Series*, Wiley, New York.

Engle, Robert F. (1982): Autoregressive Conditional Heteroscedasticity with Estimation of the Variance of United Kingdom Inflation, *Econometrica*, Band 50, Nr. 4, S. 987–1007.

Episcopos, Athanasios (1994): Investment under Uncertainty and the Value of the Firm, *Economics Letters*, Band 45, S. 319–322.

Episcopos, Athanasios (1995): Evidence on the Relationship between Uncertainty and Irreversible Investment, *Quarterly Journal of Economics and Finance*, Band 35, S. 41–52.

Ferderer, Peter (1993): The Impact of Uncertainty on Aggregate Investment Spending: An Empirical Analysis, *American Economic Review*, Band 25, S. 30–48.

Fisher, Anthony C. und Michael Hanemann (1987): Quasi-Option Value: Some Misconceptions Dispelled, *Journal of Environmental Economics and Management*, Band 14, S. 183–190.

Fishman, George S. (1996): *Monte Carlo*, Springer, Berlin, Heidelberg, New York.

Franses, Philip Hans (1996a): *Periodicity and Stochastic Trends in Economic Time Series*, Oxford University Press, Oxford.

Franses, Philip Hans (1996b): Recent Advances in Modelling Seasonality, *Journal of Economic Surveys*, Band 10, Nr. 3, S. 299–345.

Frenkel, Jeffrey A. und Andrew K. Rose (1995): Empirical Research on Nominal Exchange Rates, in Grossman und Rogoff (Hg.), *The Handbook of International Economics, Band 3*, Elsevier Sience.

Funke, Michael (1992): *Tobin's Q und die Investitionsentwicklung in den Wirtschaftszweigen des Unternehmenssektors in der Bundesrepublik Deutschland*, Dunker & Humblot, Berlin.

Ghosal, Vivek und Prakash Loungani (1996): Product Market Competition and the Impact of Price Uncertainty on Investment: Some Evidence from US Manufacturing Industries, *Journal of Industrial Economics*, Band XLIV, S. 217–228.

Ghysels, Eric, Hahn S. Lee und Jaesum Noh (1994): Testing for unit roots in seasonal time series, *Journal of Econometrics*, Band 62, S. 415–442.

Glezakos, Constantine und Jeffrey B. Nugent (1996): Relative Price Variability, Inflation Rate Uncertainty, and Postwar Investment of the United States, *Journal of Post Keynesian Economics*, Band 19, S. 181–194.

Goldberg, P. K. und M. M. Knetter (1997): Goods Prices and Exchange Rates: What Have We Learned, *Journal of Economic Literature*, Band 35, S. 1243–1272.

Gouriroux, Christian (1997): *ARCH Models and Financial Applications*, Springer, New York.

Gouriroux, Christian und Alain Monfort (1995): *Statistics and Econometric Models, Volume 1*, Cambridge University Press, Cambridge.

Greene, William H. (1993): *Econometric Analysis*, Band 2, Macmillan Publishing Company, New York.

Grimmett, G. R. und D. R. Stirzaker (1992): *Probability and Random Processes*, Clarendon Press, Oxford, 2. Auflage.

Guiso, Luigi und Giuseppe Parigi (1999): Investment and Demand Uncertainty, *Quarterly Journal of Economics*, S. 185–227.

Hallwood, Paul und Ronald MacDonald (1994): *International Money and Finance*, Blackwell, Oxford, 2. Auflage.

Hamilton, James D. (1994): *Time Series Analysis*, Princeton University Press, Princeton.

Hanemann, Michael (1989): Information and the Concept of Option Value, *Journal of Enviromental Economics and Management*, Band 16, S. 23–37.

Hansen, Gerd (1993): *Quantitative Wirtschaftsforschung*, Verlag Vahlen, München.

Harrison, J. Michael (1985): *Brownian Motion and Stochastic Flow Systems*, Krieger, Malabar(Florida).

Hartman, Richard (1972): The Effects of Price and Cost Uncertainty on Investment, *Journal of Economic Theory*, Band 5, S. 258–266.

Hayashi, Fumio (1982): Tobin's Marginal q and Average q: A Neoclassical Interpretation, *Econometrica*, Band 50, Nr. 1, S. 213–224.

He, Hua und Robert S. Pindyck (1992): Investment in flexible production capacity, *Journal of Economic Dynamics and Control*, Band 16, S. 575–599.

Henry, Claude (1974): Investment Decision Under Uncertainty: The Irreversibility Effect, *American Economic Review*, Band 64, Nr. 6, S. 1007–1012.

Hirshleifer, Jack und John G. Riley (1992): *The Analytics of Uncertainty and Information*, Cambridge University Press, Cambridge.

Hull, John C. (1997): *Options, Futures and other Derivatives*, Prentice Hall, London.

Hylleberg, S., R. F. Engle, C. W. J. Granger und B. S. Yoo (1990): Seasonal integration and cointegration, *Journal of Econometrics*, Band 44, S. 215–238.

Johansen, Søren (1995): *Likelihood-Based Inference in Cointegrated Vector Autoregressive Models*, Oxford University Press, Oxford.

Johnston, Jack und John Dinardo (1997): *Econometric Methods*, McGraw-Hill, New York, 4. Auflage.

Jorgenson, Dale W. (1963): Capital Theory and Investment Behavior, *American Economic Review*, Band 53, S. 1–16.

Jorgenson, Dale W. (1967): The Theory of Investment Behavior, in *The Determinants of Investment Behavior, Conference of the NBER*, S. 129–156, New York.

Jorgenson, Dale W. (1996): *Investment, Volume 1: Capital Theory and Investment Behavior*, MIT Press, Cambridge, Massachusetts.

Karatzas, Ioannis (1988): On the pricing of American options, *Applied Mathematics and Optimization*, Band 17, S. 37–60.

Karatzas, Ioannis und Steven E. Shreve (1991): *Brownian Motion and Stochastic Calculus*, Springer, Berlin/Heidelberg/New York, 2. Auflage.

Karoui, Nicole El und Ioannis Karatzas (1991): A New Approach to the Skorohod Problem, and its Applications, *Stochastics and Stochastics Reports*, Band 34, S. 57–82.

Keynes, John Maynard (1936): *The General Theory of Employment, Interest and Money*, MacMillen, London.

Kushner, Harold (1971): *Introduction to Stochastic Control*, Holt,Rinehart and Winston, New York.

Kwok, Y. K. (1998): *Mathematical Models of Financial Derivatives*, Springer, Singapore.

Leahy, John V. (1993): Investment in Competitive Equilibrium: The Optimality of Myopic Behavior, *Quarterly Journal of Economics*, S. 1105–1133.

Leahy, John V. und Toni M. Whited (1996): The Effect of Uncertainty of Investment: Some Stylized Facts, *Journal of Money Credit and Banking*, Band 28, S. 64–82.

Lorenz, Hans-Walter (1993): *Nonlinear Dynamical Economics and Chaotic Motion*, Springer, Berlin/Heidelberg/New York.

Maddala, G. S. und In-Moo Kim (1998): *Unit Roots, Cointegration, and Structural Change*, Cambridge University Press, Cambridge.

Marston, R. C. (1990): Pricing to Market in Japanese Manufacturing, *Journal of International Economics*, Band 29, S. 217–236.

McDonald, Robert und Daniel Siegel (1986): The Value of Waiting to Invest, *Quarterly Journal of Economics*, S. 707–727.

Merton, Robert (1973): Theory of Rational Option Pricing, *Bell Journal of Economics and Management Science*, Band 4, S. 141–183.

Metcalf, Gilbert E. und Kevin A. Hassett (1995): Investment under alternative return assumptions. Comparing random walks and mean reversion, *Journal of Economic Dynamics and Control*, S. 1471–1488.

Miron, Jeffrey A. (1996): *The Economics of Seasonal Cycles*, MIT Press, Cambridge, Massachusetts.

Musiela, Marek und Marek Rutkowski (1997): *Martingale Methods in Financial Modelling*, Springer, Berlin/Heidelberg/New York.

Myneni, R. (1992): The pricing of the American option, *Annals of Applied Probability*, Band 2, S. 1–23.

Newey, Whitney und Kenneth West (1987): A Simple Positive Semi-Definite, Heteroskedasticity and Autocorrelation Consistent Covariance Matrix, *Econometrica*, S. 703–708.

Øksendal, Bernd (1995): *Stochastic Differential Equations*, Springer, New York, 4. Auflage.

Pindyck, Robert S. (1988): Irreversible Investment, Capacity Choice, and the Value of the Firm, *American Economic Review*, Band 78, S. 969–985.

Pindyck, Robert S. (1991): Irreversibility, Uncertainty, and Investment, *Journal of Economic Literature*, S. 1110–1148.

Pindyck, Robert S. (1993): A Note on Competitive Investment Under Uncertainty, *American Economic Review*, Band 82, S. 273–277.

Pindyck, Robert S. und Daniel L. Rubinfeld (1981): *Econometric Models and Economic Forecasts*, McGraw-Hill, Singapore, 2. Auflage.

Precious, Mark (1987): *Rational Expectations, Non-market Clearing, and Investment Theory*, Clarendon Press, Oxford.

Rogoff, K. (1996): The Purchasing Power Parity Puzzle, *Journal of Economic Literature*, Band 34, S. 647–668.

Romer, David (1996): *Advanced Macroeconomics*, McGraw-Hill, New York.

Rothschild, Michael und Joseph E. Stiglitz (1970): Increasing Risk: I. A Definition, *Journal of Economic Theory*, Band 2, S. 225–243.

Sala-I-Martin, Xavier (1997): I Just Ran Two Million Regressions, *American Economic Review*, Band 87, Nr. 2, S. 178–183.

Stokey, Nancy L. und Robert E. Lucas (1989): *Recursive Methods in Economic Dynamics*, Harvard University Press, Cambridge, Massachusetts.

Takayama, Akira (1985): *Mathematical Economics*, Cambridge University Press, Cambridge, 2. Auflage.

Takayama, Akira (1994): *Analytical Methods in Economics*, Harvester Wheatsheaf, New York/London/Tokyo.

Varian, Hal R. (1992): *Microeconomic Analysis*, W. W. Norton, New York, 2. Auflage.

Walter, Wolfgang (1990): *Analysis II*, Springer, Berlin/Heidelberg/New York.

Williams, David (1991): *Probability with Martingales*, Cambridge University Press, Cambridge, 2. Auflage.

Wilmott, Paul, Sam Howison und Jeff Dewynne (1995): *The Mathematics of Financial Derivatives*, Cambridge University Press, Cambridge.

Woitek, Ulrich (1997): *Business Cycles*, Physica, Heidelberg.

GPSR Compliance

The European Union's (EU) General Product Safety Regulation (GPSR) is a set of rules that requires consumer products to be safe and our obligations to ensure this.

If you have any concerns about our products, you can contact us on ProductSafety@springernature.com

In case Publisher is established outside the EU, the EU authorized representative is:

Springer Nature Customer Service Center GmbH
Europaplatz 3
69115 Heidelberg, Germany

Batch number: 10815964

Printed by Printforce, the Netherlands